日米比較 憲法判例を考える

【人権編・改訂第三版】

宮原 均

八千代出版

はしがき

大学の教壇にたつようになって、ちょうど一〇年が経過しました。この間、自分なりに講義の充実に努めてきたつもりですが、私の担当するクラスは、必ずしも法律を専門にする学部ばかりではありません。そこで、法律論の持つ深さや緻密さを紹介する前に、そもそも、法律は、これをわざわざ勉強するに値するものかを説明しなければなりません。そのために、私は、まず、できるだけ身近に起こりうる具体的な問題を提示して関心を持ってもらうようにしています。たとえば、警察官に職務質問されて不愉快な思いをする、遺産相続の場面で不公平に取り扱われる、大学から退学処分をうける等々です。そのうえで、こうした処分等にはどのような法律上の根拠があり、また、われわれ弱い立場の市民にはどのような救済方法があるのかを検討していきます。

こうした、身近な具体例から法律を考える場合、格好の素材を提供してくれるのが裁判例（判例）です。これは、実際にあった裁判について、いつ、どこで、誰が、何をしたという事実と、その事実・事件を解決するのにいちばんふさわしい法律は何かを明らかとしています。講義の中でも、このような判例をできるだけ多く検討するようにしていますが、その際に、日本の判例だけでなく、アメリカの判例も紹介することがあります。もちろん、人々の考え方も、法制度も異なるアメリカの判例がそのまま日本の裁判に当てはまるわけではありません。しかし、そうはいっても同じ人間です。日本におけると同様の社会問題が提起されている場合も少なくありません。そのとき、日米の判例を比較することにより、ある場合には確信を強め、また、ある場合にはひとすじの光明を見出すこともあります。

そこで、受講者の理解の助けになればと思い、憲法の判例を中心にまとめてみました。当初は、重要判例を、比較的ランダムに二〇項目ほどに整理してみようと思いました。しかし、講義のテキストとして利用しようとする場合、ある程度の体系化が必要であり、また、一つの判例をできるだけ詳細に紹介しようとすると、かなり膨大な紙面が必要であることに気づきました。そこで、本書では、論点を絞りつつ人権編を中心に一二章にわたって整理し、統治編については、後日、できるだけ早い時期にまとめることができればと思っています。

本書の執筆にあたり、古い判例も読み直しました。中には二〇年も前に勉強したものもあります。当時、先輩を交え、友人たちと熱心に議論したことや、諸先生方にあたたかく、また、厳しくご指導いただいたことが鮮やかに思い出されました。学恩に心より感謝申し上げます。

また、最後になりましたが、本書の執筆を快くお引き受けくださった八千代出版株式会社の山竹伸二氏、また、校正と本文のアウトライン等についてご配慮いただいた中澤修一氏には本当にお世話になりました。厚く御礼申し上げます。

一九九九年五月

宮原　均

改訂版・人権編へのはしがき

一九九九年に旧版『日米比較 憲法判例を考える』を執筆した動機は、憲法の講義には多様な学生が参加しており、それぞれに関心をもってもらうためには、できるだけ身近な事例・事件を取り上げる必要を感じたからでした。そこで、判例を整理して憲法の枠に収め、加えて日本国憲法制定に大きくかかわり、その後も影響を与え続けているアメリカの判例を引用しておきました。当初は、人権編と統治編を分冊にする予定でしたが、膨大な数の判例に呆然とすると同時に、自分の研究が及んでいない領域が相当に広いことを思い知りました。そこで、分冊をあきらめて人権編を中心に一冊にまとめ、できるだけ早い時期に統治編を、と思っているうちに一二年が経過してしまいました。今回「増刷にとどめよう」との内なるささやきに何とか打ち克って改訂にこぎ着けることができましたのは、数はそれほど多くはないのですが大変熱心な学生にめぐり会うことができ、彼らに新しい情報を、という気持ちが強くなったからです。

旧版は、人権編として必要な章立てをするのに精いっぱいでしたが、今回は、各章の中に日本で問題になっている論点・判例をかなり広く取り込み、アメリカとの比較ができるようになりました。また、分冊化することで余裕ができ、旧版で扱っていたものを現在執筆中の「統治編」に移すなどして、頁増も最低限度に抑えることができました。

最後になりましたが、電子媒体におされ気味の紙媒体ですが、そのよさ、あたたかみを信じて出版をおすすめいただいた八千代出版株式会社・大野俊郎氏に深く感謝いたします。また、深浦美代子氏には、校正段階で表現方法や章立てについて数多く貴重な助言をいただきました。重ねて御礼申し上げます。

二〇一一年一一月

宮原　均

人権編・改訂第二版へのはしがき

二〇一一年末の改訂版から六年間が経過し、この間、日米の裁判所において重要な憲法判断が下されましたので、改訂を行うことになりました。本書は、当初から、憲法を含め法律の意味は、具体的な事実に即して初めて明らかになり、裁判例の検討が法律の勉強にとってきわめて重要だと考え、特に事実関係を丁寧に記述しながら判例の紹介を行ってきました。この姿勢は本改訂第二版でも変わるところはありません。しかしながら、判例数はかなり増えましたので、限りあるスペースの中にこれらすべてを収めることは難しくなってきました。そこで、判例の流れを説明する場合は、事実関係の説明は最小限度にとどめ、また、講義等で言及することが少なくなった判例や関連判例にとどまるものは思い切って削除しました。その結果、表現の自由や経済活動の自由に関する古典的な判例を取り上げながらも従来とほぼ同じ頁数に収めることができました。本書によって、読者の憲法判例の理解が一層深まること大いに期待しています。

最後になりましたが、本書も八千代出版株式会社・森口恵美子氏、編集について同社・御堂真志氏に大変お世話になりました。また、文献案内等では東洋大学博士後期課程・始澤真純氏の協力を得ました。厚く御礼申し上げます。

二〇一八年四月

宮原　均

人権編・改訂第三版へのはしがき

日米の憲法判例を比較しながら、多様な角度から深く検討し、その法理をできるだけ平易に伝えていく、という視点で本書を執筆してから二三年ほどが経過し、今回、改訂第三版を出版することができました。この間、判例変更や新しい分野での判例が形成されてきましたが、裁判所の判断はまさしく社会の流れを反映していると感じます。その中でも、「平等」の実現がとりわけ重要なものと思われます。弱い立場にある人々への理解が示され、その地位への改善が求められるようになってきました。これには、同性愛者の婚姻、女性の再婚禁止期間や夫婦の選択的別氏、そして、外国人の選挙権の問題等々があります。これらに対する裁判所の解決は、必ずしも決定的とはいえず不完全な場合も少なくないですが、裁判所の審理の対象になったこと自体が国民に強いインパクトを与えて国民の意識に変化をもたらし、裁判所が再度その意識を受け止めて憲法判断を積極的に示す、という傾向が生じてきたように思います。

この傾向は、望ましいものと思いますが、懸念される点もあります。それは「自由」との関係です。社会における平等が進めば進むほど、自分の価値観や利害を異にする人との接触を強いられ、これを不快とする「感情」が高まり、その人格や行動を硬化させることも考えられます。「平等」が、逆に社会の「分断」を深めることになりはしないか、懸念されるところですが、こうしたことは「自由の国」アメリカにおいて深刻な問題を提起しています。妊娠中絶や同性愛者の婚姻などについて、肯定する自由と否定する自由との対立は、その自由を各自に「平等」に認めさせようとすることによりかえって激化することも考えられます。「分れたる家は立たず」の言葉のもとに連邦国家を建設したアメリカにおいて、「自由」と「平等」をいかに調和させて「分断」を防いでいくかは大きな課題となっているように思われます。

日本においてはアメリカほどの「分断」は見受けられないように思われますが、「自由」をいかなる根拠に基づきどこまで認めていくのか、「平等」のもとに、自己の「感情」や「行動」をどこまで規制されるべきなのか、「分断」を意識しながら考察していかねばならないと思います。

本書の出版にあたりましても、八千代出版株式会社・森口恵美子氏にお勧めいただきました。また、編集については同社・御堂真志氏に今回も大変にお世話になりました。この場をお借りし厚く御礼申し上げます。

二〇二二年三月

宮原　均

日米比較　憲法判例を考える――目次

略語例

本書では、略語が用いられている。たとえば、民集一〇巻一一号一五〇二頁とあれば、最高裁判所民事判例集の該当巻・号・頁を調べれば、その事件の最初の頁を参照できる。また、アメリカの判例についても同様に、たとえば、497 U.S. 62（1990）とあれば、一九九〇年の合衆国最高裁の判例であり、United States Reports の四九七巻六二頁にその事件が掲載されている。

〔日本の判例〕

民集	最高裁判所民事判例集
刑集	最高裁判所刑事判例集
集民	最高裁判所裁判集民事編
行集	行政事件裁判例集
高刑集	高等裁判所刑事判例集
訟月	訟務月報
判時	判例時報
判タ	判例タイムズ
判例自治	判例地方自治

〔アメリカの判例〕

U. S.	United States Reports	（合衆国最高裁判所の判例）
F. 2d	Federal Reporter, 2d Series	（巡回区控訴裁判所の判例）
S. Ct.	Supreme Court Reporter	（合衆国最高裁判所の判例）

第1章　人権総論

第1節　国　　籍

国籍は、国家の構成員としての資格であるが、その要件を定めるにあたっては、その国の歴史、伝統、政治、社会、経済的環境等様々な要素を考慮する必要があり、その具体的内容は国会の裁量にゆだねざるをえない。日本国憲法一〇条も「日本国民たる要件は、法律でこれを定める。」としている。これを受けて国会は、国籍の取得に関して要件を定めるが、このことは一定の区別を行うことにつながり、これが憲法一四条の平等の保障に違反していないかが問題になるのである。最高裁において、婚姻関係にない日本人・父が、胎児認知を行うか、出生後の認知を行うかによって、子の国籍取得を区別することは、合理的理由のない差別であるとされた事件があるので紹介する。

国籍要件としての日本人・父による胎児認知（最大判平成二〇・六・四民集六二巻六号一三六七頁）

事実の概要

Aは、法律上の婚姻関係にない日本人・父とフィリピン人・母との間に、日本において出生したが、出生後、父から認知され、法務大臣に国籍取得届を提出したが認められなかった。改正前の国籍法三条一項は「父母の婚姻及びその認知により嫡出子たる身分を取得した子で二〇歳未満の者……は、認知をした父又は母が子の出生の時に日本国民であった場合において……法務大臣に届け出ることによって、日本の国籍を取得することができる。」と規定し婚姻関係により出生した嫡出子および準正子について、父母のいずれかが日本人であれば国籍の取得を認めている。さらに、同法二条一号は「子は、次の場合には、日本国民とする。一 出生の時に父又は母が日本国民であるとき。」と定めている。これにより、父母が婚姻関係にない場合にも子の国籍取得は可能であるが、出生のときに、法律上の親子関係が認められなければならない。母の場合には、その分娩の事実によりこの関係が生ずるが、父の場合には、出生後ではなく胎児認知が必要となる。本件においては、母が外国人であり、日本人の父が、Aの胎児認知を行っていなかったので国籍取得が認められなかったのである。最高裁は、これを憲法一四条が禁止する「合理的理由のない差別的取扱い」であると判断した。

判旨

国籍法三条一項は、日本国民の父が出生後に認知したならば、準正があった場合に限り日本国籍を取得させるとしているが、その「主な理由は、日本国民である父が出生後に認知した子については、父母の婚姻により嫡出子たる身分を取得することによって、日本国民である父との生活の一体化が生じ、家族生活を通じた我が国社会との密接な結び付きが生ずる」からである。

しかし「我が国を取り巻く国内的、国際的な社会的環境等の変化に照らしてみると……日本国民である父から胎児認知された子と出生後に認知された子との間においては、日本国民である父との家族生活を通じた我が国社会との結び付きの程度に一般的な差異が存するとは考え難く、日本国籍の取得に関して上記の区別を設けることの合理性を我が国社会との結び付きの程度という観点から説明することは困難である」。

確かに「日本国民である父の認知によって準正を待たずに日本国籍の取得を認めた場合に、国籍取得のための仮装認知がされるおそれがある……しかし、そのようなおそれがあるとしても、父母の婚姻により子が嫡出子たる身分を取得することを日本国籍の取得の要件とすることが、仮装行為による国籍取得の防止の要請との間において必ずしも合理的関連性を有するものとはいい難〔い〕」。

●横尾和子裁判官ほか反対意見

「多数意見は……家族生活や親子関係に関する意識の変化、非嫡出子の増加などの実態の変化、日本国民と外国人との間に生まれる子の増加、諸外国における法制の変化等の国際的動向などを理由として、立法目的との関連において準正子となったことを結び付きを認める指標とする合理性が失われたとする。しかしながら、家族生活や親子関係に関するある程度の意識の変化があることは事実としても、それがどのような内容、程度のものか、国民一般の意識として大きな変化があったかは、具体的に明らかとはいえない。実態の変化についても、家族の生活状況に顕著な変化があるとは思われない」。

アメリカの判例

合衆国憲法修正一四条は、アメリカで出生しその管轄に服する者は誰であれ、直ちにアメリカの市民権を取得する、と規定している。アメリカで出生しなかった者についても、連邦法律の規定によって市民権を取得することが可能であるが、非嫡出子で、国外で出生した者について、外国人・父とアメリカ人・母をもつ子と、外国人・母とアメリカ人・父をもつ子とを区別している法律の合憲性が問題になった事件がある。すなわち、アメリカでの居住を要件としつつも、前者については、市民権は出生に遡り認められるが、後者については、子が一八歳未満のうちに、父子関係を確認する積極的な手段がとられない限り、市民権は認められない。この年齢制限を後者についてのみ認めることが問題になった。最高裁は、法律によるこの区別は恣意的でも、差別的でもないと判断した。

非嫡出子による市民権取得と父子関係の確認（Miller v. Albright, 523 U.S. 420（1998））

●事実の概要

Aは、フィリピン人・母をもち、フィリピンで生まれた、非嫡出子である。Bはテキサス在住のアメリカ国籍を有する男性である。彼は、アメリカ空軍に属し、Aが母の胎内にあるときにフィリピンに駐屯していたが、母と結婚することはなかった。Bは裁判所に申請を行い、Aの生物上および法律上の父であることの確認を得た。そこでAは、国務省にアメリカの市民権取得を求めて申請したが、棄却された。市民権を取得するためには、一八歳未満でこの確認がなされなければならなかったからである。Aは、父または母いずれかが外国人であるかによって市民権取得に区別をすることは、平等保護に違反するとして訴えを提起した（当初はBも原告であったが、その当事者適格が否定されたため、Aのみが当事者となっている）。

●判　旨

子が市民権を有する親との間に生物的な関係があることについて、信頼に足る証明を求めることは、政府の重要な目的であることは明らかである。この点に関して、親が女性と男性の場合とでは異なる状況にあることは否定できない。出産した母との血縁は即座に明らかであり、具体的には、病院記録や出生証明書によって示される。婚姻関係にない父との関係についての公的な記録はない。したがって、このような父の場合には、宣誓の上、できるだけ早期に書面による認知を行うことが求められる。

これらの規定は、子が、未成年のうちに市民権ある親との間に健全な関係を築くこと、外国で生まれた子とアメリカとの絆を強めるという利益に関連する。外国で生まれた非嫡出子の場合、アメリカ人・母は、アメリカ人・父の場合とは異なり、その子の存在を確実に知り、出生後すぐに自分の監督下に置くことができる。この場合、子は、早い時期に、アメリカ人・母との絆を結ぶ機会を得、そしてこの母が帰国すればアメリカで生活することすらも可能である。これに対して、婚姻関係にない父は、子の存在すら知らず、子も、父がだれであるかを知らないかもしれないのである。

第2節　外国人

外国人に、日本国憲法の人権保障が及ぶかどうかについて学説はわかれているが、判例はいわゆる性質説に立ち、権利の性質上日本国民のみを対象としているものを除き、わが国に在留する外国人にも等しく及ぶとされている。そこで、問題となるのが、いかなる権利が、どのような性質を有し、どこまで外国人に保障されるかである。この点が問題になったものとして、①表現の自由、②選挙権、③公務員就任権等について判例を紹介しよう。

まず、表現の自由は、基本的には外国人にも保障されるが、その前提となる、わが国に入国する権利は憲法上認められていない。法律の定める要件に基づき、これに従っている限りにおいて、在留が認められているにすぎない。この法律の枠の中での表現の自由が問題になっているのが、次のマクリーン事件である。

1　在留資格と表現の自由・マクリーン事件（最大判昭和五三・一〇・四民集三二巻七号一二二三頁）

●事実の概要

Aは、アメリカ国籍を有する外国人であるが、在留期間を一年とする上陸許可を受け入国し、さらに一年間の在留期間の更新を申請したが、出国準備期間として一二〇日間の在留期間の更新を受けたにとどまった。そこで、再度、一年間の在留期間の更新を申請したが拒否された（本件処分）。その理由は、在留期間中の無届転職と政治活動である。

Aは、B校の英語教師として雇用されるために在留資格を認められたが、入国後一七日で退職し、C財団法人の英語教師として就職した。また、「外国人ベ平連」に所属し、九回にわたりその定例集会に参加し、アメリカのベトナム政策や日本の出入国管理政策に反対するために、デモ行進に参加しビラ配布を行った。これらは、いずれも、平和的かつ合法的行動の域を出ておらず、また、指導的または積極的なものではなかった。Aは本件処分が、表現の自由を侵害するものであるとし、その取消を求めて訴えを提起した。最高裁は、外国人の表現の自由は、法律の定める在留資格の枠の範囲内でのみ認められるとし、Aの請求を認めなかった。

●判　旨

「国際慣習法上、国家は外国人を受け入れる義務を負うものではなく、特別の条約がない限り、外国人を自国内に受け入れるかどうか、また、これを受け入れる場合にいかなる条件を付するかを、当該国家が自由に決定することができる……したがつて、憲法上、外国人は、わが国に入国する自由を保障されているものでないことはもちろん……在留の権利ないし引き続き在留することを要求しうる権利を保障されているものでもない……すなわち、在留期間中の憲法の基本的人権の保障を受ける行為を在留期間の更新の際に消極的な事情としてしんしゃくされないことまでの保障が与えられているものと解することはできない」。

「〔Aの〕政治活動は……直ちに憲法の保障が及ばない政治活動であるとはいえない。しかしながら……わが国の基本的な外交政策を非難し日米間の友好関係に影響を及ぼすおそれがないとはいえないものも含まれており……右活動を日本国にとつて好ましいものではないと評価し……将来日本国の利益を害する行為を行うおそれがある者と認めて〔も〕……その事実の評価が明白に合理性を欠き、その判断が社会通念上著しく妥当性を欠くことが明らかであるとはいえず……裁量権の範囲をこえ又はその濫用があつたことをうかがわせるに足りる事情の存在が確定されていない」。

権利の性質上、外国人に認められないものとして参政権がある。◦国政に関する決定権は国民にあるとする国民主権を前提として、国民の意思を国政に反映させるための手段である選挙権・被選挙権は外国人には認められないと考えられている。しかし、地方自治の本旨に基づく政治を保障する憲法は、地方議会議員選挙における選挙権を外国人に認めることを必ずしも否定しておらず、国会の立法裁量の範囲であるとしている。

2　地方自治の本旨と外国人の選挙権（最三判平成七・二・二八民集四九巻二号六三九頁）

●事実の概要

Aらは韓国を国籍とする者であるが、選挙人名簿に登録されていなかったので、選挙人名簿の縦覧期間中、選挙人名簿に登録するよう異議の申出を行ったが却下されたので、その取消しを求めて訴えを提起した。

●──判　旨

「憲法一五条一項にいう公務員を選定罷免する権利の保障……規定は、国民主権の原理に基づき、公務員の終局的任免権が国民に存することを表明したものにほかならないところ、主権が『日本国民』に存するものとする憲法前文及び一条の規定に照らせば、憲法の国民主権の原理における国民とは、日本国民すなわち我が国の国籍を有する者を意味することは明らかである。そうとすれば、公務員を選定罷免する権利を保障した憲法一五条一項の規定は、権利の性質上日本国民のみをその対象とし、右規定による権利の保障は、我が国に在留する外国人には及ばないものと解するのが相当である」。

「国民主権の原理及びこれに基づく憲法一五条一項の規定の趣旨に鑑み、地方公共団体が我が国の統治機構の不可欠の要素を成すものであることをも併せ考えると、憲法九三条二項にいう『住民』とは、地方公共団体の区域内に住所を有する日本国民を意味すると解するのが相当であり、右規定は、我が国に在留する外国人に対して、地方公共団体の長、その議会の議員等の選挙の権利を保障したものということはできない」。

「憲法第八章の地方自治に関する規定は、民主主義社会における地方自治の重要性に鑑み、住民の日常生活に密接な関連を有する公共的事務は、その住民の意思に基づきその区域の地方公共団体が処理するという政治形態を憲法上の制度として保障しようとする趣旨に出たものと解される……永住者等であってその居住する区域の地方公共団体と特段に密接な関係を持つに至ったと認められるものについて、その意思を……地方公共団体の公共的事務の処理に反映させるべく、法律をもって、地方公共団体の長、その議会の議員等に対する選挙権を付与する措置を講ずることは、憲法上禁止されているものではない……しかしながら、右のような措置を講ずるか否かは、専ら国の立法政策にかかわる事柄であ〔る〕」。

このように、外国人に選挙権を認めるかどうかは、国民主権と大いにかかわりがある。同様の問題を提起しているのが、外国人の公務員就任権である。

最高裁は、公権力を行使する職種については、国民主権の観点からこれを消極的に理解している。

3 東京都管理職選考試験と外国人（最大判平成一七・一・二六民集五九巻一号一二八頁）

事実の概要

Aは、韓国籍の特別永住者であり、東京都の保健婦として採用されていたが、管理職選考の選考種別Aの技術系の選考区分医化学を受験しようとしたが、日本国籍を有しないことを理由として拒否され、これを不服として慰謝料等の請求を行った。

原審は、外国籍の職員から管理職選考の受験の機会を奪うことは違法な措置であるとして請求の一部を認容した。外国人が当然に管理職に任用される権利を保障されるとすることは、国民主権の原理から問題があるが、統治作用、公の意思の形成へのかかわり方や程度が弱い管理職もあり、これに外国人を任用することは国民主権の原理に反しない。これらの点を考慮せず、一律に任用・昇進を認めないことは許されない、とした。

最高裁は、東京都敗訴部分を破棄し、控訴を棄却した。

判　旨

「公権力行使等地方公務員の職務の遂行は、住民の権利義務や法的地位の内容を定め、あるいはこれらに事実上大きな影響を及ぼすなど、住民の生活に直接間接に重大なかかわりを有する……それゆえ、国民主権の原理に基づき、国及び普通地方公共団体による統治の在り方については日本国の統治者としての国民が最終的な責任を負う……外国人が公権力行使等地方公務員に就任することは、本来我が国の法体系の想定するところではない」。

「普通地方公共団体が……公権力行使等地方公務員の職とこれに昇任するのに必要な職務経験を積むために経

るべき職とを包含する一体的な管理職の任用制度を構築して人事の適正な運用を図ることも、その判断により行うことができる」。

東京都は「管理職に昇任した職員に終始特定の職種の職務内容だけを担当させるという任用管理を行っておらず、管理職に昇任すれば、いずれは公権力行使等地方公務員に就任することのあることが当然の前提とされていた」。

アメリカの判例

日本においては、外国人の公務員就任について、「公権力行使」が問題になったが、アメリカにおいては「政策形成・執行」を行う公務員が問題になっている。また、公務員ではないが弁護士は警察官等とのかかわりから外国人がその資格を得ることができるか問題となっている。

1　政策形成と外国人の公務員（Hampton v. Mow Sun Wong, 426 U.S. 88（1976））

●事実の概要

原告ら五人はサンフランシスコ在住の中国人であるが、外国人であることを理由に連邦の公職に就くことを拒否された。彼らはそれぞれ、郵政省、行政管理庁の用務員や文書整理係、保健教育福祉省の教育プログラムの評価者の職に就任することを認められなかった。帰化申請書を提出している者としていない者がいるが、いずれも適法に入国が認められている。彼らは公務員人事委員会の委員長らを被告としてクラス・アクションを提起した。

原審は、政策判断をともなう地位および国防の問題を判断する公務員については市民であることを要件とすることは認めるが、外国人の公職からの排除が広範にすぎることについては支持できないとした。

判　旨

政府の政策形成および執行に直接に参加する公務員に、強度の忠誠心を求めることは州の正当な利益であるが、下水処理者やタイピストになることを一律に州が制限することは正当ではない。公務員人事委員会は、外交問題、条約交渉、移民の割合、入国の条件、帰化政策には責任を負っていないが、連邦公務の効率的な提供の促進を目的としている。重要でセンシティブな地位であって、市民であることが、適切正当な要件であることが明らかである場合にはじめて、市民でない者すべてを一律にこの地位から排除しようとする単純なルールを定めることができるのである。

2　外国人による弁護士資格の取得（In Re Griffiths, 413 U.S. 717（1973））

事実の概要

Aは、オランダ市民であり、合衆国市民と結婚し、コネティカット州に居住している。ロースクール卒業後、司法試験の出願を行ったが合衆国市民でないことのみを理由として受け付けてもらえなかった。そこで、Aは合衆国市民を受験資格要件とするルールが憲法に違反しているとして訴えを提起した。

判　旨

アメリカに居住している外国人は、市民と同様に、納税し経済を支え、軍役に就き、その他多くの点でアメリカに貢献している。もしも州が外国人から就職の機会を奪う場合には、州は重い立証責任（heavy burden）を果たさねばならない。

弁護士は令状、召喚状にサインする等の権限を認められ、これらを行使するために、郡の警察官や町の警察官に対して協力を求めることができる。そのため、弁護士には忠誠心、信頼、敬意が求められている。居住外国人の場合には、その職務を果たす際に、外国の利益を重視して、裁判所への責任やその依頼人への責任をなおざりにすることもありうる、と州は判断したのである。しかしながら、これらの説明は納得がいかないものと考える。弁護士に認められた権限には、州の政策に関する問題はほとんど含まれていない。また、市民にしかそれをまかせられないという行為でもない。弁護士の活動によって、アメリカの利益に大きな悪影響が及ぼされるとの相当程度の機会が提供されることはほとんどないと考える。また、弁護士が、依頼人の利益を、誠意をもって保護しようとしないとの可能性を、その弁護士の市民権の有無に結び付けることには成功していない。

州は、事例ごとに出願者が法律実務に適任であるかを測定するにあたり広範な裁量を有する。実務能力のほかに、誠意をもって職務を遂行する、アメリカおよび州の憲法を遵守するなどの宣誓を州は課している。弁護士は弁護士会や裁判所により継続的に審査に服している。懲戒権の発動もありうる。これらからすれば、高度の弁護士という職業の基準において疑いなき利益を守るために、すべての外国人を法律実務から排除しなければならないとの証明はなされていない。

以上は、外国人のうち、自然人の人権が問題になったが、法人についても同様に問題になる。最高裁は、系列会社であっても、外国で別個に法人化されている企業に対する人権保障については、消極的に理解している。

3　外国法人の表現の自由（Agency for Int'l Dev. v. All. for Open Soc'y Int'l, Inc., 207 L. Ed. 2d 654（2020））

事実の概要

連邦議会は、グローバルなエイズ危機に対応するため、国内外の団体に資金提供を行うプログラムを定めたが、資金提供を受けるためには、売春（prostitution and sex trafficking）に対して明確に反対する「政策」を掲げなければならなかった。原告は、海外でエイズと闘い、このプログラムに参加したアメリカのＮＧＯであるが、売春根絶の方針には同意していなかった。そこでプログラムを定める法律が修正一条に違反するとして訴えを提起したところ、言論を理由に、利益の提供を拒否することは修正一条に違反するとされ、「政策」の掲示は不要とされた。さらに、原告は、原告とは別組織の外国の系列会社にも「政策」掲示を要求することは修正一条に違反するとして訴えを提起した。最高裁は、外国に存在する、外国法人に修正一条の保障を及ぼすことについて、消極的な判断を下した。

●判　旨

合衆国内に存在する外国人は、ある種の憲法上の権利を享受しうるが、合衆国のテリトリーの外に存在する外国人は、合衆国憲法の保障する権利を享受しない。確かに、連邦議会は、外国に存在する外国人に、合衆国の公務員による不法行為に関して、請求権を認める法律を定めることはできる。しかし本件ではそうした制定法上に根拠のある主張はなされていない。アメリカの会社法では、別個に法人化された団体は、独立した法的団体であり、別個の法的権利及び義務を有する。原告の外国の系列会社は、外国で法人化されており、原告のアメリカの団体とは法的に別個の団体である。外国で活動している外国の団体である以上、原告の系列会社は、修正一条の権利を一切享受していない。

第３節　法　　人

人権保障は、自然人のみならず法人にも及ぶのか問題となる。法人は自然人と異なり物理的な存在ではなく組織である。その活動は、定款や寄付行為の目的に定められ、その範囲において権利義務の主体となることが基本である。しかし、いかなる行為を法人に認め、また、どのように人権保障を及ぼしていくか問題になる。政党への寄付行為が会社の権利能力の範囲であるとされた事件を紹介しよう。

1 会社と政党への寄付行為・八幡製鉄所事件（最大判昭和四五・六・二四民集二四巻六号六二五頁）

●事実の概要

訴外A会社は、その定款において「鉄鋼の製造および販売ならびにこれに附帯する事業」を目的として定める会社であるが、A会社の代表取締役であったBらは、A会社を代表して、自由民主党に政治資金三五〇万円を寄付した。そこで、この寄付は、定款に定められた目的の範囲外の行為であるから、A会社はこの行為を行う権利能力を有しないかどうかが問題になった。

最高裁は、社会的実在としての会社に、社会通念上期待される活動については、定款に直接定められた目的以外の行為であっても認められるとした。

●判　旨

「会社は……会社の活動の重点が、定款所定の目的を遂行するうえに直接必要な行為に存することはいうまでもない……しかし、会社は、他面において、自然人とひとしく……社会的実在なのであるから、それとしての社会的作用を負担せざるを得ないのであつて、ある行為が一見定款所定の目的とかかわりがないものであるとしても、会社に、社会通念上、期待ないし要請されるものであるかぎり……会社の当然になしうるところである……また……かかる社会的作用に属する活動をすることは……企業体としての円滑な発展を図るうえに相当の価値と効果を認めることもできる」。

「災害救援資金の寄附、地域社会への財産上の奉仕、各種福祉事業への資金面での協力など……に相当な程度のかかる出捐をすることは……株主その他の会社の構成員の予測に反するものではなく、したがつて、これらの行為が会社の権利能力の範囲内にある……以上の理は、会社が政党に政治資金を寄附する場合においても同様である……憲法の定める議会制民主主義は政党を無視しては到底その円滑な運用を期待することはできない……政党は国民の政治意思を形成する最も有力な媒体であるから、政党のあり方いかんは、国民としての重大な関心事でなければならない。したがつて、その健全な発展に協力する……一態様として政治資金の寄附についても例外ではない」。

このように最高裁は、法人の活動は定款の目的そのものに限定されず社会的実在として社会通念上期待・要請される活動も含まれるとした。

この一般論については支持されると思われるが、政党への寄付行為が「期待・要請」に該当するかについては議論がある。しかし最高裁はこの点について、法人への表現の自由の適用について言及し、肯定している。

「会社が……納税者たる立場において、国や地方公共団体の施策に対し、意見の表明その他の行動に出たとしても、これを禁圧すべき理由はない……憲法第三章……の各条項は、性質上可能なかぎり、内国の法人にも適用される……会社は、自然人たる国民と同様、国や政党の特定の政策を支持、推進しまたは反対するなどの政治的行為をなす自由を有する……政治資金の寄附もまさにその自由の一環であり、会社によつてそれがなされた場合、政治の動向に影響を与えることがあつたとしても、これを自然人たる国民による寄附と別異に扱うべき憲法上の要請があるものではない」。

法人にも表現の自由が及ぶとの一般論は肯定されるが、法人を背景に巨額な献金をすることは政治の腐敗をもたらす可能性があることは否定できない。しかし、最高裁は、この問題は献金を認めつつも別途対処すべき問題であるとした。

「政党の資金の一部が選挙人の買収にあてられることがあるにしても、それはたまたま生ずる病理現象に過ぎず、しかも、かかる非違行為を抑制するための制度は厳として存在する……大企業による巨額の寄附は金権政治の弊を産むべく、また、もし有力株主が外国人であるときは外国による政治干渉となる危険もあり、さらに豊富潤沢な政治資金は政治の腐敗を醸成するという……弊害に対処する方途は、さしあたり、立法政策にまつべきことであつて、憲法上は公共の福祉に反しないかぎり、会社といえども政治資金の寄附の自由を有する」。

このような会社とは異なって、会員に強制加入を求める法人がある。すなわち、税理士等はそれぞれの法人に所属しなければ、その取得した資格に基づく職業を遂行することができない。この場合、税理士等にはその法人からの脱退の自由がないので、法人は、会員の思想の自由等に配慮する一方、その活動は法人の目的の範囲内に限定されることになる。

2　税理士会による政治団体への寄付（最三判平成八・三・一九民集五〇巻三号六一五頁）

●事実の概要

A税理士会は、その全会員から、税理士法改正運動のための費用として特別会費五〇〇〇円を徴収し、その全額を、政治資金規正法の政治団体であるB政治連盟に寄付する決議を行った（本件決議）。Aの会員であるC税理士は、この特別会費を納入しなかったところ、Aの役員選挙に際してその選挙人名簿に名前が登載されなかった。そこで、Cは、AによるBへの寄付はAの目的の範囲外の行為として無効であり、その選挙権の停止等は不法行為にあたるとして損害賠償の請求を行った。

最高裁は、前記・最大判昭和四五年六月二四日に基づき、法人として共通している「会社」においては、定款に明示された目的自体に活動は限定されず、その目的の遂行に直接または間接に必要な行為であれば、目的の範囲内の行為といえるが、税理士会はこれとは異なるとして、Cの請求を棄却した原審の判決を破棄した。

●──判　旨

「税理士会は……税理士の義務の遵守及び税理士業務の改善進歩に資するため、会員の指導、連絡及び監督に関する事務を行うことを目的とし……その決議や役員の行為が法令や会則に反したりすることがないように、大蔵大臣の……監督に服する法人である。また、税理士会は、強制加入の団体であって、その会員には、実質的には脱退の自由が保障されていない」。税理士会は「会社とはその法的性格を異にする法人であり、その目的の範囲についても、これを会社のように広範なものと解するならば、法の要請する公的な目的の達成を阻害して法の趣旨を没却する」。

このように最高裁は、法律により、その目的が税理士の指導・監督等に定められ、税理士の加入を強制している税理士会は、会員の思想等に配慮しなければならず、選挙における投票と表裏をなす政治団体への寄付を求めることは、その目的の範囲外の行為であるとした。ところで、これと同様の強制加入の団体に司法書士会があり、災害に見舞われた他の司法書士会への寄付として会員から金銭を徴収することが「目的の範囲内」といえるかが問われた事件がある。

3　司法書士会による復興支援金の寄付（最一判平成一四・四・二五判時一七八五号三一頁）

●──事実の概要

A司法書士会が、阪神大震災により被災したB司法書士会に対して、三〇〇〇万円の復興支援金を送金するために、Aの会員から登記申請一件当たり五〇円の復興支援特別負担金を徴収するとの決議が「目的」の範囲外の行為といえるかが問題となった。最高裁は、復興支援金の目的は、経済的支援を通じて司法書士業務の公的機能の回復であり、Aの目的の範囲外とはいえないとした。

●判　旨

「司法書士会は、司法書士の品位を保持し、その業務の改善進歩を図るため、会員の指導及び連絡に関する事務を行うことを目的とする……その目的を遂行する上で直接又は間接に必要な範囲で、他の司法書士会との間で業務その他について提携、協力、援助等をすることもその活動の範囲に含まれる」。

この多数意見に対して、二名の裁判官の反対意見がある。いずれも、復興支援のために寄付を行うことそれ自体は「目的の範囲内」とするが、その額の大きさおよびその使用法をBにすべてゆだねてしまうことを問題としている。深澤武久裁判官の反対意見は「本件拠出金の寄付は、その額が過大であって強制加入団体の運営として著しく慎重さを欠き、会の財政的基盤を揺るがす危険を伴うもので……目的の範囲を超えたものである」。また、横尾和子裁判官の反対意見も、本件拠出金はその額が三〇〇〇万円という高額に加えて「被災した司法書士の個人的ないし物理的被害に対する直接的な金銭補てんや見舞金の趣旨、性格が色濃く残っていた」とした。

アメリカの判例

アメリカにおいても、強制加入団体は存在し、その一つに州弁護士会がある。州弁護士会自体も表現の自由を有し、これが構成員の思想等に反する場合がある。最高裁は、州弁護士会に対し、その目的に密接に関連した活動・表現のみを行うことができるとして、構成員の思想とのバランスをはかっている。

弁護士の思想と弁護士会の表現の自由（Keller v. State Board of California, 496 U.S. 1（1990））

事実の概要

カリフォルニア州の弁護士は、州弁護士会に加入が義務づけられていたが、州弁護士会が政治的な主張を行うための費用を、会員の弁護士から強制徴収した会費から支出することが認められるかが問題になった。最高裁は、州弁護士会の活動とその目的との間にかなり厳格な関連性がある場合に限定して、強制会費からの支出が認められるとしている。

判旨

州弁護士会の目的は、「弁護士の規律・リーガルサービスの質の向上」である。州弁護士会の規律は政府ではなく、その自律にゆだねられており、これにより利益を享受している会員の弁護士に対して、州弁護士会の活動のためのコストを負担させることは許される。

しかし、この負担を強制できるのは、州弁護士会が「目的」に密接に関連して活動している場合に限定される。どのような活動が、「目的」外のイデオロギー的な活動であるかを判断することは困難であるので、「活動」と「目的」とが「必然的又は合理的に」関連している場合に、「支出」は認められる。

州弁護士会による一切の政治的主張を禁止することは認められない。

第2章 幸福追求権

日本国憲法は、国民に保障される人権について、第一四条以下において列挙している。では、人権の保障はこれら列挙されたものに限られるのであろうか。これについて、憲法一三条は「……幸福追求に対する国民の権利については、公共の福祉に反しない限り、立法その他の国政の上で、最大の尊重を必要とする。」としており、この「幸福追求権」が、列挙された人権以外も広く具体的に保障する一般的権利であるかが議論されている。

当初、最高裁判所の裁判官によって、人権の保障は具体的に列挙されたものに限られるとの見解が示されたことがある。すなわち「わが国においても少くとも当裁判所が裁判によつて定めない限り『この憲法が保障する自由及び権利』は憲法第三章に列挙されているものである。……憲法……一三条は『この憲法が保障する自由及び権利』の保障そのものではなく、保障は一四条以下に列挙するものである」（最大判昭和二五・一一・二二刑集四巻一一号二三八〇頁、栗山茂裁判官の意見）。

これに対して、国民が享受している権利・自由は数限りなく存在し、これらは一般的な自由や幸福追求の権利として保障されているとの見解も示されていた。「憲法の人権と自由の保障リストは歴史的に認められた重要性のあるものだけを拾つたもので、網羅的ではない。従つてその以外に権利や自由が存せず、またそれらが保障されていないというわけではない。我々が日常生活において享有している権利や自由は数かぎりなく存在している。それらはとくに名称が附されていないだけである。それらは一般的な自由または幸福追求の権利の一部分をなしている」（最大判昭和三三・九・一〇民集一二巻一三号一九六九頁、田中耕太郎・下飯坂潤夫裁判官の補足意見）。

その後、最高裁は以下に紹介するように、人権の保障を列挙されたものに限るとの考え方ではなく、憲法一三条を根拠に幅広く認めていく傾向にあると思われる。しかしながら、こうした人権も「公共の福祉に反しない限り」保障されるのは当然である。そこで、そもそもどのような人権が存在し、その保障の程度や意義はいかなるものであり、どのような理由からどこまでその行使が許されるのか、個別に検討がなされる必要がある。そこで、「幸福追求権」が問題となった事件を、①個人の髪型・容ぼうの自由、②個人の容ぼう等を撮影されない自由、③個人情報のコントロール、④わいせつ表現物を個人的に鑑賞する自由、⑤性に関する自己決定の五つに分けて紹介していこう。

第１節　個人の髪型・容ぼうの自由

個人の髪型を特定のものに強制することは、身体の一部に対する直接的な干渉となり、強制される者の自尊心を傷つけるおそれがあるので、髪型の自由は「幸福追求権」の一つと考えることができる。しかしこの自由も絶対無制限に認められるものではなく、その者の置かれた環境等により制約を受けうる。ここでは受刑者の頭髪を丸坊主刈りとすること（頭髪翦剃（センテイ））が問題となった事件を紹介しよう。

東京地裁は、まず①人権の保障は限定されず、憲法一三条が一般的自由を保障しており、これに頭髪の自由も含まれうるとする。しかし②受刑者を刑務所に収容する目的を達成するために合理的必要がある限り、この自由への制約は許される。また③丸坊主刈りは直ちに人間の尊厳を害するものではなく、手段として合理性を欠くとはいえないと判示している。

受刑者の頭髪翦剃（東京地判昭和三八・七・二九行集一四巻七号一三一六頁）

●事実の概要

原告は詐欺罪により府中刑務所において服役中の者である。原告は入監にあたり、頭髪を丸坊主刈りにしないよう要望書を提出したが受け容れられず、約二〇日間に一回の割合で頭髪が強制的に翦剃された。そこで原告は、これが憲法に違反して許されず、また、被告府中刑務所長は将来もこれを実施する態度を堅持しているので、その差止めを求めて訴えを提起した。

●判　旨

（1）　憲法一三条と一般的自由の保障

頭髪の自由を保障する憲法上の規定は存在しないが、人権の保障は明文のものに限定されず、理由なくこれらを制限することは許されない。「憲法の自由の保障に関する規定は制限列挙的なものと解すべきではなく、本来国民が享有する一般的な自由のうち、歴史的、社会的に特に重要なものについて、個別的に明文の規定を置くとともに、そこに記載されていないものについても、一般的にこれを保障する趣旨をも含む……個人のもつ蓄髪ないし調髪の自由に対して、国家は理由なくこれを制限することは許されない」。

（2）　受刑者の地位と人権の制約

しかし、原告は受刑者として刑務所に収容されている。この収容の目的は、「犯罪に対する制裁として、身体の自由を拘束し、同時に隔離された場所において犯罪者に矯正策を講じようとすること」である。そして、この

「目的を達するために合理的必要がある限り、右自由に制限を受けることはやむを得ない」。

さらに、頭髪翦剃は、この「目的」を達成するため必要性がある。その理由として、①多数人を一定の場所に隔離する場合、長髪はとかく不潔に陥りがちであること、②受刑者の外観を統一し、刑務所内の秩序維持、逃亡の防止に役立たせ、また、あらゆる階層の者を外観を含めて一律に扱うことが重要であること、③長髪には櫛などが必要になり、凶器となるおそれがあり、財政上の負担も大きくなることがあげられる。

（3） 手段の相当性と裁量

頭髪翦剃が受刑者収容の目的のために直接確実な方法であっても、これが個人の尊厳にかかわり、その者の社会的評価を著しく損なうならば、手段としての合理性を欠くことになる。しかし、「我国における現在の風俗、習慣よりすれば……『坊主頭』が、その人の社会的な評価を著しくそこなうというような状況にあるものとは考えられず、頭髪を翦剃させることが直ちに人間の尊厳を害するものとは認められない」。

そして、「受刑者に蓄髪に対する強い願望があり、かつそのことが受刑者の精神的安定ないし更生のために有益であること、従つて、現在の翦剃が政策として最も望ましいものであるかどうかに疑問がある……しかし、それは立法政策ないし行刑政策上の当否の問題であつて……憲法違反ないし違法の問題はおこり得ない」。

アメリカの判例

合衆国憲法においても、髪型など自分の外観について決定する自由を保障する明文の規定は存在しない。しかし合衆国憲法修正一四条は「……いかなる州も、正当な法の手続によらないで何人からも生命、自由または財産を奪ってはならない。また、その管轄内のいかなる者に対しても法の平等な保護を拒んではならない。」と規定し、これは自由の剥奪について手続上の保障のみならず自由の実体的な側面も保障していると解され、これを根拠に髪型等の自由が主張されている。ここでは、警察官の髪型等を規制する規則が争われた一九七六年の合衆国最高裁の判例を紹介しよう。

この事件で最高裁は、郡当局に市民の身体と安全を守る権限が認められ、これを遂行するために警察官の組織、服装、装備をいかなるものとするかについて郡当局に決定権が存在するとする。そこで、この決定したところを裁判所が審査する場合、目的と手段との間に合理的関連性があるかどうかという緩やかな基準が用いられ、本件においてこれを肯定できるとしている。

この判決には反対意見が付されている。個人の外観の決定は、人々がひしめきあって生活している現代社会において、その人格を支えるものである。そこで、これへの規制には厳格な審査がなされるべきであるとしている。

警察官の髪型等への規制（Kelley v. Johnson, 425 U.S. 238 (1976)）

事実の概要

ニューヨーク州サフォーク郡では、警察官の髪型等に関し規則が定められ、髪、もみあげ、口ヒゲの型と長さが制限され、あごヒゲおよびやぎヒゲは医療上の理由がある場合以外は禁止されていた（本件規則）。これに対して被上告人（巡査）は、本件規則が修正一条（表現の自由）、修正一四条（デュープロセス、平等保護）に違反すると主張し、宣言判決および差止命令を求めて訴えを提起した。原審は被上告人の請求を認容し、最高裁はこれを破棄した。

●判　旨

（1）　個人の外観の自由と修正一四条

修正一四条は自由の剥奪について手続上の保障のみならず、実体的な自由も保障している。しかし、個人の外観の自由がこれにより保障されているかどうかに関する当裁判所の先例は存在しない。

（2）　警察の任務の遂行と自由の制約

警察にゆだねられた任務を最も効果的に遂行するために、サフォーク郡当局がその組織のあり方について工夫をこらし、選択がなされている。裁判所としてはこれを考慮して本件規則を検討しなければならない。郡当局には、市民の身体と安全を守るポリス・パワーが認められ、これに基づいて法執行職員の組織、服装、装備について決定がなされている。そこで、裁判所はこの選択・決定された事項が「真に公的な必要性」に支えられているかを問うのではなく、それらが市民の身体・安全の保持という目的と合理的関連性を有しているかどうかを問うのである。つまり、本件規制が不合理で、恣意的であり、警察官のヘアスタイルを選択する自由を侵害しているかどうかを判断することになる。

（3）　本件規則の合理性

現在、大多数の警察官は制服を着用している。これは公衆が警察官であることを容易に認識できるようにするため、または、外観が同一であることによる団結心を養うためである。髪型規制もその一つとして十分に合理的である。

●マーシャル裁判官の反対意見（ブレナン裁判官が加わる）

（1）　個人の外観はその者の人格を反映し、支え、はぐくみ、物事への姿勢やライフスタイルを表現している。市民の外観をコントロールすることは、その者の人格の完全さおよび同一性（integrity, identity）の相当な部分に犠牲を強いることになる。自分の外観を選択する権利について、裁判所において議論されてこなかったのは、この権利が疑問の余地なく明白であったからである。

（2） 本件規則の目的は、多数意見の指摘するように警察官であると容易に認識できること、および、団結心の維持であり、正当であると考える。しかしながら、この目的と髪型等の規制との間には合理的関連性は存在しない。

まず、髪の長さを一定にすると一般公衆が容易に警察官であると認識できる、とは必ずしもいえない。制服を着用する警察官が髪をカラーの下まで伸ばしていても警察官であると認識しづらくなることはない。逆に、ここまで伸ばしていなくとも私服警官は警察官であると認識できない。

次に、外観の同一性と団結心との間に関連性があるとしても、髪の長さの規制は必ずしも外観の同一性をもたらさない。すなわち、本件規則はポニーテール以外のヘアスタイルは規制していないから、カラーまで髪がとどいていないアフロヘアやクルーカットは規則に違反しない。

第2節　個人の容ぼう等を撮影されない自由

個人の髪型のみならず、その容ぼう・姿態も個人の私生活上の自由の一つとして、正当な理由なくこれを撮影されない自由が存在する。しかし、犯罪捜査の必要からこれらが行われ、容ぼう等に対する自由への侵害が問題となる場合がある。最高裁は、撮影が許される場合の基準として、現行犯またはこれに準ずる場合で、証拠保全の必要性・緊急性があり、撮影方法が一般に許容される限度を超えない相当な方法であることをあげている。

1　デモ行進参加者の容ぼう等の撮影（最大判昭和四四・一二・二四刑集二三巻一二号一六二五頁）

●事実の概要

被告人は集団示威運動に参加し、先頭集団の先頭列外において隊列を誘導していた。この集団は四列縦隊で割合に整然と行進していたが、許可の条件として指定されていた車道の入口に自動車が数台停車していたので、そこを避けて別の車道に進入しようとしたところ、待機していた機動隊二〇〇～三〇〇名が規制にかかり、両者が衝突した。そのとき、この行進の状況および違反者を確認するため、巡査が写真撮影を行ったので被告人が難詰抗議したが無視されたため、被告人が旗竿の根元で巡査の下アゴを一突きした。巡査は治療約一週間の傷害を負い、被告人は公務執行妨害罪で起訴された。被告人は、承諾なく自己の写真を撮影・使用されない権利が憲法一三条によって保障されていると主張し上告した。最高裁は上告を棄却した。

最高裁は、容ぼう等をみだりに撮影されない自由が憲法一三条を根拠に存在することを認め、ただ、犯罪捜査のため一定の場合にはこれを撮影することも許されるとしている。

●判　旨

（1）　個人の容ぼう等と憲法一三条の保障

「憲法一三条は……国民の私生活上の自由が、警察権等の国家権力の行使に対しても保護されるべきことを規定している……そして、個人の私生活上の自由の一つとして、何人も、その承諾なしに、みだりにその容ぼう・姿態（以下「容ぼう等」という。）を撮影されない自由を有する……少なくとも、警察官が、正当な理由もないのに、個人の容ぼう等を撮影することは、憲法一三条の趣旨に反し、許されない」。

（2）　犯罪捜査と容ぼう等の撮影

容ぼう等の撮影に正当理由ありとされるのは「現に犯罪が行なわれもしくは行なわれたのち間がないと認められる場合であつて、しかも証拠保全の必要性および緊急性があり、かつその撮影が一般に許容される限度をこえない相当な方法をもつて行なわれるとき」である。本件において「巡査〔は〕……許可条件違反の事実ありと判断し、違法な行進の状態および違反者を確認するため……行進状況を撮影したというのであり、その方法も、行進者に特別な受忍義務を負わせるようなものでなかつた……右写真撮影は、現に犯罪が行なわれていると認められる場合……しかも多数の者が参加し刻々と状況が変化する集団行動の性質からいつて、証拠保全の必要性および緊急性が認められ、その方法も一般的に許容される限度をこえない相当なものであつたと認められる」。

このような犯罪捜査を目的とする容ぼう等の撮影基準を、スピード違反の車を撮影する場合に適用し、これが憲法に違反しないとしたのが次の事件である。

2　自動速度取締機による容ぼう等の撮影（最二判昭和六一・二・一四刑集四〇巻一号四八頁）

●事実の概要

自動速度取締機は、二本のセンサーの間を車両が通過するに要した時間から速度計算し、一定速度を超えた車両についてはカメラとストロボが作動して、前方からナンバープレートや運転者などを撮影し、日付、時刻、地名、車線区分、制限速度、計測速度を同一フィルム上に記録する。この事件の上告人は、前述の最大判昭和四四年の示す基準のうち、容ぼう等の撮影ができるのは「現行犯」の場合であり機械がこれを代行できず、また、車の後部からナンバーのみ撮影すれば足り、正面から撮影する必要性はない等主張した。上告棄却。

●──判　旨

「速度違反車両の自動撮影を行う本件自動速度監視装置による運転者の容ぼうの写真撮影は、現に犯罪が行われている場合になされ、犯罪の性質、態様からいって緊急に証拠保全をする必要性があり、その方法も一般的に許容される限度を超えない相当なものである」。

以上、正当な理由なく容ぼう等を撮影されない自由が認められ、その撮影が許されるための基準を示した。この容ぼう等の自由と類似するものに指紋の自由がある。個人の指紋は万人不同、終生不変でその者を特定でき、したがって私生活上の自由としてみだりにその押なつを強制されるべきではない。最高裁は、外国人に指紋押なつを強制することは許されるとし、その理由として、外国人の公正な管理という目的のもとに、その手段も三年に一度、一指のみ、しかも間接強制によっていることをあげている。

3　外国人への指紋押なつの強制と憲法一三条（最三判平成七・一二・一五刑集四九巻一〇号八四二頁）

●──判　旨

（1）　指紋押なつと私生活の自由

「指紋は……それ自体では個人の私生活や人格、思想、信条、良心等個人の内心に関する情報となるものではないが……利用方法次第では個人の私生活あるいはプライバシーが侵害される危険性がある。……憲法一三条は、国民の私生活上の自由が国家権力の行使に対して保護されるべきことを規定していると解されるので……何人もみだりに指紋の押なつを強制されない自由を有する」。

(2) 在留外国人の公正な管理と指紋押なつによる人物の特定

「外国人登録法が定める在留外国人についての指紋押なつ制度についてみると……同法一条の『本邦に在留する外国人の登録を実施することによって外国人の居住関係及び身分関係を明確ならしめ、もって在留外国人の公正な管理に資する』という目的を達成するため、戸籍制度のない外国人の人物特定につき最も確実な制度として制定されたもので、その立法目的には十分な合理性があり、かつ、必要性も肯定できる」。

「本件当時の制度内容は、押なつ義務が三年に一度で、押なつ対象指紋も一指のみであり、加えて、その強制も罰則による間接強制にとどまるもので……方法としても、一般的に許容される限度を超えない相当なものであった」。

第3節 個人情報のコントロール

容ぼうや指紋も広い意味では個人に関する情報といえる。この情報をその者の意思に反して収集・公開することは、その者の私生活の自由を侵害しうる。ましてやそれが、他人に知られたくない「前科」等の情報であればなおさらである。最高裁は「前科」につき「みだりに公開されないという法律上の保護に値する利益」が存在し、不法行為法上の保護が及ぶことを認めている。

1 弁護士会による照会と個人の前科に関する報告 (最三判昭和五六・四・一四民集三五巻三号六二〇頁)

事実の概要

Xは A会社の自動車教習所の技術指導員であったが解雇され、その効力が京都地方裁判所と中央労働委員会において争われていた。A会社の代理人B弁護士は、弁護士法二三条の二第一項（「弁護士は、受任している事件について、所属弁護士会に対し、公務所又は公私の団体に照会して必要な事項の報告を求めることを申し出ることができる。……」）に基づいて所属する京都弁護士会に、Xの「前科」について照会の申出をした。

それには「中央労働委員会、京都地方裁判所に提出するため」と記載されていた。そして京都弁護士会から京都市伏見区長に照会がなされ（同条第二項）、区長は、Xには道路交通法違反一一犯、業務上過失致傷一犯、暴行一犯の前科がある旨報告した。この報告をもとにA会社の幹部らは、事件関係者や傍聴者を前に、中労委や京都地裁においてXの前科を摘示し、Xに対し予備的解雇の通告をした。

Xは、京都市を被告に国家賠償を請求した。すなわち、被告が作成保管する犯罪者名簿は選挙権・被選挙権の資格の判断のためにのみ使用が許され、また、前科を知られたくない権利を違法に侵害されたと主張した。原審は、何人も自己の名誉、信用、プライバシーに関する事項を他人に知られず生活する権利を有し、本件名簿の使用が許されるのは、行政庁が法令の適用または法律上の資格調査のために照会した場合、弁護士会等が会員登録の資格審査のために照会した場合に限定され、本件はこれにあたらず報告は違法であるとした。最高裁は上告を棄却した。

●──判　旨

（1）　前科等をみだりに公開されない利益

「前科及び犯罪経歴（以下「前科等」という。）は人の名誉、信用に直接にかかわる事項であり、前科等のある者もこれをみだりに公開されないという法律上の保護に値する利益を有するのであつて、市区町村長が、本来選挙資格の調査のために作成保管する犯罪人名簿に記載されている前科等をみだりに漏えいしてはならない」。

（2）　前科等の報告が許される場合

「前科等の有無が訴訟等の重要な争点となつていて、市区町村長に照会して回答を得るのでなければ他に立証方法がないような場合には、裁判所から前科等の照会を受けた市区町村長は、これに応じて前科等につき回答することができ……同様な場合に弁護士法二三条の二に基づく照会に応じて報告することも許されないわけのものではないが、その取扱いには格別の慎重さが要求される」。

「本件においては……『中央労働委員会、京都地方裁判所に提出するため』とあつたにすぎ〔ず〕……漫然と弁護士会の照会に応じ、犯罪の種類、軽重を問わず、前科等のすべてを報告することは、公権力の違法な行使にあたる」。

この判決には、反対意見が付されている。これによれば、区長は、弁護士会を裁判所に準ずる官公署とみたうえ、しかも中労委と京都地裁に提出されるのでみだりに公開されるおそれがないと判断し、前科照会に応じたのであって、これに過失はないとしている。

環昌一裁判官の反対意見

（1）　犯罪人名簿保管の経緯と守秘義務

照会・回答は「広く公務員に認められている守秘義務によつて護られた官公署の内部における相互の共助的事務として慣行的に行われ……したがつて、官公署以外の者からする照会等に対してはもとより官公署からの照会等に対してであつても、前述した前科等の存否が法律上の効果に直接影響を及ぼすような場合のほかは……市町村長としてこれに応ずべきものではない」。

（2）　本件回答と区長の過失

「区長は、照会者たる京都弁護士会を裁判所等に準ずる官公署とみたうえ、本件照会が身元証明等を求める場合に当らないばかりでなく……本件回答書が中央労働委員会及び裁判所に提出されることによつてその内容がみだりに講演されるおそれのないものであるとの判断に立つて前記官公署間における共助的事務の処理と同様に取り扱い回答をしたものと思われる……このような取り扱い〔は〕……弁護士法二三条の二の規定に関する一個の解釈として十分成り立ちうる」。そこで区長の過失をたやすく肯定した原判決を破棄し原審に差し戻すのが相当である。

以上は、行政機関による前科情報の管理の問題であった。しかし、こうした情報はインターネットを通じて民間業者によって拡散される場合がある。一般公衆が前科情報を知る利益と、知られたくない情報を秘匿する利益との難しい調整が必要になるが、最高裁は、前者の利益を優先する判断を示した。

2　児童買春の被疑事実とインターネットによる情報提供（最三決平成二九・一・三一民集七一巻一号六三頁）

●事実の概要

抗告人は、児童買春をしたとの被疑事実に基づき児童ポルノ法違反の罪により罰金刑に処せられた。その逮捕された事実は逮捕当日に報道され、インターネット上のウェブサイトの電子掲示板に多数回書き込まれた。相手方は、利用者の求めに応じてインターネット上のウェブサイトを検索し、その成果としてＵＲＬを提供することを業として行うものである。抗告人は、相手方に対し、人格権ないし人格的利益に基づき、本件検索結果の削除を求める仮処分命令の申立てを行った。最高裁は、児童買春という被疑事実は人に知られたくない情報であるが、社会的非難が激しく罰金刑を受けており、また、伝達された範囲も限定されていたとして請求を退けた。

●判　旨

(1)　個人のプライバシーと検索事業者の表現行為

「個人のプライバシーに属する事実をみだりに公表されない利益は、法的保護の対象となる……他方、検索事業者は、インターネット上のウェブサイトに掲載されている情報を網羅的に収集してその複製を保存し……整理し、利用者から示された一定の条件に対応する情報を同検索に基づいて検索結果として提供する……この情報の収集、整理及び提供は……検索事業者自身による表現行為という側面を有する。また、検索事業者による検索結果の提供は……現代社会においてインターネット上の情報流通の基盤として大きな役割を果たしている」。

(2)　比較衡量と考慮要素

「検索事業者が……情報を検索結果の一部として提供する行為が違法となるか否かは、当該事実の性質及び内容……プライバシーに属する事実が伝達される範囲……具体的被害の程度……社会的地位や影響力、上記記事等の目的や意義……掲載された時の社会的状況とその後の変化……当該事実を記載する必要性など、当該事実を公表されない法的利益と……提供する理由に関する諸事情を比較衡量して判断すべきもので、その結果、当該事実を公表されない法的利益が優越することが明らかな場合には、検索事業者に対し、当該ＵＲＬ等情報を検索結果から削除することを求めることができる」。

(3)　児童買春の被疑事実

「児童買春をしたとの被疑事実に基づき逮捕されたという本件事実は、他人にみだりに知られたくない抗告人のプライバシーに属する事実であるものではあるが……社会的に強い非難の対象とされ、罰則をもって禁止されていることに照らし、今なお公共の利害に関する事項である……本件検索結果は抗告人の居住する県の名称及び抗告人の氏名を条件とした場合の検索結果の一部であることなどからすると、本件事実が伝達される範囲はある程度限られたものである……抗告人が妻子と共に生活し……罰金刑に処せられた後は一定期間犯罪を犯すことなく民間企業で稼働している……などの事情を考慮しても、本件事実を公表されない法的利益が優先することが明らかであるとはいえない」。

以上は、前科という人に知られたくない情報の取り扱いに関する事件であった。さらに、私立大学が、特定の講演の参加者名簿を作成し、学生の氏名・学籍等の個人情報を、承諾なく警察に提供することが許されるか問題になった事例があるので紹介しよう。

3　中国国家主席講演会参加学生名簿事件（最二判平成一五・九・一二民集五七巻八号九七三頁）

●事実の概要

A大学は、中国国家主席を招いて講演会を開催することを決定し、学生の参加を募った。参加の申込みは、各学部事務所等に備え置かれた名簿に希望学生が記入することになっていた。Aは、講演会の準備にあたり、警視庁、外務省、中国大使館等から警備体制について万全を期すよう要請され、これらと打ち合わせを行い、警視庁から参加者名簿の提出を求められた。Aは講演会の警備を警察にゆだねようとして、名簿記載者の同意を得ることなく、その写しを警視庁戸塚署に提出した。B学生は、講演会に参加し、講演中に座席から立ち上がって「中国の核軍拡反対」と叫ぶなどしたため、建造物侵入および威力業務妨害の嫌疑により現行犯逮捕され、Aからけん責処分を受けた。Bは、Aを被告として、けん責処分の無効の確認および名簿の写しが警視庁に提出されたことによるプライバシー侵害を理由とする損害賠償をそれぞれ請求した。原審は後者の請求について、これを棄却したが、最高裁は破棄し原審に差し戻した。

判　旨

「学籍番号、氏名、住所及び電話番号は……大学が個人識別等を行うための単純な情報であって、その限りにおいては、秘匿されるべき必要性が必ずしも高いものではない……しかし、このような個人情報についても、本人が、自己が欲しない他者にはみだりにこれを開示されたくないと考えることは自然なことであり、そのことへの期待は保護されるべきものである」。

「同大学が本件個人情報を警察に開示することをあらかじめ明示した上で……名簿へ記入させるなどして開示について承諾を求めることは容易であった……〔B〕に無断で本件個人情報を警察に開示した同大学の行為は……プライバシーにかかる情報の適切な管理についての合理的な期待を裏切るものであり……不法行為を構成する」。

この多数意見に対して、情報そのものの一般性およびそれを警察に提供する必要性の見地から不法行為にはあたらないとする二名の裁判官の反対意見がある。

亀山継夫裁判官および梶谷玄裁判官の反対意見

「本件個人情報は、プライバシーに係る情報であっても、専ら個人の内面にかかわるものなど他者に対して完全に秘匿されるべき性質のものではなく……社会生活を送る必要上自ら明らかにした情報や単純な個人識別情報であって、その性質上、他者に知られたくないと感じる程度が低いものである」。

「本件講演会は……その警備の必要性は極めて高いものであったので……本件名簿の写しを警視庁に交付したことには、正当な理由があった……開示した相手方や開示の方法等をみても……講演会の主催者として講演者の警護等に万全を期すという目的に沿うものであり……実質的な不利益が生じたこともうかがわれない……同意を得る手続を執らなかった点で配慮を欠く面があったとしても、社会通念上許容される限度を逸脱した違法な行為であるとまでいうことはできず……不法行為を構成するものと認めることはできない」。

以上は、特定の団体において特定の目的に基づき提供された氏名等の情報が、承諾なく他に提供された事件であるが、われわれすべてにかかわる「本人確認情報」をいわゆる住基ネットでオンライン化したことが、自己情報コントロール権を侵害しているか問題となった事件がある。

4 住基ネットとプライバシー保護（最一判平成二〇・三・六民集六二巻三号六六五頁）

●事実の概要

住民基本台帳法は、住民基本台帳ネットワークシステム（住基ネット）を定め、またこれによって管理・利用される「本人確認情報」は、氏名、生年月日、性別、住所の「四情報」に、「住民票コード」および「変更情報」を加えたものである。Aらは住基ネットにより、人格権、公権力から監視されない権利、自己情報コントロール権および平穏な生活を営む権利を侵害され、精神的損害を被ったとして、これらの権利に基づく妨害排除請求として、住民基本台帳からAらの住民票コードを削除することを求めて訴えを提起した。

原審は次のように述べて請求を認容した。自己の私的事柄に関する情報の取扱いについて自ら決定する利益（自己情報コントロール権）は、人格権の一内容であるプライバシーの権利として、憲法一三条によって保障され、「本人確認情報」は自己情報コントロール権の対象となる。「本人確認情報」の漏えいや目的外利用などにより、プライバシーや私生活上の平穏が侵害される具体的な危険がある場合には、自己情報コントロール権を侵害する。行政機関において、住民の多くのプライバシー情報が住民票コードを付され、集積され、データマッチングされ、本人の予期しないときに予期しない範囲で行政機関に保有され、利用される具体的な危険が生じている、とした。

これに対して最高裁は、原判決を破棄した。

●判　旨

「本人確認情報は……人が社会生活を営む上で一定の範囲の他者には当然開示されることが予定されている個人識別情報であり……個人の内面に関わるような秘匿性の高い情報とはいえない。これらの情報は、住基ネットが導入される以前から、住民票の記載事項として、住民基本台帳を保管する各市町村において管理、利用等されるとともに、法令に基づき必要に応じて他の行政機関等に提供され、その事務処理に利用されてきた」。「データマッチングは本人確認情報の目的外利用に当たり、それ自体が懲戒処分の対象となるほか、データマッチングを行う目的で個人の秘密に属する事項が記録された文書等を収集する行為は刑罰の対象となり……原審がいうような具体的な危険が生じているということはできない」。

アメリカの判例

アメリカにおいても、個人情報に関しては大いに関心がもたれている。しかし、その保護・秘匿のみならず、一般への開示・利用という方向も考慮されている。性犯罪者の情報をインターネットで公開することが問題となった事件を紹介する。

性犯罪者の情報のインターネット上での公開（Connecticut Department of Public Safty v. Doe, 538 U.S. 1（2003））

●事実の概要

性犯罪は国家にとっての深刻な脅威である。性犯罪の犠牲者のほとんどは未成年者である。そして、その再犯率は他の犯罪と比べてかなり高いといえる。コネティカット州ではこの問題に対処するために法律、いわゆるメーガン法を定めた。この法律は、未成年者に対する犯罪、暴力・非暴力による性犯罪、性的目的でなされた重罪を犯した者すべてに適用される。これらの犯罪者は、釈放時に州公安局に氏名、住所、写真、DNAサンプルを登録しなければならない。住所変更に際しては連絡し、写真も更新しなければならない。登録期間は一〇年間であるが、暴力による性犯罪の場合は終身である。この情報はインターネットのウェブサイトに掲示される。

Aは、この州法の適用を受ける犯罪者であるが、修正一四条のデュープロセスを侵害するとして訴えを提起した。すなわち、自分は現在、危険な性犯罪者ではない、との言い分を聞いてもらう十分な機会が与えられていないと主張した。原審は、州は、Aが現在も危険であるとの烙印押しをしている、また、法は広範囲にわたり煩わしい登録の義務を課している、とした。最高裁は破棄した。

●──判　旨

Aが本件において証明しようとしている事実は、自分は、現在は危険ではないということである。しかしこのことは、本件州法のもとでは問題となっていない。州法が公開する情報は犯罪者が有罪になったことのみであり、その他の事実については公開される情報の中には含まれていない。簡単にいえば、たとえAが自分は現在では危険ではないことを証明できたとしても、州としては、現在危険か否かにかかわらずすべての性犯罪者の情報を登録し、これを公開するとの判断を行ったのである。

最高裁は、公開されるのは過去の性犯罪の事実であって、現在の危険性を示すものではないので憲法に違反しないとした。しかし、性犯罪歴は「人に知られたくない情報」の最たるものであり、また、この情報により就労・居住等の現在の日常生活に不利益が及ぶことは間違いない。それにもかかわらず、この法律が支持されているのは、性犯罪者から子どもを守ることの重大性およびその困難さが認識され、いわば最後の手段としてこの手段が位置づけられているものと思われる。

第4節　わいせつ表現物を個人的に鑑賞する自由

以上、個人の容ぼう等や情報についてみだりに干渉・公表されない自由について言及してきた。これらは別の見方をすると、自分に直接かかわる問題は、自分自身の判断にゆだねられるべきだとの考え方にいたるように思われる。その一つの例として、わいせつ表現物を個人的に鑑賞する・しないを決定する自由が考えられる。そしてこの点について配慮していると思われるのが刑法である。刑法は、わいせつな文書等について、その頒布、販売（販売目的の所持）、公然陳列を処罰するにとどまり、個人鑑賞目的での所持（単純所持）はその対象としていないからである。これに対して、関税法および関税定率法は、わいせつ表現物の国内への輸入に関しては、その目的を問わず一律に禁止・処罰している。そこで、このことは、わいせつ表現物を個人的に鑑賞する自由を侵害しているのではないかが裁判上、問われることになった。

税関におけるわいせつ表現物の規制（最一判平成七・四・一三刑集四九巻四号六一九頁）

●事実の概要

被告人は、Aとともに、性交類似行為の場面を露骨に撮影したビデオテープ等を携帯し、空路サンフランシスコ国際空港から東京国際空港に到着し、東京税関羽田旅具検査場を通過しようとしたが、Aの携帯するビデオテープ等が税関職員によって発見され、両者とも検挙された。ここで、その手続を確認しておくと、まず、関税定率法（平成六年法律第二八号による改正前のもの）二一条一項は輸入禁制品について定め、わいせつ表現物はその三号

「……風俗を害すべき書籍」に該当する。税関長は、この三号物件については直ちに没収等しないで輸入禁制品であるとの「通知」にとどめ、「通知」には審査請求が認められ、その裁決を経れば「通知」に対する取消訴訟を提起できる。「通知」を無視して輸入すれば、関税法一〇九条により処罰されるが通常は税関長により「通告処分」がなされ（同法一三八条一項）、罰金に相当する金額の納付が通告され、履行がなされれば公訴提起されず、履行なければ検察官に告発される（同法一三八条・一三九条）。

税関長は被告人およびAに対して罰金に相当する金額を納付するよう通告したが、Aはこれに応じ、被告人はこれに応じなかったので告発され、公訴提起された。

原審東京高裁は、第一審判決を破棄し、被告人を無罪とした。その理由は、本件貨物がわいせつ表現物にあたることを前提としながらも、関税法一〇九条を憲法一三条・三一条に違反しないように合目的的に解釈すれば、被告人のような個人鑑賞目的の輸入はこれに該当しないと判断したからである。

すなわち「猥褻表現物に関する個人の行為が可罰性を帯びるのは、それが個人の領域を越えて社会との間に接点を生じ、健全な精神的社会環境秩序に対する侵害となる場合のみであ〔る〕……個人的鑑賞目的による単純所持までも規制の対象とすることは、明らかに本来個人の自由に委ねられるべき領域と、法律をもって規制すべき領域との境界線を踏み越えるものである。……本来最小限の道徳であるべき法律が個人の自由に委ねられるべき領域に干渉するものとして、条理上当然に排除されるべきものであるが、強いて憲法の条文を挙げるとすれば、一三条、三一条との抵触を論ずれば足りる」。

そして、すでに、その目的のいかんにかかわらずわいせつ表現物の流入を税関において阻止することはやむをえないとする判例（最大判昭和五九・一二・一二民集三八巻一二号一三〇八頁）があるが、これは貨物が輸入禁制品にあたるとの「通知」の取消が求められていた行政事件においてのものであり、刑事事件である本件はこの判例の射程外であるとした。

最高裁は、原判決を破棄し、東京高裁に差し戻した。そして、わいせつ表現物を一律にその目的を問うことなく水際で阻止する行政上の必要性および合理性があるならば、その実効性確保のために刑罰をもって臨むことは憲法に違反しないと判示した。

●──判　旨

「わいせつ表現物がいかなる目的で輸入されるかはたやすく識別され難いだけではなく、流入したわいせつ表現物を頒布、販売の過程に置くことは容易であるから……その流入を一般的に、いわば水際で阻止することもやむを得ないというべきであり……行政上の規制に必要性と合理性が認められる以上、その実効性を確保するために、右の規制に違反した者に対して、それが単なる所持を目的とするか否かにかかわりなく、一律に刑罰をもって臨むことが、憲法一三条、三一条に違反しないことは、右大法廷判例（注・最大判昭和五九・一二・一二民集三八巻一二号一三〇八頁）の趣旨に徴し明らかである」。

アメリカの判例

未成年者に性的な行為を行わせ、それを描写するチャイルド・ポルノの規制がアメリカで問題となっている。チャイルド・ポルノは、被写体とされた未成年者の精神と肉体を蝕み、これを搾取するものだからである。そこで州によっては、チャイルド・ポルノの販売・頒布のみならず私的な所持をも禁止している。しかし、こうした規制は表現の自由等との関係で問題となりうる。とくに後者の規制は、外部に影響を及ぼさない、自宅という個人の私的な空間にとどまり、また、自分の見たいものを鑑賞するという個人の内面の自由にかかわるからである。

しかし、合衆国最高裁は一九九〇年にチャイルド・ポルノの私的な所持を禁止しても憲法に違反しないとの判決を下した。その理由としてチャイルド・ポルノの犠牲者の保護とその市場の枯渇の必要性が強調されている。そして所持の禁止はあくまで未成年者の保護を目的としており、個人の内面をコントロールすることを目的としていないとする。さらに、この目的を達成するためには、所持を禁止する以外の別の方法によっては困難であることが指摘されている。

このような多数意見に対しては、わいせつ表現物（チャイルド・ポルノではないが）の所持の禁止は憲法に違反するとした判例を引用する反対意見が有力に主張されている。それによれば、何を規制の対象とすべきかと、それをどのように規制するかの議論は区別されるべきとする。そして個人の自宅というプライバシーの領域でのチャイルド・ポルノの鑑賞は個人の内面の自由にかかわり、これへの制約が許されるためには目的を達成するための別の手段が存在しないことが立証されなければならないとしている。

そこでまず最初にわいせつ表現物の所持禁止に違憲判決が下された一九六九年の事件を、次にチャイルド・ポルノの所持の禁止が合憲とされた一九九〇年の事件を紹介しよう。

1　自宅でのポルノの鑑賞とプライバシー（Stanley v. Georgia, 394 U.S. 557（1969））

●――事実の概要

賭博罪に関して令状が発付され、上告人の住居が捜索された。その際、捜査官は二階の寝室にあった机の引出しから三巻の八ミリフィルムを発見し、居間で映写したところわいせつフィルムと判断し、それらを押収した。そして上告人は、わいせつ物の所持を禁止するジョージア州法違反を理由に逮捕・起訴された。原審ジョージア州最高裁は有罪判決を下したが、上告人はわいせつ表現物の単なる私的所持を処罰することは修正一条（修正一四条を介して州にも適用される）に違反するとして合衆国最高裁に上告した。破棄差戻し。

●──判　旨

（1）　ロス事件（Roth v. United States, 354 U.S. 476（1957））およびその後の判例により、わいせつ表現物は修正一条によって保護されないと判示されてきた。しかし、これらの事件で問題となっていたのは表現物の頒布であり単なる私的な所持の処罰に関してではない。

また、情報を受け取る権利を憲法が保障していることは今や確立している。そしてさらに、個人の自宅という私的な空間でのフィルムの所持については、情報を受け取る権利はさらに別の方向性を有することになる。ごく限定された状況を除いて、政府によるプライバシーへの不必要な介入から自由である権利は基本的なものであるからである。

（2）　ジョージア州は、上告人の八ミリフィルムがわいせつ表現物であると判断している。しかし、公衆のモラルにとって有害な表現物の伝播を抑制しようとする州の権力がいかに存在しようとも、自宅で自分が鑑賞したいフィルムを鑑賞する自由への干渉を認めることはできない。人の心をコントロールする権力を政府にゆだねるとの憲法上の伝統は存在しない。

このように最高裁は、わいせつ表現物が修正一条の保護を受けないとしても、それは頒布・販売への規制が許されるということであり、自宅など私的な空間で自分の内面の欲求を満たすためのフィルムの鑑賞を規制することは許されない。その規制は個人の心のコントロールにつながるからであるとした。

しかし、この事件から二〇年程経過して、最高裁はチャイルド・ポルノに関し、自宅での所持を処罰することは修正一条に違反しないとの判決を下している。

2 チャイルド・ポルノ撲滅にむけた手段（Osborne v. Ohio, 495 U.S. 103（1990））

事実の概要

オハイオ州法によれば、自分の子または監護下にある子以外の未成年者について、その裸体を描写したものを所持または鑑賞することが禁止されている（ただし、医学上等の目的を有する場合は除外される）。上告人は自宅において、裸体の未成年の男子が明らかに性的なポーズをとっている四枚の写真が発見され、州最高裁により有罪判決を受けた。

判　旨

（1）スタンレイ事件（Stanley v. Georgia, 394 U.S. 557（1969））においては、わいせつ表現物は鑑賞者の内心を害するという理由から、その私的所持を禁止していたことが問題となっていた。これに対して本件オハイオ州法は、鑑賞者である上告人の精神をコントロールしようとのパターナリスティックな観点からではなく、チャイルド・ポルノの犠牲者を保護することを目的に定められている。

（2）上告人は、チャイルド・ポルノの犠牲者を保護し、その市場を枯渇させるためには、その私的所持禁止以外の別の手段を利用すべきであると主張する。しかし、現在、この市場は地下に潜ってしまい、製作および頒布の規制による問題の解決は、不可能でないにせよ困難である。そこでオハイオ州が、頒布の全連鎖にわたってチャイルド・ポルノを撲滅しようとしていることをとがめだてすることはできない。

ブレナン裁判官の反対意見（マーシャル、スチーブンス各裁判官が加わる）

性的被害から未成年者を保護すべきは当然であるが、そのための手段として、個人の自宅というプライバシーにわけ入り、その者の内面にかかわる鑑賞したいものを鑑賞する自由をどこまで規制できるかは問題である。何を規制対象とするかの問題と、どのように規制しうるかは別の問題であり、自宅においてわいせつ表現物を鑑賞する自由は、その表現物自体が憲法上保護されているかどうかにかかわりなく、独立して憲法上の保護を受ける。そしてこの自由は基本的なものであり、その制約は刑事法の執行を容易にするとの必要性によっては正当化されない。

最高裁は、わいせつ表現物の単純所持を、個人が、その内面を形成する手段としてこれを選択した以上、州が介入することは許されないとした。しかし、その選択が、未成年者の性的虐待をもたらし、その防止のためには単純所持を規制しなければならないとする州の判断を支持している（なお、わが国の「児童買春・児童ポルノに係る行為等の規制及び処罰並びに児童保護等に関する法律」七条一項は、児童ポルノの単純所持を刑罰をもって禁止している）。しかしながら、「現実の」未成年者への性的虐待が存在しないならば、この規制の前提は失われる。最高裁は、「バーチャル」チャイルド・ポルノの単純所持規制は憲法に違反するとの判断を示している。

政府は、バーチャルであっても現実の子どもの虐待を誘発する可能性があるとするが、この因果関係は、不確かで間接的である、としている（Ashcroft v. The Free Speech Coalition, 535 U.S. 234（2002））。

第５節　聞く自由と囚われの聴衆

以上のように、個人の領域に一定の情報を取り込む自由が保障されているとするならば、逆に、その意に反して一定の情報によって侵入されないことの自由も保障されうる。これについて、聞きたくない音を聞かない自由が存在するとし、列車内での商業宣伝放送がこれを侵害しているとして争われた事件がある。

市営鉄道内の商業宣伝放送（最三判昭和六三・一二・二〇判タ六八七号七四頁）

事実の概要

Ａ市交通局は、累積赤字増大の中、車内放送自動化に伴う放送設備等の費用を捻出するため、列車内での車内放送の中に企業等の商業宣伝放送を実施したところ、この列車を利用する原告がこの放送は乗客に聞きたくない音を聞くことを強制する点において人格権を侵害し、旅客運送契約に基づく快適輸送義務に違反するとしてＡ市を被告として右放送の差止めと損害賠償を請求した。

最高裁は、請求を棄却したが、その理由については伊藤正己裁判官が詳細に述べている。

判　旨

「列車内における本件商業宣伝放送を違法ということはできず……不法行為及び債務不履行の各責任を負わないとした原審の判断は正当として是認することができ」る。

伊藤正己裁判官の補足意見

「個人が他者から自己の欲しない刺激によって心の静穏を乱されない利益を有しており、これを広い意味でのプライバシーと呼ぶことができる」。

「他者から自己の欲しない刺激によって心の静穏を害されない利益は、人格的利益として現代社会において重要なものであり、これを包括的な人権としての幸福追求権（憲法一三条）に含まれると解することもできないものではないけれども、これを精神的自由権の一つとして憲法上優越的地位を有するものとすることは適当ではない」。

「それは、社会に存在する他の利益との調整が図られなければならず……侵害行為の態様との相関関係において違法な侵害であるかどうかを判断しなければならず、プライバシーの利益の側からみるときは、対立する利益……との較量にたって、その侵害を受忍しなければならない」。

「聞きたくない音によって心の静穏を害されないことは、プライバシーの利益と考えられるが、本来、プライバシーは公共の場所においてはその保護が希薄とならざるをえず、受忍すべき範囲が広くなることを免れない……本件のような放送はプライバシー侵害の問題を生ずるものとは考えられない……問題は……目的地に到達するため利用せざるをえない交通機関のなかでの放送……を聞くことを事実上強制されるという事実をどう考えるか……これが『とらわれの聞き手』といわれる問題である……車内放送が行われるときには……ある乗客にとっては聞きたくない音量や内容のものであってもこれから逃れることができず……このような聞き手の状況はプライバシーの利益との調整を考える場合に考慮される一つの要素となる」。

「〔本件〕程度の内容の商業宣伝放送であれば……『とらわれの聞き手』であること……本件地下鉄が地方公営企業であることを考慮にいれるとしても……受忍の限度をこえたプライバシーの侵害であるということはできない。

第6節　性に関する自己決定

性の問題は自分にとって重要な問題であり、自らの判断により決定されるべき問題である。しかし、同時に、その判断は他人に影響を及ぼすのでこれを無制限に許すことはできない（刑法一七六条ないし一八一条）。とりわけ相手が未成年者の場合にはなおさらである。しかし、その合意のうえでの性行為を一律に規制することは民法の観点からも、そして性に関する自己決定という憲法上の観点からも問題があろう。次に紹介する判例は、未成年者との「淫行」を処罰する条例が問題になっている。最高裁は性に関する自己決定という憲法上の権利には直接、言及していないが、「淫行」を限定解釈するその背景にはこの権利およびその濫用についての認識があるように思われる。

福岡県「淫行」条例事件（最大判昭和六〇・一〇・二三刑集三九巻六号四一三頁）

●事実の概要

福岡県青少年保護育成条例一〇条一項、いわゆる「淫行条例」は「何人も、青少年に対し、淫行又はわいせつの行為をしてはならない。」とし、違反した者は二年以下の懲役または一〇万円以下の罰金に処するとしていた（同条例一六条一項）。

被告人（当時二六歳）はA子（当時一六歳）とホテルで性交し、「淫行」に及んだとして起訴された。被告人は、「淫行」の意味するところが不明確で、かつ、その処罰範囲が広汎にすぎるとして憲法一三条等に違反し無効であると主張した。最高裁は、「淫行」を限定解釈し、被告人の主張を退けた。

最高裁は、まず条例の目的が、性行為がもたらす精神的痛手から未成年者を保護することであるとし、この目的からすれば処罰の対象とされるべき「淫行」は、①不当な手段による性交等、または②自己の性的欲望を満足させるためのみの性交等とし、被告人は②に該当しているとした。

●判旨

（1）条例の目的

「本条例……の趣旨は、一般に青少年が、その心身の未成熟や発育程度の不均衡から、精神的に未だ十分に安定していないため、性行為等によつて精神的な痛手を受け易く……青少年の健全な育成を図るため、青少年を対象としてなされる性行為等のうち、その育成を阻害するおそれのあるものとして社会通念上非難を受けるべき性質のものを禁止することとしたものである」。

（2） 処罰範囲と「淫行」の限定解釈

「『淫行』とは、広く青少年に対する性行為一般をいうものと解すべきではなく、青少年を誘惑し、威迫し、欺罔し又は困惑させる等その心身の未成熟に乗じた不当な手段により行う性交又は性交類似行為のほか、青少年を単に自己の性的欲望を満足させるための対象として扱っているとしか認められないような性交又は性交類似行為をいうものと解するのが相当である」。

最高裁は「淫行」をこのように解釈し、被告人については、A子と相当期間にわたり一応付合いとみられる関係があったとしながらも、結局、「当該少女を単に自己の性的欲望を満足させるための対象」として扱ったと判示した。

●――伊藤正己裁判官および谷口正孝裁判官の反対意見

最高裁の「限定解釈」に対して二名の裁判官が反対意見を述べている。伊藤裁判官は、「性行為そのものは、自己の性欲を満足させるために行われるのが通常である」とし、多数意見の限定解釈は限定の作用を営まず「結婚を前提としない青少年を相手方とする性行為のすべてを包含することに近い」と批判している。

谷口裁判官は、本条例にいう青少年を年少者（たとえば一六歳未満）と年長者（たとえば一六歳以上）にわけ、前者に対する性交等については「そこにいたる手段・方法のいかんを問わず青少年の健全な育成を阻害する行為であつて……一律に処罰することには相応の合理性がある」とする。

しかし、後者は「身体の発育が向上し、性的知見においてもかなりの程度に達している……両者の自由意思に基づく性的行為の一切を罰則を以て一律に禁止するが如きは……これらの者の性的自由に対し不当な干渉を加えるものであ〔る〕」とする。そこで禁止処罰できるのは「これら青少年の性的知識・経験の未熟なことに乗じて誘惑、威迫等の手段を用いて性交又は性的類似行為に及んだ場合の如き……である」とし、ただし、そのような限定解釈はもはや解釈の限界を超えていると批判している。

第7節　治療方法に関する自己決定

病気等の治療には通常、いくつかの選択肢がある。費用、治療方法・期間、リスク等の組み合わせの中から、患者本人が選ぶべきであるが、これを正しく行うための情報が患者には決定的に不足しており、必ずしも自分にとって最良の選択を行うことができるとは限らない。そこで、最近では、この種の決定は、医師からの十分な情報を提供されてはじめて有効になすことができるとする、インフォームド・コンセントという考え方が主張されている。このことは、患者の自己決定権の一つとして、これが有効に行われるための前提として、治療に関する情報提供を行う義務が医師にあるといえる。これについて、患者の意思に反して輸血による手術を行ったとして、損害賠償の請求が認められた事件がある。

信仰を理由とする輸血拒否（最三判平成一二・二・二九民集五四巻二号五八二頁）

事実の概要

Aは、信仰上の信念から、いかなる場合にも輸血を受けることを拒否するとの堅い意思を有していた。Bは、C国立大学医科学研究所付属病院（医科研）の医師であるが、輸血をともなわない手術をした例を有することで知られていた。医科研においては、患者が宗教上の理由から輸血を拒否することを尊重し、できるだけ輸血をしないが、これ以外に救命手段がない場合には、患者らの意思にかかわらず輸血するという方針をとっていた。Aは、肝臓の腫瘍を摘出する手術を受けたが、Aは輸血ができず、輸血をしなかったために生じた損傷に関しては医師や病院等の責任を問わない旨を記載した免責証書を手渡した。しかし、B等は、Aの手術中に多量の出血があったため、輸血以外にAを救うことができないと判断して輸血を行った。

●──判　旨

「患者が、輸血を受けることは自己の宗教上の信念に反するとして、輸血を伴う医療行為を拒否するとの明確な意思を有している場合、このような意思決定をする権利は、人格権の一内容として尊重されなければならない……本件の事実関係の下では……手術の際に輸血以外には救命手段がない事態が生ずる可能性を否定し難いと判断した場合には……輸血するとの方針を採っていることを説明して……〔A〕自身の意思決定にゆだねるべきであった……ところが……右方針を説明せず……輸血する可能性があることを告げないまま本件手術を施行し、右方針に従って輸血をしたのである。そうすると……〔Bは〕右説明を怠ったことにより……輸血を伴う可能性のあった本件手術を受けるか否かについて意思決定をする権利を奪ったものといわざるを得ず……人格権を侵害したものとして……精神的苦痛を慰謝すべき責任を負う」。

第3章　平　等

日本国憲法一四条一項は「すべて国民は、法の下に平等であつて、人種、信条、性別、社会的身分又は門地により、政治的、経済的又は社会的関係において、差別されない。」と規定している。この意味について、最高裁はまず、「後段列挙の事項は例示的なものである」とし（最大判昭和四八・四・四刑集二七巻三号二六五頁）、国民が差別されないのは、ここに示されている事項に限定されないとしている。

次に、「差別されない」とあるが、これは、いつ、いかなる場合においても差別されず常に画一的に取り扱われることを意味するのではない。最高裁は、現実には国民各自に差異が存在し、その差異に従い異なる取扱いをすることは必ずしも禁止されていないと判示している。すなわち、強姦罪の客体を女性に限定している刑法一七七条が憲法一四条一項に違反するかが争われた事件で、「国民の各人には経済的、社会的その他種々な事実的差異が現存するのであるから、一般法規の制定又はその適用においてその事実的差異から生ずる不均等があることは免れ難い……その不均等が一般社会観念上合理的な根拠のある場合には平等の原則に違反するものといえない」としている（最大判昭和二八・六・二四刑集七巻六号一三六六頁）。

このように個々の国民には差異があることを認め、それに従って一定の取扱いに差異を設けることは必ずしも憲法一四条一項に違反しない。しかし、ここで問題となるのは「合理的な根拠」である。つまり、どのような理由に基づいて、いかなる差別が「合理的」であるとして憲法上許されるのであろうか。これについては、一定の差別を行うのはいかなる「目的」があるのか、そしてどのような「手段（差別）」がとられているか、という二点から分析がなされる。そして社会のルールづくりに責任を負い、そのための情報を十分に有する立法府（行政府）の判断を裁判所としてはどこまで尊重し、いかなる場合にこれをくつがえすことができるかという、立法裁量と司法審査の問題が提起されているのである。

第１節　実質的平等と手段の相当性

刑法一九九条（平成七年法律九一号改正前のもの）は「人ヲ殺シタル者ハ死刑又ハ無期懲役若クハ三年以上ノ懲役ニ処ス」とし、同じく同法二〇〇条は「自己又ハ配偶者ノ直系尊属ヲ殺シタル者ハ死刑又ハ無期懲役ニ処ス」と規定していた。刑法一九九条の普通殺人の場合には、三年以上の懲役刑を選択することが可能であるのに対し、同法二〇〇条の尊属殺人の場合には、死刑と無期懲役のみであり、このことは、殺害した相手が尊属であるか否かによって、加害者をその量刑において差別して取り扱っており、憲法一四条一項に違反するのではないかが問われた。

最高裁大法廷は、一四対一と圧倒的多数により刑法二〇〇条が憲法一四条一項に違反すると判断したが、その理由は大きく二つにわけることができる。一つは、尊属殺人を普通殺人よりも重罰に処すことそれ自体が、尊属への卑属の服従という封建制度の名残であり、本来道徳にゆだねられるべき尊属への敬愛・尊重を刑法により強制することは許されないということである。もう一つは、尊属殺人を重罰に処すことそれ自体ではなく、その重罰の程度がはなはだしすぎる点をとらえて違憲と判断するということである。

これらについて、まず、この事件の事実関係から紹介していこう。

刑法二〇〇条尊属殺重罰事件（最大判昭和四八・四・四刑集二七巻三号二六五頁）

●事実の概要

被告人は女性で、中学二年の三学期、一四歳になったばかりのころに実父から姦淫され、それ以来、実母も親類縁者もその破倫行為を忌み、被告人らに寄りつかず被告人は父と夫婦同様に暮らすほかなくなり、同人との間に五子を出生するという異常な境遇にあった。

しかし、二九歳になって当時勤めに出ていた職場の同僚の青年と好意を抱き合うようになり、同人との結婚を考えるようになった。ところがこれを打ち明けられた父は被告人を手離すのを厭い、被告人の外出を阻止し、脅迫虐待を加え、夜も眠らせないなどの行状に及んだ。そのため被告人は心身ともに疲労し、昭和四三年一〇月五日午後九時三〇分過ぎ、泥酔した父から口汚なく罵られ、この境遇から逃れようと父を絞殺した。被告人は尊属殺人の罪名のもとに起訴された。

第一審は、被告人の行為は過剰防衛行為であるが、当時、心神耗弱状態にあったとし、また刑法二〇〇条は憲法一四条一項に違反し無効であるため同法一九九条を適用し、同法三六条二項により刑を免除した。第二審は第一審判決を破棄し自判した。防衛行為は成立しておらず刑法二〇〇条は合憲であり、彼告人を尊属殺人で有罪とした。しかし心神耗弱については認め、これによる減軽および酌量減軽をも施して、懲役三年六月の実刑判決を言い渡した。

最高裁は原判決を破棄し、被告人を懲役二年六月に処し、三年間の執行猶予とした。

●判　旨

（1）　尊属への尊重報恩と刑法による保護

まず、子は親に育てられ、親は子に責任を負ってきたから、親を敬うことは自然の情愛であり刑法による保護に値する。「通常、卑属は父母、祖父母等の直系尊属により養育されて成人するのみならず、尊属は、社会的にも卑属の所為につき法律上、道義上の責任を負うのであつて、尊属に対する尊重報恩は、社会生活上の基本的道義というべく、このような自然的情愛ないし普遍的倫理の維持は、刑法上の保護に値する……自己または配偶者の直系尊属を殺害するがごとき行為は……それ自体人倫の大本に反し……特に重い非難に値する」。

（2）　尊属殺重罰の合理性と重罰の程度

尊属への尊重報恩のために尊属殺人を重罰に処すことは許されるが、その重罰の程度がはなはだしい場合には、目的に対する手段の均衡を欠くことになる。すなわち「尊属の殺害は通常の殺人に比して一般に高度の社会的道義的非難を受けて然るべきであるとして、このことをその処罰に反映させても、あながち不合理であるとはいえない。……しかしながら、刑罰加重の程度いかんによつては、かかる差別の合理性を否定すべき場合がないとはいえない。すなわち、加重の程度が極端であつて、前示のごとき立法目的達成の手段として甚だしく均衡を失し、これを正当化しうべき根拠を見出しえないときは、その差別は著しく不合理なもの〔で〕……憲法一四条一項に違反して無効である」。

（3）　刑法二〇〇条の分析

「刑法二〇〇条……の法定刑は死刑および無期懲役のみであり、普通殺人罪……の法定刑が、死刑、無期懲役のほか三年以上の有期懲役刑となつているのと比較して、刑種選択の範囲が極めて重い刑に限られている……現行法上許される二回の減軽を加えても……処断刑の下限は懲役三年六月を下ることがなく、その結果として、いかに酌量すべき情状があろうとも法律上刑の執行を猶予することはできない」。

このように重罰の程度がはなはだしいことを理由に違憲と判断する多数意見に対し、尊属殺人と普通殺人とを区別し、前者を重く罰すること自体を問題とするのが、六名の裁判官による四つの「意見」である。* その根拠としては主に二つあげられ、一つは、この差別は日本国憲法が排除した封建的身分制度に由来していること、もう一つは、尊属への尊重敬愛は道徳にゆだね、刑法によって強制すべきではないということである。

●──各裁判官の「意見」

まず、田中二郎裁判官の「意見」（小川信雄、坂本吉勝各裁判官が同調）は、尊属であるというだけで特別の保護を受けることは民主主義の理念に反するとする。「日本国憲法は、封建制度の遺制を排除し、家族生活における個人の尊厳と両性の本質的平等を確立することを根本の建前とし……尊属がただ尊属なるがゆえに特別の保護を受けるべきであるとか……卑属の尊属殺人はその背徳性が著しく、特に強い道義的非難に値いするとかの理由によつて、尊属殺人に関する特別の規定を設けることは、一種の身分制道徳の見地に立つものというべきであり……民主主義の理念と抵触するものとの疑いが極めて濃厚である」。

さらに田中裁判官は、子による親への尊敬は自覚的に自発的になされる道徳であるとし、法により強制されるものではないとしている。「子が親を尊敬し尊重することが、子として当然守るべき基本的道徳で……あるが、それは、まさしく、個人の尊厳と人格価値の平等の原理の上に立つて、個人の自覚に基づき自発的に遵守されるべき道徳であつて、決して、法律をもつて強制されたり、特に厳しい刑罰を科することによつて遵守させようとしたりすべきものではない」。

田中裁判官のほかに三名の裁判官がそれぞれ、「意見」を述べており、尊属への敬愛等は「自然の情愛の発露、道義、慣行等に委せるのが相当」とする下村三郎裁判官、同じく「子が親を重んじ大切にすることは子の守るべき道徳で……これを強制することは……法律をもつて合理的理由のない一種の身分的差別を設けるもの」とするのが大隅健一郎裁判官、そして道徳も法によって高揚させることは可能であるが、その場合にはその内容が憲法に適合しているかを吟味しなければならないとするのが色川幸太郎裁判官である。すなわち、「法律を通じての道徳の高揚も、策として已むを得ない場合があ［るが］……仮にその必要があるとしても、道徳的価値を保護法益とする立法にあたつて、何よりも留意されなければならないことは、その道徳が憲法の精神に適合するか否かを慎重に吟味することの必要性である。……廃絶された筈の古い家族制度と結びついたままの道徳を、ひたすら温存し、保護し、強化しようとした法律（刑法二〇〇条がその一つであるが）は、憲法によつて否定されなければならない」。

●──反対意見

刑法二〇〇条を違憲と考える一四名の裁判官に対し、一名だけ合憲とする「反対意見」がある。下田武三裁判官は法定刑に関する立法府の裁量を重視し、多数意見のように尊属の殺害が人倫の大本に反するとの前提に立つならば、法定刑を厳しくすることは当然であるとする（この点については田中「意見」も支持している）。「そもそも法定刑をいかに定めるかは、本来、立法府の裁量に属する事項であつて、かりにある規定と他の規定との間に法定刑の不均衡が存するごとく見えることがあつたとしても、それは原則として立法政策当否の問題たるにとどまり、ただちに憲法上の問題を生ずるものでない……尊属の殺害は……高度の社会的道義的非難に値するものであつて、刑法二〇〇条は……通常の殺人の場合より厳重に処罰し、もつて強くこれを禁圧しようとする……その法定刑がとくに厳しいことはむしろ理の当然」とする。

さらに、士農工商制度など明らかに憲法に違反する制度と尊属卑属の関係とを区別すべきとする。「そもそも親子の関係は、人智を超えた至高精妙な大自然の恵みにより発生し、人類の存続と文明伝承の基盤をなすものであり、最も尊ぶべき人間関係のひとつであって……これを、往昔の奴隷制や貴族・平民の別、あるいは士農工商四民の制度のごとき……と同一に論ずることは、とうていできない」。

以上、最高裁は刑法二〇〇条について、その目的として尊属への敬愛尊重を掲げ、これを法によって強制できるか、それとも道徳にゆだねるべきかで見解が対立していた。さらに、その目的達成のために、手段として、尊属を殺害した場合に普通殺人と比して重罰を科することが許されるかが問題となる。これについて立法府に一定の裁量が認められるとしても、卑属が非のある尊属を殺害しても一切執行猶予が認められないとの結論をもたらす刑法二〇〇条は、その裁量を逸脱、濫用したものといえよう。

アメリカの判例

死刑は、文字通り極刑として過酷な制裁であるが、取り返しのつかない刑罰でもある。この点において共通しているのが断種である。常習犯罪者から社会を守るために、この措置をとることが、差別的区別であるとして平等保護条項に違反するかが問題になったアメリカの事件を紹介しよう。

断種と常習犯罪者に対する差別（Skinner v. Oklahoma, 316 U.S. 535（1942））

●事実の概要

オクラホマ州常習犯罪者断種法は、重罪にあたる罪を二度以上犯し、再度、重罪を犯して自由刑を宣言された者を常習犯罪者とし、断種を行う手続をとることができるとしていた。Aは窃盗に次いで火器を用いた強盗を犯し、再度、火器強盗を理由に、自由刑が宣言され断種の手続が開始された。そこでAは、この州法が修正一四条に違反しているとして訴えを提起した。最高裁は、平等保護条項に違反すると判断した。

●——判　旨

本件州法は、男性の基本的な市民権に関する問題を提起している。結婚し生殖することは、人種の存続にとって基本となるものである。断種を行う権力の行使を認めることは、微妙な、広範な領域に及ぶ破壊的な効果をもたらす可能性がある。この権限の行使は、支配的なグループに敵対する人種に対してこれを消滅させることがあり得る。そうなっては取り返しがつかない。対象となった者は永久に基本的な自由を奪われるのである。

同程度に悪質な犯罪を犯した者に対して、一方は断種し、他方はこれを免れさせている場合、差別的な区別を行っていることになる。

三度重窃盗を犯した者は断種され、横領の場合にはこれを免れているが、このことは明らかに、誤りようのない差別である。窃盗は生物学的に遺伝するが、横領についてはそうではないことを州は説明していない。この区別が優生学的に意味があるとは考えられない。このような著しく人為的な線引きが許されるとすれば、平等保護条項の文言は空疎なものとなってしまう。

●——ストーン首席裁判官の同意意見

結果に同意するが、平等保護条項を根拠とすることには納得がいかない。確かに、州は、社会的に害をなす傾向を伝えることを阻止するために、個人の自由に干渉することができる。しかし、断種という過激な手段をとることを正当化するだけの事実が、本当に存在するかについて争う機会が提供されなければならない。

常習犯罪者またはその他の者の犯罪傾向は、普遍的または一般的に遺伝するものであるかについての知識、経験は存在しない。

個人の、社会に害をなし、明らかに遺伝する傾向から州を守ることが許されるが、その一方で、彼が回復し難い損害を受ける前に、彼がそのような遺伝的な傾向を有していないということを証明する機会が与えられなければならない。

第２節　同性愛者への差別

公的施設等は異性愛者を前提に設置されていることが多い。トイレや宿泊施設はその典型的なもので、男女を区別して利用させているが、このことが同性愛者に対する差別をもたらすことがある。下級審判決であるが紹介しよう。

府中青年の家事件（東京高判平成九・九・一六判タ九八六号二〇六頁）

事実の概要

東京都が設置する「青年の家」は、宿泊機能と活動機能が一体となった施設であり、当初は、集団就職の中学卒業者に対し、団体・宿泊生活を通じて学習意欲を満たし、その健全育成をはかることを目的としていた。しかし、これら就職者が減少するにつれ大学生らの利用層が増大し、さらには日帰りの利用も認められるようになった。Ａは同性愛者の団体であるが「青年の家」の宿泊利用を申し込んだところ拒否された。「青年の家」では性的行為の問題を考慮して、男女別室宿泊の原則に従っているが、同性愛者にこの原則を当てはめても、また、この原則の例外を認めても、他の利用者との間に重大な混乱や摩擦を招くことを懸念したというのがその拒否の理由であった。

東京高裁は、Ａによる損害賠償の請求を認めた原審の判断を支持した。

●判旨

「男女が同室に宿泊することは、一般的には男女間で性的行為が行われる可能性があると共に、社会一般の道徳観念や慣習からしても好ましいことではなく……青年の家において、このような事態を避けるために、男女別室宿泊の原則を掲げ、この点を施設利用の承認不承認にあたって考慮すべき事項とすることは相当であり、国民もこれを一般的に承認している」。

「同性愛者を同室に宿泊させた場合……一般的には性的行為が行われる可能性があるといわざるを得ない……ところで、青年の家における宿泊は……通常……原則として数名の宿泊者の相部屋であると考えられる。そうすると、特定の二人による宿泊に比べ、性的行為が行われる可能性は、同性愛者においても、異性愛者同様に、それほど高いものとは認め難い」。

「男女別室宿泊の原則は……性的行為が行われる可能性を一般的には少なくする効果はあるが……最終的には利用者の自覚に期待するしかない性質のものというべきである……その必要性と効果はこの程度のものである。現実には生ずる可能性が極めて僅かな弊害を防止するために、この程度の必要性と効果を有するに過ぎず、また元来は異性愛者を前提とした右原則を、同性愛者にも機械的に適用し、結果的にその宿泊利用を一切拒否する事態を招来することは……著しく不合理であって、同性愛者の利用権を不当に制限する」。

「当該利用者が、具体的に性的行為に及ぶ可能性があると認められる場合には……教育施設としての青年の家の設立趣旨に反するといえるから、宿泊利用を拒否できる……同性愛者と同宿させることにより、青少年、特に小学生等に、有害な影響を与えると都教育委員会が相応の根拠をもって判断する場合には……後に使用申込をした団体の申込……拒否することも場合によっては可能と考えられる」。

アメリカの判例

同性愛者を行政機関が区別し、不利益な扱いをすることに対して憲法上問題があるが、他方、同性愛者を拒否する自由が国民に認められるかも問題になる。アメリカにおいて、私的団体がメンバーから同性愛者を排除することを禁止する法律が、逆に私的団体の自由を侵害することにならないかが問題となった事件がある。

同性愛者を拒否する自由（Boy Scouts of America and Monmouth Council v. Dale, 530 U.S. 640（2000））

●事実の概要

Aは、八歳のときからボーイスカウトに入り、模範的なメンバーとして活躍したが、大学に進学したころから自分が同性愛者であることを自覚するようになった。彼は大学の同性愛者の団体に入会し、同性愛者の心理、健康に関するセミナーに参加するなどした。その結果ボーイスカウトから除名された。Aは、ボーイスカウトが、性的志向のみを理由として彼を除名したことは、公共に開かれた団体において、性的志向のみを理由に差別を行うことを禁止している州法に違反していると主張した。

●判　旨

団体の意に反して特定の個人をその団体に所属させることが、その団体の公的または私的な見解を広めることに深刻な影響を与えるならば、その団体の結社の自由を侵害することになる。Aの存在が、ボーイスカウトの主張に深刻な影響を与えるとするボーイスカウトの考え方は重視されなければならない。Aは、大学における同性愛サークルの副部長であり、同性愛者の権利擁護を目的とする活動家である。ボーイスカウトにおける彼の存在は、ボーイスカウトは、同性愛を正当な行為であるとして受け入れたとのメッセージを発信することになる。

その者を入会させると、その団体の目的や特定の思想を活発にしようとの集団としての努力に相当程度の制約がかかる場合に排除は認められる。しかし、ボーイスカウトは同性愛に関しては沈黙し、これについての考え方を育成しようとも共通の目的ともしていない。

ボーイスカウトへの参加そのこと自体により、ある程度のメッセージを伝えることがありうるが、われわれが憲法が保障する言論と認識してきたものとは異なる。団体への参加が、象徴的言論になり、その参加を認めることがその団体の言論になるとすれば（その結果団体としてはその個人の入会を拒否しようとするが）、入会拒否を行う無制限な権利が団体に認められることになってしまうのである。

第３節　生存権と平等

憲法二五条一項は「すべて国民は、健康で文化的な最低限度の生活を営む権利を有する。」と規定し、これに基づいて国民年金法や児童手当法が定められている。しかし、法律が定める受給資格が、合理的な理由なく差別を行っているとして憲法一四条一項の法の下の平等を侵害しているとの主張がなされることがある。最高裁は、憲法二五条一項の「健康で文化的な最低限度の生活」という文言は抽象的であり、しかもその具体的な内容はその時々の社会情勢等により変化し、さらには国家の財政事情も考慮したうえで決定されなければならないとし、立法府の裁量的判断を重視する審査姿勢を示している。

1　堀木訴訟（最大判昭和五七・七・七民集三六巻七号一二三五頁）

●事実の概要

原告は、国民年金法別表記載の一種一級の視力障害者であり、国民年金法に基づく障害福祉年金を受給しており、昭和二三年三月に離婚、次男（昭和三〇年五月生まれ）を養育してきた。原告は昭和四五年二月に、被告兵庫県知事に対し児童扶養手当法五条所定の受給資格について認定請求したところ却下され、異議申立ても棄却の決定がなされた。その理由は、原告が障害福祉年金を受給しているので、児童扶養手当法四条三項三号に該当し併給は認められないというものであった。

そこで原告は原処分（認定請求の却下処分）の取消等を求めて訴えを提起した。第一審は、障害福祉年金を受給し、かつ、母として児童を監護している女性を、障害者でない母の女性と差別することに合理的理由は存在しないとした。しかし原審は、本件併給禁止条項を定めたことについて立法府に裁量の逸脱・濫用はないとし、請求を棄却した。最高裁も上告を棄却した。

●判　旨

（1）　憲法二五条の性格と立法府の広い裁量

憲法二五条一項の文言は抽象的概念であり、かつ、その内容は財政事情などによっても左右されるから、その具体的内容については立法府の裁量にゆだねられる。「右規定（注・憲法二五条）にいう『健康で文化的な最低限度の生活』なるものは、きわめて抽象的・相対的な概念であつて、その具体的内容は、その時々における文化の発達の程度、経済的・社会的条件、一般的な国民生活の状況等との相関関係において判断決定され……国の財政事情を無視することができず、また、多方面にわたる複雑多様な、しかも高度の専門技術的な考察とそれに基づいた政策的判断を必要とする」。

その結果として、司法審査の基準は立法府の判断が「著しく合理性を欠く」かどうかを判断するかなり緩やかなものとなる。「憲法二五条の規定の趣旨にこたえて具体的にどのような立法措置を講ずるかの選択決定は、立法府の広い裁量にゆだねられており、それが著しく合理性を欠き明らかに裁量の逸脱・濫用と見ざるをえないような場合を除き、裁判所が審査判断するのに適しない事柄である」。

（2） 同一系列内の併給禁止と裁量の逸脱・濫用

児童扶養手当は国民年金法の母子福祉年金を補完するものであり、障害福祉年金もまた国民年金法上のものである。そして、いわゆる複数事故の場合、稼得能力の喪失は必ずしも事故数に比例しないから併給を禁止しても立法裁量の逸脱・濫用にはあたらない。

① 児童扶養手当の性質　「児童扶養手当は、もともと国民年金法六一条所定の母子福祉年金を補完する制度として設けられたものと見るのを相当とするのであり、児童の養育者に対する養育に伴う支出についての保障であることが明らかな児童手当法所定の児童手当とはその性格を異にし、受給者に対する所得保障である点において……国民年金法所定の国民年金（公的年金）一般、したがってその一種である障害福祉年金と基本的に同一の性格を有するもの、と見るのがむしろ自然である」。

② 複数事故と併給調整　「一般に、社会保障法制上、同一人に同一の性格を有する二以上の公的年金が支給される……いわゆる複数事故において、そのそれぞれの事故それ自体としては支給原因である稼得能力の喪失又は低下をもたらすものであつても、事故が二以上重なつたからといつて……必ずしも事故の数に比例して増加するといえない……このような場合について、社会保障給付の全般的公平を図るため公的年金相互間における併給調整を行うかどうかは……立法府の裁量の範囲に属する事柄と見るべきである」。

（3）　本件併給禁止条項と差別

こうした憲法二五条の解釈を前提にし、さらに身体障害者や母子に対する諸施策をあわせ考えるならば、併給禁止は合理的理由のない差別とはいえない。「本件併給禁止条項の適用により、上告人のように障害福祉年金を受けることができる地位にある者とそのような地位にない者との間に児童扶養手当の受給に関して差別を生ずることになるとしても、さきに説示したところに加えて……身体障害者、母子に対する諸施策及び生活保護制度の存在などに照らして総合的に判断すると、右差別がなんら合理的理由のない不当なものであるとはいえない」。

この最高裁判決では、憲法一四条と同時に二五条も問題となり、二五条をめぐって展開されている広い立法裁量の考え方に従って、平等の問題についても検討がなされている。これと同じように、広い立法裁量の考え方がとられる領域として、国民年金制度をいかなるものとするかの問題があり、平等の観点からも争われた事件があるので紹介しよう。

2　学生と国民年金への強制加入制度（最二判平成一九・九・二八民集六一巻六号二三四五頁）

●事実の概要

Aらは大学在学中に障害を負ったため、障害基礎年金の支給裁定を申請したところ、これを支給しない旨の処分を受けたため、その取消等を求めた事件である。

国民年金法（法）は、二〇歳以上六〇歳未満の者は、当然に国民年金の被保険者となることを定めているが（強制加入）、所定の生徒または学生は例外とされ任意加入としている。また、障害福祉年金を受給するためには、傷病の初診日において国民年金の被保険者であることを要件としているが、強制加入被保険者には、保険料納付義務の免除の規定があり、任意加入被保険者の場合にはこの免除規定は適用されない。そこで、二〇歳以上の学生は、国民年金に任意加入していない限り、初診日に国民年金の被保険者ではないため、傷病により傷害を負っても障害基礎年金等を受給できない。

Aらは、学生は任意加入しない限り国民年金の被保険者資格を認めないとした規定は、二〇歳以上の学生と他の国民を不当に差別し憲法一四条に違反する。また、二〇歳以上の学生を合理的理由なく強制加入の対象とせず、結果として障害保障給付を与えないことは憲法二五条の生存権の保障に反するなどと主張した。

●——判　旨

「国民年金制度〔を〕……憲法二五条の趣旨……にこたえて具体的にどのような立法措置を講じるかの選択決定は、立法府の広い裁量にゆだねられており、それが著しく合理性を欠き明らかに裁量の逸脱、濫用とみざるを得ないような場合を除き、裁判所が審査判断するのに適しない事柄である……もっとも……受給権者の範囲、支給要件等につき何ら合理的理由のない不当な差別的取扱いをするときは別に憲法一四条違反の問題を生じ得る」。

「学生〔は〕……一般的には、二〇歳に達した後も稼得活動に従事せず、収入がなく、保険料負担能力を有していない。また……学生である期間は、多くの場合、数年間と短く、その間の傷病により重い障害の状態にあることとなる一般的な確率は低い……多くの者は卒業後は就労し……被用者年金各法等による公的年金の保障を受ける」。

「国民年金の保険料は……障害年金……の給付費用に充てられることとなる部分はわずかであるところ……学生のうちから老齢、死亡に備える必要性はそれほど高くはなく、専ら障害による稼得能力の減損の危険に備えるために国民年金の被保険者となることについては、保険料納付の負担に見合う程度の実益が常にあるとまではいい難い」。

「学生を強制加入被保険者として一律に保険料納付義務を負わせ他の強制加入被保険者と同様に免除の可否を

判断することとした場合……世帯主が学生の学費、生活費等の負担に加えて保険料納付の負担を負うことになる」。

「これらの事情からすれば……二〇歳以上の学生の保険料負担能力、国民年金に加入する必要性ないし実益の程度、加入に伴い学生及び学生の属する世帯の世帯主等が負うことになる経済的な負担等を考慮し〔二〇歳以上の学生を任意加入としたことは〕……著しく合理性を欠くということはできず、加入等に関する区別が何ら合理的理由のない不当な差別的取扱いであるということもできない」。

第４章　家族生活における個人の尊厳と平等

第１節　非嫡出子と法律婚制度

憲法は、家族関係における平等については、とくに明文をもって保障している。憲法二四条一項は「婚姻は、両性の合意のみに基づいて成立し、夫婦が同等の権利を有することを基本として、相互の協力により、維持されなければならない。」とし、家族に関する法律は「個人の尊厳と両性の本質的平等に立脚して、制定されなければならない。」とされている（同条二項）。これを受けて、民法は法律婚主義を採用したが（民法七三九条一項）、この制度は、必然的に、嫡出子と嫡出でない子との区別を生じ、この区別が「平等」を侵害するかが、問われている。これについて、家族のあり方や子についての国民の意識や世界の動向に変化が生じ、昭和二二年民法改正時には「合理的区別」とされたものが、必ずしもそうとはいえなくなってきたことが指摘されるようになった。そのため、平成二五年には、非嫡出子の相続分を嫡出子の二分の一とする民法九〇〇条四号ただし書きが、最高裁によって違憲と判断されるに至ったので紹介しよう。

非嫡出子の相続分差別違憲事件（最大決平成二五・九・四民集六七巻六号一三二〇頁）

●——事実の概要

死亡したAの遺産につき、Aの嫡出子である相手方らが、Aの嫡出でない子である抗告人らに対して、遺産の分割の審判を申し出た。原審は、民法九〇〇条四号ただし書きの規定のうち、嫡出でない子の相続分を二分の一とする部分（本件規定）は憲法一四条一項に違反しないとし、これを適用してAの遺産を分割すべきものとした。最高裁はこれを破棄し原審に差し戻した。

最高裁は、憲法一四条一項の平等は合理的区別を許容し、相続制度の決定には国の伝統や社会事情、国民感情等を総合的に考慮したうえで、立法府の合理的裁量にゆだねられるとし、平成七年決定においては、民法九〇〇条四号ただし書きが、補充的であること、法律婚主義からこの区別が導き出されること、非嫡出子にも二分の一の相続分を認めるとの配慮がなされていること等を指摘して、立法府の合理的裁量を逸脱していないとした。しかしながら、本決定に至るまでには国内外に様々な変化が生じていることが強調されている。

●——判　旨

「昭和二二年民法改正以降、我が国においては、社会、経済状況の変動に伴い、婚姻や家族の実態が変化し、その在り方に対する国民の意識の変化も指摘されている……諸外国の状況も、大きく変化してきている……かつては、宗教上の理由から嫡出でない子に対する差別の意識が強く……多くの国が嫡出でない子の相続分を制限する傾向にあ〔ったが〕……これらの国の多くで……相続に関する差別を廃止する立法がされ……相続分に差異を設けている国は、欧米諸国にはなく、世界的にも限られた状況にある」。

「我が国は……市民的及び政治的権利に関する国際規約……児童の権利に関する条約……をそれぞれ批准した。

これらの条約には、児童が出生によっていかなる差別も受けない旨の規定が設けられている……各条約の履行状況等については……自由権規約委員会が、包括的に嫡出でない子に関する差別的規定の削除を勧告し……各委員会が、具体的に本件規定を……問題にして、懸念の表明、法改正の勧告等を繰り返してきた」。

「我が国における嫡出子と嫡出でない子の区別に関わる法制等も変化してきた……住民票における世帯主との続柄の記載をめぐり……世帯主の子は……一律に『子』と記載することとされた。また、戸籍における嫡出でない子の父母との続柄欄の記載をめぐっても……嫡出子と同様に『長男（長女）』等と記載することとされ……嫡出でない子の日本国籍の取得につき嫡出子と異なる取扱いを定めた国籍法三条一項の規定〔が〕……憲法一四条一項に違反していた……とされた」。

「法律婚という制度自体は我が国に定着しているとしても、上記のような認識の変化に伴い……父母が婚姻関係になかったという、子にとっては自ら選択ないし修正する余地のない事柄を理由としてその子に不利益を及ぼすことは許されず、子を個人として尊重し、その権利を保障すべきであるという考えが確立されてきている」。

「家」制度は廃止されたが、法律婚制度は維持され、嫡出子を含む婚姻共同体が形成され、そこで蓄積された財産は当然、配偶者と嫡出子に承継されるとの見解も根強いが、非婚・晩婚傾向等、家族のあり方に関する世界的な潮流とともに、自分の意思によらずに婚姻共同体の一員になることができなかった非嫡出子を、相続の場面において区別することが、いかに「個人の尊厳」を傷つけることになるか、認識されてきたものといえよう。こうした点を説明するのが岡部裁判官の補足意見である。

●――岡部喜代子裁判官の補足意見

「婚姻期間中に婚姻当事者が得た財産は実質的には婚姻共同体の財産であって本来その中に在る嫡出子に承継されていくべきものであるという見解が存在する。確かに、夫婦は婚姻共同体を維持するために……協力するのであり……その協力は長期にわたる不断の努力を必要とする……嫡出子はこの夫婦の協力により扶養され養育されて成長し、その子自身も……これらに協力するのが通常であろう……しかし……家族像に変化が生じ……同時に、嫡出でない子は……婚姻共同体の一員となることができない……という地位に生まれながらにして置かれる……婚姻共同体のみを当然かつ一般的に婚姻外共同体よりも優遇することの合理性……を減少せしめてきた」。

第2節　女性の再婚禁止期間の合理性

民法七三三条（平成二八年改正前のもの）は、女性に対して六ヵ月間の再婚禁止期間を設定していたが、その目的は、再婚後に生まれた子が前婚又は後婚いずれの夫の子であるかの紛争を回避することであった。しかし、その目的を達成するための手段としてこの再婚禁止期間を設けることの必要性が問題となった。最高裁は、民法七七二条の嫡出の推定規定を前提に、再婚禁止規定は、婚姻等は「個人の尊厳・両性の本質的平等」に基づき定められるとする、憲法二四条二項に違反するとした（ただし、国賠法に基づく損害賠償請求は棄却された）。

女性の再婚禁止期間の合理性（最大判平成二七・一二・一六民集六九巻八号二四二七頁）

●事実の概要

上告人は前夫と離婚し後夫と再婚したが、民法七三三条（本件規定）により望んだ時期より遅れて再婚したため精神的損害を被ったとして損害賠償を求めた。女性について六ヵ月の再婚禁止期間を定める民法七三三条の規定は憲法一四条一項および二四条二項に違反し、これらを改廃する立法措置を採らなかった立法不作為は違法であるとして、国家賠償法（国賠法）一条一項に基づき損害賠償を請求した。最高裁は、国賠の請求を退ける原審の判断を支持したが、再婚禁止期間について一〇〇日を超える部分については違憲であるとした。

●判　旨

（1）　家族に関する事項と国会による具体化

「婚姻及び家族に関する事項……の内容の詳細については……憲法二四条二項は……具体的な制度の構築を第一次的には国会の合理的な立法裁量に委ねるとともに、その立法に当たっては、個人の尊厳と両性の本質的平等に立脚すべきであるとする要請、指針を示すことによって、その裁量の限界を画したものといえる」。

（2）　父性の推定の重複と再婚禁止期間

「本件規定の立法目的は、女性の再婚後に生まれた子につき父性の推定の重複を回避し、もって父子関係をめぐる紛争の発生を未然に防ぐことにある……DNA検査技術が進歩し……極めて高い確率で生物学上の親子関係を肯定し、又は否定することができるようになった……しかし……科学的な判定に委ねることとする場合には……一定の裁判手続……を経なければ法律上の父を確定できない……状態が一定期間継続することにより種々の影響を生じ得る……父性の推定が重複することを回避するための制度を維持することに合理性が認められる」。

（3）　父性の推定に関する民法の規定

「民法七七二条二項は、『婚姻の成立の日から二百日を経過した後又は婚姻の解消若しくは取消しの日から三百日以内に生まれた子は、婚姻中に懐胎したものと推定する。』と規定し……女性の再婚後に生まれる子については、計算上一〇〇日の再婚禁止期間を設けることによって、父性の推定の重複が回避される……一〇〇日について一律に女性の再婚を制約することは、婚姻及び家族に関する事項について国会に認められる合理的な立法裁量の範囲を超えるものではなく……合理性を有する」。

（4） 立法事実の変化

「医療や科学技術が発達した今日においては……再婚禁止期間を厳密に父性の推定が重複することを回避するための期間に限定せず、一定の期間の幅を設けることを正当化することは困難になった……加えて……晩婚化が進む一方で、離婚件数及び再婚件数が増加するなど、再婚をすることについての制約をできる限り少なくするという要請が高まっている」。

以上、最高裁は、離婚・再婚にともなう父子関係の紛争を防ぐことを目的に、女性の再婚期間を定めること自体は、国会の裁量の範囲内であるとしたが、嫡出の推定に関する民法の規定との整合性に加えて、科学技術の発達および再婚への制約を少なくする社会的要請の高まりという立法事実の変化を考慮し、一〇〇日を超える部分については裁量の範囲を逸脱していると判断した。

第3節 夫婦同氏

民法七五〇条は「夫婦は、婚姻の際に定めるところに従い、夫又は妻の氏を称する。」と規定している。この規定により、夫婦のいずれかはこれまでの氏を失うことになり、現実には妻が圧倒的にこれを負担している。そこで、この規定は、憲法二四条一項「婚姻は……夫婦が同等の権利を有することを基本として……維持されなければならない。」および、同条二項「……家族に関する……事項に関しては、法律は、個人の尊厳と両性の本質的平等に立脚して、制定されなければならない。」に違反するか問題になった。最高裁は、次に紹介する平成二七年判決と令和三年決定においてその合憲性を維持したが、有力な反対意見も存在する。

その論点を確認しておくと、まず、氏を維持する利益は、法的に保護されているのか、されているとすればその根拠は、憲法か、それとも国会の定める法律かが問題となる。また、法的権利であっても、これへの制限は可能であるがその制約の適否を考える場合にも、その権利が法律上のものか、憲法に根拠を有するものかが重要である。次に、憲法二四条一項は、家族に関する事項は「法律」によって定められるとし、氏についてもその事項の一つとして国会の裁量が及ぶことを憲法は予定している。そこで、同氏を定める民法七五〇条は「立法裁量」の範囲内で定められたといえるか、その裁量行使に「逸脱・濫用」があるかが問われることになる。この点を判断するための考慮要素として重要になってくるのが、「氏」の法的根拠、「氏」の変更がもたらす不利益の性質・程度ということになる。

最高裁の多数意見は、「氏」の根拠が憲法上の人格権にあることを否定し、立法裁量を広くとらえて、氏の変更が現に不利益もたらしていても、立法裁量に逸脱があるとはいえないとした。これに対して、氏には憲法上の根拠があるとし、これへの変更がもたらす不利益が、時代の流れとともに質・程度ともに過大となり、「個人の尊厳」を侵害し、もはや立法裁量の範囲内とはいえないとするのが反対意見である。

1　氏と人格権（最大判平成二七・一二・一六民集六九巻八号二五八六頁）

●事実の概要

Aは婚姻の際、夫の氏を称するとしたが、通称としてAの氏を使用した。BとCは婚姻の際、夫Bの氏を称するとしたが、離婚し、再度婚姻届を提出したところ、婚姻後の氏が選択されていないとして不受理とされた。D、Eはそれぞれ婚姻の際には夫の氏を称したが、通称として旧姓を使用していた。そこで、民法七五〇条は憲法十三条、十四条一項、二四条一、二項に違反するとしてそれぞれ訴えが提起されたが、最高裁は以下のような判断を示した。

●―判　旨

（1）　法制度の一環としての氏とその性質

「氏は……憲法上一義的に捉えられるべきものではなく、憲法の趣旨を踏まえつつ定められる法制度をまって初めて具体的に捉えられるもので……具体的な法制度を離れて、氏が変更されること自体を捉えて直ちに人格権を侵害し、違憲であるか否かを論ずることは相当ではない……氏は……社会的に個人を他人から識別し特定する機能を有するもので……自らの意思のみによって自由に定めたり、又は改めたりすることを認めることは本来の性質に沿わない……氏が、親子関係など一定の身分関係を反映し、婚姻を含めた身分関係の変動に伴って改められることがあり得ることは、その性質上予定されている」。

（2）　氏の変更がもたらす不利益

「氏が……個人として尊重される基礎であり、その個人の人格を一体として示すものでもあることから、氏を改める……ことによりいわゆるアイデンティティの喪失感を抱いたり……個人の信用、評価、名誉感情にも影響が及ぶ……晩婚化が進み、婚姻前の氏を使用する中で社会的な地位や業績が築かれる期間が長く〔氏を維持する利益は〕……憲法上の権利として保障される人格権の一内容であるとまではいえないものの……法制度の在り方を検討するに当たって考慮すべき人格的利益である」。

（3）　同氏の利点と立法裁量

「夫婦が同一の氏を称することは……家族という一つの集団を構成する一員であることを、対外的に公示し、識別する機能を有している……嫡出子であることを示すために子が両親双方と同氏である仕組みを確保〔し〕……家族という一つの集団を構成する一員であることを実感する……いずれの氏を称するかは、夫婦となろうとする者の協議による自由な選択に委ねられ……婚姻前の氏を通称として使用することが社会的に広まっている」。

このように最高裁は、氏に関する人格権は、憲法によって確定的に保障されているのではなく、家族に関する法制度の一環として、その内容については国会の裁量が及ぶとしている。その上で、氏の変更がもたらす不利益を認識しつつも、同氏のもたらすメリットを示し、立法裁量の逸脱・濫用はないとしている。これに対して、立法事実に変遷が認められ、同氏はとりわけ社会で活躍する女性にとって大きな不利益をもたらしていることを強調する意見がある。

●──岡部喜代子裁判官の意見（櫻井龍子・鬼丸かおる裁判官同調）

立法事実の変化

「本件規定は、制定当時においては憲法二四条に適合するものであった……近年女性の社会進出は著しく進んで……婚姻前の氏によって社会的経済的な場面における生活を継続したいという……ことには十分な合理的理由がある……社会のグローバル化やインターネット等で氏名が検索され……氏による個人識別性の重要性はより大き〔く〕……婚姻前からの氏使用の有用性、必要性は更に高くなっている……氏は……家族、民族、出身地等当該個人の背景や属性等を含〔み〕……氏を変更した一方はいわゆるアイデンティティを失ったような喪失感を持つ……〔これら〕の負担は、ほぼ妻について生じ」ている。

さらに、通称使用より同氏のもたらす不利益をカバーできるとする多数意見に対して、岡部意見は「通称は便宜的なもので、使用の許否、許される範囲等が定まっているわけではなく……公的な文書には使用できない場合がある」と反論し、木内道祥裁判官の意見も「法制化されない通称は……許容するか否か……相手方の対応を確認する必要があり、個人の呼称の制度として大きな欠陥がある」と指摘した。

以上が平成二七年判決の内容であるが、令和三年決定においても基本的にはこの判決が維持され、多数意見は立法裁量を強調し、補足意見が、同氏制度はその範囲内にあることを説明している。これに対して、氏の人格権が憲法上のものであるとし、氏の変更がもたらす不利益を強調する見解が対立している。

2 夫婦の氏と立法事実の変遷（最大決令和三・六・二三判例集未登載）

●──判　旨

「民法七五〇条の規定が憲法二四条に違反するものでないことは、当裁判所の判例とするところであり……平成二七年大法廷判決以降にみられる……社会の変化や……国民の意識の変化といった……諸事情を踏まえても、平成二七年大法廷判決の判断を変更すべきものとは認められない」。

「夫婦の氏についてどのような制度を採るのが立法政策として相当かという問題と、夫婦同氏制を定める現行法の規定が憲法二四条に違反して無効であるか否かという憲法適合性の審査の問題とは、次元を異にするものである……この種の制度の在り方は……国会で論ぜられ、判断されるべき事柄にほかならない」。

多数意見は、立法事実に変化が生じていることは認めているが、この問題は国会の裁量に委ねられ、立法政策の当否の問題と憲法適合性の問題は区別されるべきことが強調されている。この立法裁量について、やや詳しく説明しているのが深山卓也・岡村和美・長嶺安政裁判官による補足意見である。同氏がもたらす制約は、婚姻への間接的な制約にとどまること、同氏の問題は法制度の観点からの考察が必要でその意味からも立法裁量が重視されることが指摘されている。「本件各規定は、夫婦同氏とすることを婚姻の要件とし……婚姻に制約を加える……しかしながら……制約は、婚姻の効力から導かれた間接的な制約と評すべきものであって、婚姻をすること自体に直接向けられた制約ではない」。「婚姻及び家族に関する事項は……国の伝統や国民感情を含めた社会状況における種々の要因を踏まえつつ、それぞれの時代における夫婦や親子関係についての全体の規律を見据えた総合的な判断によって定められるべきものである。したがって、夫婦の氏に関する法制度の構築は、子の氏や戸籍の編成の在り方等を規律する関連制度の構築を含め、国会の合理的な立法裁量に委ねられている」。

この裁量重視の判断に対して、そもそも氏は、立法政策により定められた法制度の一環ではなく、憲法上の権利であることを強調する考え方が示されている。宮崎裕子・宇賀克也裁判官の反対意見は「平成二七年大法廷判決は、氏に関する人格権について、その内容は法制度をまって初めて具体的に捉えられると判示しているが……個人の尊重、個人の尊厳の基礎である人格の一内容として理解することができる……法制度によって具体的に捉えられるのは、この人格的利益の内容ではなく……法制度が課している制約の内容にすぎない」。

さらに、氏の変更がもたらす不利益の大きさという観点から国会の裁量行使に対する批判がある。三浦守裁判官の意見は「婚姻の際に氏を改めることは、個人の特定、識別の阻害により、その前後を通じた信用や評価を著しく損うだけでなく、個人の人格の象徴を喪失する感情をもたらすなど、重大な不利益を生じさせ得ることは明らかである」。また、同裁判官は、選択的別氏という観点からも多数意見を批判している。「現実の社会において……晩婚化、非婚化が進んでいる上、離婚及び再婚も増加し……夫婦と子どものみの世帯の割合が大きく減少し……およそ〔同氏の〕例外を許さないことの合理的な根拠を説明することが難しくなっている……夫の氏を選択する夫婦が圧倒的多数を占めており……双方の真に自由な選択の結果ということ自体にも疑問が生ずる」。

第5章 参政権

日本国憲法前文は、「……そもそも国政は、国民の厳粛な信託によるものであつて、その権威は国民に由来し、その権力は国民の代表者がこれを行使し、その福利は国民がこれを享受する。」と規定している。そして「主権が国民に存」し、国民は「正当に選挙された国会における代表者を通じて」行動することを宣言している。これを受けて憲法一五条一項は、公務員の選定・罷免は国民固有の権利であるとし、さらには、その選挙権の行使が国民一人ひとりの自由な意思に基づいてなされるように、投票の秘密が保障されている（同条四項）。そこで、本章においては、選挙権を中心に、①投票価値の平等、②投票の機会の保障、③投票の秘密に関し判例を紹介することにする。

第1節 投票価値の平等

憲法一五条三項は成年者による普通選挙を保障しており、財産および納税を選挙資格の要件とすることはできない。また同法四四条は「選挙人の資格」について「人種、信条、性別、社会的身分、門地、教育、財産又は収入によって差別してはならない」ことを確認している。さらに、憲法一四条一項の法の下の平等の観点から、選挙権の内容、つまり「投票価値の平等」も保障されていると解されている。

この投票価値は、選挙区における選挙人の数と、そこから選出される議員数によって左右される。もっとも、選挙制度を決定するにあたり、投票価値の平等が唯一絶対の基準とされるわけではない。正当に考慮できる他の政策（人口過疎地域からも最低一人の代表を選出するなど）といわば調和的に保障されるのである。

憲法四七条も「選挙区、投票の方法その他両議院の議員の選挙に関する事項は、法律でこれを定める。」とし立法府にその裁量の余地を認めている。しかしながら、同時に、投票価値の平等は立法府の裁量行使にあたっての単なる一要素ではなく、重要な政策目的であるとされている。そこで、どのような投票価値の不平等が立法府の裁量を考慮してもなお憲法に違反するのかが問われるのである。最大較差が約一対五に開いたことをもって、この裁量の限界を超えているとした判例を紹介しよう。

1　衆議院議員定数配分不均衡訴訟（最大判昭和五一・四・一四民集三〇巻三号二二三頁）

●事実の概要

昭和四七年一二月一〇日の衆議院議員選挙の千業県第一区の選挙（以下、本件選挙）につき、この選挙区の選挙人が、千葉県選挙管理委員会を被告として、公職選挙法（以下、公選法）二〇四条に基づき本件選挙を無効とする判決を求めて訴えを提起した。原告の主張は、本件選挙当時、投票価値に多大な較差があり（一対四・九九）、合理的根拠なくその住居によって不平等な取扱いを受けた。そこで議員定数を定める公選法別表第一および同法附則七項ないし九項は憲法一四条一項に違反し無効であり、これに基づく本件選挙も無効であると主張した。

原審は、本件選挙における投票価値の不平等は、いまだ国民の正義公平観念に照らし容認できない程度にいたっているとは認められないとして請求を棄却した。最高裁は破棄自判。上告人の請求を棄却し、本件選挙は有効であるとした。

●─判　旨

（1）　投票価値の平等と憲法の保障

まず、国民の国政への参加の機会は平等に保障され、それは単に選挙資格の有無にとどまらず投票価値の平等をも含むものである。「選挙における投票という国民の国政参加の最も基本的な場面においては、国民は原則として完全に同等視されるべく、各自の身体的、精神的又は社会的条件に基づく属性の相違はすべて捨象されるべきである〔が〕……単に選挙人資格に対する制限の撤廃による選挙権の拡大を要求するにとどまらず、更に進んで、選挙権の内容の平等、換言すれば、各選挙人の投票の価値……においても平等であることを要求せざるをえない……憲法一四条一項に定める法の下の平等は、選挙権に関しては、国民はすべて政治的価値において平等であるべきであるとする徹底した平等化を志向する」。

（2）　選挙制度と投票価値の平等

しかし、広く選挙制度の仕組みをいかなるものとするかは、国会の裁量にゆだねられており、投票価値の平等も唯一絶対の基準ではなく、他の政策との関連において調和的に実現される。「代表民主制の下における選挙制度は、選挙された代表者を通じて、国民の利害や意見が公正かつ効果的に国政の運営に反映されることを目標とし……その国の事情に即して具体的に決定され……両議院の議員の各選挙制度の仕組みの具体的決定を原則として国会の裁量にゆだねている……投票価値の平等についても、これをそれらの選挙制度の決定について国会が考慮すべき唯一絶対の基準としているわけではなく……国会が正当に考慮することのできる他の政策的目的ないしは理由との関連において調和的に実現されるべきものと解されなければならない」。

もっとも、投票価値の平等は、国会の裁量権の行使の際における考慮事項の一つにとどまらず、もしも現実に投票価値の不平等が生じているならば、それは「国会が正当に考慮することのできる重要な政策的目的ないしは理由に基づく結果として合理的に是認することができるものでなければならない」。

（3） 中選挙区単記投票制

本件の中選挙区単記投票制において、選挙区と議員定数を決定するには、歴史的、地理的条件など種々の考察が必要である。そこで裁判所が、限られた資料、視点からその適否を判断することは許されない。「選挙区を区分し、そのそれぞれに幾人の議員を配分するかを決定するについては……従来の選挙の実績や、選挙区としてのまとまり具合、市町村その他の行政区画、面積の大小、人口密度、住民構成、交通事情、地理的状況等……更にまた、社会の急激な変化や、その一つのあらわれとしての人口の都市集中化の現象など……これらをどのように評価し……反映させるかも、国会における高度に政策的な考慮要素の一つである」。

その結果、裁判所による審査は「特に慎重であることを要し……投票価値の不平等が、国会において通常考慮しうる諸般の要素をしんしやくしてもなお、一般的に合理性を有するものとはとうてい考えられない程度に達しているときは、もはや国会の合理的裁量の限界を超えている」としてその判断をくつがえすことが可能になる。

この基準に従い本件を検討すると、選挙区間の投票価値の最大較差は「約五対一の割合に達していた……右の開きが示す選挙人の投票価値の不平等は、前述の……政策的裁量を考慮に入れてもなお、一般的に合理性を有するものとはとうてい考えられない程度に達している」。

（4） 合理的是正期間

このように、投票価値に著しい較差が生じていたのであるが、そのことだけで議員定数配分規定を違憲と判断すべきではない。それは、急激な人口変動に対し、これと歩調をあわせて頻繁に定数を変更することは必ずしも望ましいものとはいえず、したがって「合理的期間内における是正」がなされない場合に限って違憲となる。「選挙区制と議員定数の配分を頻繁に変更することは、必ずしも実際的ではなく、また、相当でもない……人口の変動の状態をも考慮して合理的期間内における是正が憲法上要求されていると考えられるのにそれが行われない場合に始めて憲法違反と断ぜられる」。

しかし本件選挙においては、この合理的是正期間は徒過している。その理由としては「公選法自身その別表第一の末尾において同表はその施行後五年ごとに直近に行われた国勢調査の結果によって更正するのを例とする旨を規定しているにもかかわらず……八年余にわたつてこの点についての改正がなんら施されていない」。

（5） 違憲判決と選挙の効力

以上のように、本件規定は違憲である。そして本来、違憲な法律は無効であるが、それがきわめて不当な結果を生じる場合には、「別個の、総合的な視野に立つ合理的な解釈」がなされなければならず、本件の場合もこれに当てはまる。その理由は「本件議員定数配分規定……に基づく選挙を当然に無効であると解した場合……右選挙により選出された議員がすべて当初から議員としての資格を有しなかつたこととなる結果、すでに右議員によつて組織された衆議院の決定を経たうえで成立した法律等の効力にも問題が生じ、また、今後における衆議院の活動が不可能となり、前記規定を憲法に適合するように改正することさえもできなくなる」。

そこで、本件選挙は違憲・違法ではあるが、その効力を維持する必要がある。そのために、本件選挙を争う根拠とされた公選法二〇四条は選挙の効力を争う訴訟であることを前提に、この訴訟についての総則的な規定を置く行政事件訴訟法に依拠して、その三一条一項のいわゆる事情判決の考え方に沿って事件は解決されるべきである。

もっとも、公選法二一九条は明文において、同法二〇四条の訴訟には行政事件訴訟法三一条は準用されないとしている。しかしながら「高次の法的見地から」この法理は適用される。「本件のように、選挙が憲法に違反する公選法に基づいて行われたという一般性をもつ瑕疵を帯び、その是正が法律の改正なくしては不可能である場合については……前記行政事件訴訟法の規定に含まれる法の基本原則の適用により、選挙を無効とすることによる不当な結果を回避する裁判をする余地もありうる」。

以上の多数意見に対しては反対意見が付されている。その内容は、大きく分けると、千葉県第一区の選挙のみを全体から切り離して違憲・無効として請求を認容すべしとするもの、もう一つは、本件訴訟は公選法二〇四条が本来予定していないものであるから訴えは却下されるべきということである。

●——反対意見

五裁判官（岡原昌男、下田武三、江里口清雄、大塚喜一郎、吉田豊各裁判官）による反対意見の結論は、本件規定は「千葉県第一区に関する限り違憲無効であり、これに基づく選挙もまた無効なものとして、上告人の請求を認容す」る、ということである。

こう考える理由として、まず、多数意見は本件配分規定は全選挙区について違憲となるとした。「選挙区割及び議員定数の配分は……相互に有機的に関連し、一の部分における変動は他の部分にも波動的に影響を及ぼすべき性質を有するものと認められ、その意味において不可分の一体をなすと考えられる……不平等を招来している部分のみでなく、全体として違憲の瑕疵を帯びる」と判示した。

これに対して、五裁判官の反対意見は「一部選挙区について投票価値不平等の違憲の瑕疵があるとしても……必然的に他の選挙区全部について違憲の瑕疵を来すもの」ではないとする。そして当初は、議員総定数と選挙人数、選挙区割および議員配分定数との間には密接な関連性があったのであるが、その後は「専ら人口の激増した選挙区のうちの一部についてのみ議員定数の増加及び選挙区の分立の措置を講じ……先ず議員総定数を確定してから、それを各選挙区に公平に配分し直したものではない……〔こ〕のことは、とりもなおさず、一選挙区についての投票価値不平等の違憲は必ずしも他の選挙区についての違憲を来さないと考えることができることを意味する」としている。

そして、千葉県第一区は二人半の選挙人によって全国平均の一人の選挙権を行使できるにすぎないとし、その較差の大きさを指摘している。なお、一部の選挙区を無効とした場合、「残余の議員で構成される衆議院において」本件規定を改正するための審議がなされることになり、全国的には平均的投票価値を持つ選挙区が圧倒的に多いので、衆議院が活動できなくなることはないとしている。

岸盛一裁判官もまた、その反対意見の中で、この一部選挙区を無効とする考え方に賛同している。「投票価値の最上限と最下限との中間には……違憲の問題が生じる余地のない選挙区も多数存在する……それら……についてまで一蓮托生的に配分規定全部を違憲とすることは妥当でない」。

このように、一部選挙区の選挙を無効とし上告人の請求を認容する考え方に対し、天野武一裁判官の反対意見は、逆に、訴えを却下すべきとしている。その理由は、公選法二〇四条は、あくまで既存の選挙法規を前提に、これに違反する選挙を無効とし再選挙を行おうとするものであるからである。議員定数配分規定そのものが無効であり、これに従って行われた選挙も無効であるとの訴えは、法の予定するところではないとしている。「この訴訟は、現行法上、選挙法規及びこれに基づく選挙の当然無効を確定する趣旨のものではなく、選挙管理委員会が法規に適合しない行為をした場合にその是正のため当該選挙の効力を失わせ改めて再選挙を義務づけるところにその本旨がある……選挙法規を正当に適用することにより、その違法を是正し適法な再選挙を行いうるようなものに限られる」。

以上は衆議院議員選挙における投票価値の平等に関する判例の紹介であるが、国会の他の一院である参議院の議員選挙における投票価値についてはどのような議論があるのであろうか。これについては、まず、参議院議員の選出方法が総議員数二五〇名を全国選出議員（比例代表選出議員）一〇〇名と地方選出議員（選挙区選出議員）一五〇名とにわけていることに注意する必要がある。そして、後者についてのみ投票価値が問題となるのであるが、選出議員に都道府県代表としての性格をもたせ、憲法が三年ごとの半数改選を掲げているため、偶数二名をまず割り当て、人口数に応じて偶数八名までを割り当てている。このような制度を前提とした場合、投票価値の平等は「人口比例主義を最も重要かつ基本的な基準とする選挙制度の場合と比較して、一定の譲歩を免れない」。

そこで、最高裁は投票価値の較差が一対五・二六、一対五・三七、一対五・五六、一対五・八五と徐々にその差が広がりつつも「いまだ違憲の問題が生ずる程度の著しい不平等状態が生じていたとするには足りない」と判示してきた。しかし平成四年七月二六日施行時において最大較差一対六・五九は、違憲の問題が生ずる程度の著しい不平等状態が生じていたとの判断が下されるにいたった。この事件について紹介しよう。

2 参議院議員選挙における投票価値の平等（最大判平成八・九・一一民集五〇巻八号二二八三頁）

原判決は、いわゆる事情判決の法理により請求を棄却したが、多数意見は破棄自判。原判決を変更して請求を棄却した（合理的是正期間を徒過していない）。

●—判　旨

（1）多数意見は参議院議員が都道府県代表の性格を有し、半数改選が憲法上の要件であることから、投票価値の平等は一定の譲歩を免れないとしながらも一対六・五九の較差は「違憲の問題が生ずる程度の著しい不平等な状態が生じていた」とする。そして、総議員数を増減しないで「較差の是正を図ることには技術的な限界がある」ことは認めるものの「本件選挙後に行われた……改正により、総定数を増減しないまま七選挙区で改選議員定数を四増四減する方法を採って……最大較差が一対四・九九に是正された」ことを指摘している。

（2）しかしながら、本件において較差是正のための合理的是正期間はいまだ徒過していないとしている。その理由としては、参議院の任期が六年でしかも解散がないことから、議員定数配分についても長期にわたって固定し国民の利害や意見を安定的に国政に反映しようとしていること、五年ごとの国勢調査の結果による更正を命ずる規定は参議院にはないこと、昭和六三年一〇月当時、一対五・八五の較差について「いまだ違憲の問題が生ずる程度の著しい不平等状態が生じていたとするには足りない」との最高裁の判断が示されていたことなどがあげられている。

この多数意見と同様に、投票価値に著しい不平等な状態が生じていたとするのが園部裁判官である。しかしながら、園部裁判官はとくに四人区以上の選挙区の較差について重視している点で多数意見とやや理由を異にしている。

●――園部逸夫裁判官の「意見」

まず、二院制の特色を生かすために、参議院を衆議院とは異なったものとすることは許され、さらに、「地域代表的な要素を加味した場合には、その部分については、人口比例主義を基本とすることができ」ず、地方選出議員については「最低二人以上の定数偶数配分をして、半数改選を可能にするとともに地域代表的な要素を加味している」。

しかしながら、定数四人以上の選挙区においては、「人口比例を考慮した配分がされたものであることが明らかであるから（本件選挙当時の公職選挙法別表第二）、これらの選挙区相互間において定数の不均衡が生じているときに、その不均衡状態を国会の裁量権の行使の結果であるとして当然に許容すべきものであるとすることはできない」。本件において定数四人以上の選挙区間での最大較差は一対四・五四に達しており本件定数配分規定は違憲である（なお、園部裁判官は違憲となる較差を衆議院議員については一対二、参議院議員については偶数配分が前提となっている四人以上の選挙区について一対四をそれぞれ超える場合としている）。

この四人以上の選挙区の較差についての考え方をさらに詳細に説明し、本件選挙当時、投票価値の不平等が看過しがたい程度に達しており、合理的是正期間も徒過していたとし、事情判決の法理により請求を棄却するのが六裁判官による反対意見である。

●――反対意見（大野正男、高橋久子、尾崎行信、河合伸一、遠藤光男、福田博各裁判官）

（1）　まず、参議院の選挙制度について、その制定当時、地方選出議員の選挙区制については、「都道府県をそのまま用い……最低二人の定数を一律に配分し……残余の定数については、人口比例の観点に立ち各選挙区における人口の大小に応じこれに比例して……偶数の議員数を付加配分」したものである。その結果、定数が四人以上の選挙区（付加配分区）間において、較差が二倍を超える選挙区は二区にとどまり大部分は二倍以内に納まっていた。

（2）　ところが本件選挙においては、較差は一対六・五九に達し付加配分区でも一対四・五四に達している。「付加配分された議員数五八人については……特に人口比例原則が忠実かつ厳格に遵守され続けていかなければならないものと解されるところ、右のような較差は著しく不平等である」。

（3）　さらに、合理的是正期間が徒過していることについて、昭和二二年四月当時に較差が一対二・五一だったものが、昭和四六年には一対五・〇八、昭和五二年には一対五・二六、昭和五五年には一対五・三七、昭和五八年には一対五・五六と漸次的に較差が増大している。そして問題なのは、これらが政策によってもたらされたのではなく、不合理であることが認識されながらも修正されないままであったことである。そこで、昭和五〇年代半ばころに最大較差が五倍を超え、付加配分区において三倍を超えていたと考え、本件選挙当時は「国会における是正のための合理的期間をはるかに超えていたことは明らかである」（なお、この連名の反対意見に加えて、尾崎、遠藤、福田各裁判官はそれぞれ追加反対意見を表明しているが本書では省略している）。

3 参議院議員選挙における投票価値の平等と国会の裁量（最大判平成二一・九・三〇民集六三巻七号一五二〇頁）

事実の概要

平成一九年七月二九日施行参議院議員通常選挙について、東京都選挙区の選挙人が、この選挙における議員定数配分規定が憲法一四条に違反し無効であり、選挙も無効であるとして争った事件である。最高裁は、投票価値の最大較差が一対四・八六の本件選挙は憲法に違反しないとしたが、五名の裁判官の各反対意見と、四名の裁判官の各補足意見がある。

判旨

最大判昭和五八年四月二七日（民集三七巻三号三四五頁）以降示された、基本的な判断枠組みを変更する必要は認めない。

その枠組みについて最高裁は「投票価値の平等は、選挙制度の仕組みを決定する唯一、絶対の基準となるものではなく、参議院の独自性など、国会が正当に考慮することができる他の政策的目的ないし理由との関連において調和的に実現されるものである……参議院議員の選挙制度の仕組みは、憲法が二院制を採用し参議院の実質的内容ないし機能に独特の要素を持たせようとしたこと、都道府県が歴史的にも政治的、経済的、社会的にも独自の意義と実態を有し一つの政治的まとまりを有する単位としてとらえ得ること、憲法四六条が参議院議員については三年ごとにその半数を改選すべきものとしていること……社会的、経済的変化の激しい時代にあって不断に生ずる人口の変動につき、それをどのような形で選挙制度の仕組みに反映させるかなどの問題は、複雑かつ高度に政策的な考慮と判断を要するものであって、その決定は、基本的に国会の裁量にゆだねられているものである。しかしながら、人口の変動の結果、投票価値の著しい不平等が生じ、かつ、それが相当期間継続しているにもかかわらずこれを是正する措置を講じないことが、国会の裁量権の限界を超えると判断される場合には……憲法に違反する」。

平成一六年大法廷判決において最大較差一対五・〇六が違憲とはいえないとしたが、六名の反対意見およびこれを放置すれば違憲とされる可能性を示唆する補足意見四名があり、これを受けて法改正がなされ（本件改正）最大較差一対四・八四に縮小した。本件選挙は、本件改正の約一年二ヵ月後に行われたが「最大較差は一対四・八六であったところ、この較差は……前回選挙当時……に比べて縮小したものとなっていた。本件選挙の後には、……選挙制度に係る専門委員会が設置されるなど、定数較差の問題について今後も検討が行われることとされている……現行の選挙制度の仕組みを大きく変更する……ことは極めて困難であった……以上のような事情を考慮すれば、本件選挙までの間に本件定数配分規定を更に改正しなかったことが国会の裁量権の限界を超えたものということはでき」ない。

4　名古屋市議会議員選挙と投票の価値（最三判平成八・九・二四判タ九二二号一九一頁）

投票価値の平等の要請は、衆参両議院の議員選挙の場合のみならず、地方公共団体の議会の議員選挙にも及ぶ。しかしこの場合、選挙区の定め方等については公選法に若干の規定があり、それが投票価値の平等にどのような影響を及ぼすか議論されている。ここでは、指定都市での投票価値が問題となった事件を紹介しよう。

まず、指定都市（地方自治法二五二条の一九第一項）の議会の議員の選挙については、区の区域をもって選挙区としなければならない（公選法一五条六項但書き）。そして各選挙区において選挙すべき議員の数は、人口に比例して条例で定めなければならず、特別の事情があるときは、概ね人口を基準とし地域間の均衡を考慮して定めることができるとされている（公選法一五条八項）。

平成七年四月九日の議会議員一般選挙当時、名古屋市の議員定数は七八名（地方自治法九一条一項からすれば八八名のところ）であり、選挙区間における投票価値の最大較差は一対一・七三であり、いわゆる逆転現象が一四通りあったが、最高裁は、この較差をもって直ちに違憲とはいえないと判示した。

●―判　旨

（1）　投票価値の平等の保障は地方公共団体にも及ぶことを前提に、前述の公選法一五条六項但書き、同条八項但書きの規定から「区のうち配当基数（当該指定都市の人口を当該市議会の議員定数で除して得た数をもって当該区の人口を除して得た数）が一を大きく下回るものについても、これを一選挙区として定数一人を配分すべきことになるから……投票価値の較差が相当大きくなることは避けられない」。

（2）　また、概ね人口を基準として定数配分をなすことが許される「特別の事情」について、いかなる事情がこれにあたるのか、また、この場合にどの程度の修正を加えるべきかについて客観的な基準が示されておらず、したがってこれらについては議会の裁量的判断にゆだねざるを得ない。そこで現実の定数配分が違法となるのは「指定都市の議会において地域間の均衡を図るなどのため通常考慮し得る諸般の要素を斟酌してもなお、一般的に合理性を有するものとは考えられない程度に達しているときは……当該議会の合理的裁量の限界を超えているものと推定され、これを正当化すべき特別の理由が示されない限り、公選法一五条八項違反と判断され」る。

（3）　本件においては、人口比例原則に基づく配分（人口比定数）によれば、較差は一対一・四三となり、現実の最大較差は一対一・七三である。「右の値は人口比定数によった場合の最大較差を上回るものであるが、公選法一五条八項ただし書の定めがある以上……直ちに違法ということができないことは当然であり……逆転現象が少なからず存在するなど人口比例原則に反する点があることは否定し難いとはいえ、公選法が定める前記のような指定都市の議会の議員の選挙制度の下においては……右のような投票価値の不平等は、前示の諸般の要素を斟酌してもなお一般的に合理性を有するものとは考えられない程度に達していたものとはいえ」ない。

アメリカの判例

選挙区の形をどのように定めるかによって、そこから選出される議員も大きく影響を受ける。たとえば遍在する少数民族から代表を選出しようとする場合、選挙区の形を多数派の民族が居住している地域をはずし、少数民族の地域を取り込むように設定するのである（以下、ゲリマンダリング）。結果としてその選挙区はあたかも鳥が翼を広げたかのごとく奇妙な形となるが、このような選挙区割の方法は、許されるものであろうか。

これについては、代表を議会に送ることが困難な少数派への配慮としてどこまでこのゲリマンダリングが憲法上許されるのか、この問題に対処する裁判所の審査基準はいかなるものであるか、そして選挙区設定にあたり諸々の要素を考慮する立法府の裁量をどうみていくか、など困難な問題が提起されている。

合衆国最高裁の裁判官の意見も大きくわかれているが、ごく大まかにいうと、この問題について厳格な基準に従って違憲と判断する多数意見、および、選挙区割における立法府の裁量を重視する反対意見にわかれている。

人種を考慮した不規則な形の選挙区の設定と平等原則（Bush v. Vera, 517 U.S. 952 (1996)）

●事実の概要

テキサス州では、一九九〇年の人口調査の結果、人口が増加していることが判明し、合衆国議会の下院に新たに三つの議席を得ることになった。人口増加は、ダラス、ヒューストンなどの都市部の少数民族・人種に著しかったため、新しい選挙区からはアフリカ系アメリカ人やスペイン系アメリカ人の代表者が選出されるように区割がなされた。この選挙区に基づいて一九九二年に選挙が実施されたが、この州の三〇の選挙区のうち二四地区は人種的ゲリマンダリングであり修正一四条の平等保護に違反するとして、テキサス州の選挙人が訴えを提起した。

原審は、三つの新設の選挙区は修正一四条に違反するとした。合衆国最高裁も相対的多数意見の形成にとどまったが、結論においては原審の判断を支持した。オコナー裁判官が最高裁のジャッジメントを述べている（首席裁判官とケネディ裁判官が同調）。

●判　旨

（1）　厳格審査（strict scrutiny）の適用

厳格審査が用いられるのは、区割の際に、伝統的な慣習的基準が相当程度無視され、それらが人種の考慮よりも下位に置かれている場合である。すなわち、区割をなす動機が、人種をその一要素としているだけでなく、支配的な要素としている場合に厳格審査がなされる。

もっとも、この事件の場合、伝統的な基準は完全には無視されていない。なぜなら、カウンティの境界線は維持され、現職の議員の議席を確保するとの目的が区割に大きく影響している（現職の議席を守ることは、その相互の競争を避けるために限定的になされるならば正当な目的とされている）。また、共通の利害を有する地区を一つにまとめ、実際の交通網が考慮されているからである。

しかし、本件での区割においては、これら伝統的基準が人種的考慮の下位に置かれている。その理由は、区割の際に用いられたデータの詳細さである。人種についてはブロックごとに集積されたデータが用いられたのに対して、人種以外については選挙区ごとのデータが利用されていたにすぎないからである。

（2） 厳格審査と本件選挙区

厳格審査は二つの側面からなされる。一つは、これらの選挙区が州のやむにやまれぬ利益のために設定されたものかどうか、もう一つは、この利益を達成するために必要な限りでの狭い手段であるかどうか、である。

① やむにやまれぬ利益　本件の選挙区は、選挙権法（42 U.S.C. §1973）に州が違反しないように設定されている。この法律を州が遵守することは、「やむにやまれぬ利益」といえる。この選挙権法は、人種や肌の色を理由として市民の選挙権を制限することを禁止し、立候補または選挙という政治プロセスに市民が公平に参加できなければならないとしている。少数民族から代表者を選出できるように区割がなされているのは、州がこの責任を果たすためである。しかし、そのために、本件の区割が必要な限りで狭く定められているかは別途考察される。

② 目的達成のための狭い手段　選挙権法を遵守するための方法として、いかなる区割をなすかについて州にはある程度の裁量が認められる。しかし選挙権法上の責任を州が問われるのは、次の三つの要素が存在する場合である。(a)少数民族が、一人区において多数派を形成する程度に人口が多く、かつ、地理的に密集していること、(b)それらが政治的にまとまっていること、(c)少数民族からの優勢な候補者を常時落選させるため白人の多数派が投票していること、である。

本件の選挙区は小さく、孤立した少数民族の地区をも取り込んで一つの選挙区としている。このことは、選挙権法上の責任を回避するというやむにやまれぬ利益のために、狭く区割したとはいえない。なぜなら、(a)に関し、少数民族の人口が散在しているならば、少数民族が多数派となる選挙区を設定する責任を州はそもそも負っていないからである。

このジャッジメントに対して三つの「意見」が付されている。これらはいずれも、人種を考慮した選挙区割を行ったことを問題とし、厳格な基準によって裁判所は審査すべきとしている。

●――三名の裁判官による意見

オコナー裁判官は、ダラス周辺では、少数民族が多数派となるような選挙区を作る必要性があったことは認めつつも、区割がもっぱら人種を考慮することに偏っていたことを指摘し、トーマス裁判官は、少数民族を多数派としようとの意図により選挙区を設定すれば、必然的に伝統的な区割の基準は人種の考慮のもとに置かれているとみることができ、厳格な基準による審査が求められるとする。また、ケネディ裁判官は白人、少数民族いずれを多数派としようとしてもその選挙区割は厳格な基準により審査されなければならないとしている。

これに対して、本件の選挙区割は人種を考慮したというよりむしろ政治的なゲリマンダリングであり、厳格な基準による審査をなすべきではないとし、さらに、選挙区割に関する議会の裁量を重視すべきとするのがスチーブンス裁判官である。

●――スチーブンス裁判官の反対意見（ギンズバーグ、ブレヤー各裁判官が加わる）

（1） 選挙区割に際しては、さまざまな要素を考慮することが必要である。一つの要素だけがもっぱら考慮されることはめったにない。また本件の選挙区において、人種を考慮した基準が他の伝統的な基準を上回っているとはいえない。その理由として、この区割に基づく一九九二年の選挙においては、現職の候補者二七名中、二六名が再選されており、この区割が現職の議席確保を目的としていたことは明らかである。また、この区割は、土地利用や交通網などコミュニティの存在を考慮してなされてもいる。

（2）選挙区の設定は、立法府にとって最も困難な問題であるから、競合する利益を衡量し、政治的判断を下すに必要な裁量が認められなければならない。

長らく排除されてきたグループに、民主的プロセスへの参加の機会を認めながら、政治的対立に解決をもたらそうとする州の判断に裁判所が不必要な介入をなすことは憲法上要請されていない。

さらに、選挙区割の問題は政治にかかわるものであり、裁判所がこれに介入すべきでないとするのがスータ裁判官である。

●スータ裁判官の反対意見（ギンズバーグ、ブレヤー各裁判官が加わる）

選挙区を定める責任は、まず、州にゆだねられている（合衆国憲法一条）。最高裁も州によって広く受け入れられている伝統的な区割の基準を実務上のインフォーマルな基本秩序と考え、相当程度の敬意をこれに対して払ってきた。そして、この基準を排除するのは、特定のグループに対する相当な侵害がなされている場合である。

人種を考慮した選挙区が問題とされるのは、人種が支配的要素である場合、または伝統的な基準が相当程度無視された場合であるとされている。しかしながら、これによっては、錯綜する政治の世界を規律することはできない。伝統的な基準は人種を考慮することなしには適用できないからである。たとえば、伝統的な基準である「コミュニティの統一性」を維持する区割を行おうとする場合、住民の多数が一定の人種で占められているなら、これを考慮することなしにコミュニティの統一を維持することはできない。

少数民族が多数派となる選挙区を作ると修正一四条の平等保護条項違反が問われ、逆にこれを作らなければ選挙権法上の責任を問われる。こうした膠着状態をもたらす考え方は、結果として選挙区に関する責任の空白を生じさせ、ひいてはその責任を政治部門から裁判所にシフトさせることになる。

第２節　投票の機会の保障

選挙権については、普通選挙、投票価値の平等の保障に加えて、さらに、それを現実に行使すること、すなわち投票の機会も保障されていると考えるべきであろう。しかしながら、その保障のためにいかなる手段を講ずべきかについて憲法上、明文の規定は存在しない。そこで、この点について、いわゆる在宅投票制度の廃止が争われた事件の中で議論されているので紹介しておこう。

1　在宅投票制度廃止事件（最一判昭和六〇・一一・二一民集三九巻七号一五一二頁）

●事実の概要

原告は、雪降しの作業中に転落したのが原因で歩行困難となり、昭和三〇年ごろから車イスに乗ることも難しくなった。ところで公選法および同法施行令は、疾病その他のため歩行が著しく困難である選挙人について投票所に行かずに投票できる、いわゆる「在宅投票制度」を定めていたが、この制度が悪用されたために昭和二七年に廃止された。

その結果、原告は昭和四三年から四七年までに施行された合計八回の選挙に投票することができなかった。そこで、在宅投票制度は在宅選挙人に対し「投票の機会」を保障するための憲法上必須の制度であり、これを復活しないこと（立法不作為）は憲法一五条一項、三項に違反すると主張した。そしてこのことは、国会議員による「違法な公権力の行使」であり、これによって投票できないという精神的損害を受けたとして国を被告に八〇万円の賠償請求を行った。

第一審は請求を一部認容した。在宅投票制度の廃止の目的は、多発した選挙違反に対処するためであり正当である。しかし、これを廃止すれば在宅投票人が選挙権を行使することは不可能あるいは著しく困難となる。そこで「目的を達成できるより制限的でない他に選びうる手段がない」場合に限ってこれを廃止でき、この点について証明はなされていないと判示した。

原審は原告の請求を棄却した。選挙権の保障には投票の機会の保障も含まれ、国会は合理的と認められるやむをえない事由のない限りは、国民の選挙権の行使の平等を貫徹する立法を義務づけられている。しかし、本件においては、このような立法不作為について国会議員に故意または過失は認められないと判示した。最高裁は上告を棄却した。

●―判　旨

在宅投票制度と立法裁量

「憲法には在宅投票制度の設置を積極的に命ずる明文の規定が存しないばかりでなく、かえつて、その四七条は『選挙区、投票の方法その他の両議院の議員の選挙に関する事項は、法律でこれを定める。』と規定しているのであつて、これが投票の方法その他選挙に関する事項の具体的決定を原則として立法府である国会の裁量的権限に任せる趣旨であることは、当裁判所の判例とするところである」。

このように最高裁は、在宅投票制度の設置に関する憲法上の明文規定がないこと、および選挙に関する事項について立法府に裁量が認められていることから、在宅投票制度の制定・廃止は少なくとも「憲法の一義的文言に違反している」とはいえないと判断している。

2　在外国民の選挙権行使の機会（最大判平成一七・九・一四民集五九巻七号二〇八七頁）

事実の概要

国外に居住していて、国内の市町村の区域内に住所を有していない日本国民（在外国民）は、国政選挙における選挙権行使の機会が制限されていることが問題になった。従来、選挙人名簿に登録されていない者は投票できず、これに登録するためには市町村の区域内に住所を有する満二〇歳以上の日本国民で、住民票が作成された日から引き続き三ヵ月以上その市町村の住民基本台帳に記録されていることが必要であり、在外国民はこの要件を満たすことができなかった。

しかし、平成一〇年に公職選挙法が改正され（本件改正）、在外選挙制度が創設された。もっともその対象は衆・参両議院の比例代表選出議員の選挙に限られていた。そこで、在外国民であることを理由に、衆議院小選挙区および参議院選挙区それぞれの選挙において選挙権の行使の機会が保障されなかったことは憲法一四条一項、一五条一項および三項、四三条ならびに四四条ならびに市民的及び政治的権利に関する国際規約二五条に違反するとして損害賠償等の請求がなされた。

判　旨

「憲法は、国民主権の原理に基づき、両議院の議員の選挙において投票することによって国の政治に参加することができる権利を国民に対して固有の権利として保障しており、その趣旨を確たるものとするため、国民に対して投票する機会を平等に保障している……以上の趣旨にかんがみれば……国民の選挙権又はその行使を制限することは原則として許されず、国民の選挙権又はその行使を制限するためには……そのような制限をすることなしには選挙の公正を確保しつつ選挙権の行使を認めることが事実上不能ないし著しく困難であると認められる場合」に限定される。

「投票日前に選挙公報を在外国民に届けるのは実際上困難であり、在外国民に候補者個人に関する情報を適正に伝達するのが困難であるという状況の下で、候補者の氏名を自書させて投票をさせる必要のある衆議院小選挙区選出議員の選挙又は参議院選挙区選出議員の選挙について在外国民に投票をすることを認めることには検討を要する問題がある……しかしながら、本件改正後に在外選挙が繰り返し実施されてきていること、通信手段が地球規模で目覚ましい発達を遂げていることなどによれば、在外国民に候補者個人に関する情報を適正に伝達することが著しく困難であるとはいえなくなった……また……公職選挙法の一部を改正する法律……が平成一二年一一月一日に公布され、同月二一日に施行され……参議院比例代表選出議員の選挙の投票については……参議院名簿登載者の氏名を自書することが原則とされ……在外国民についてもこの制度に基づく選挙権の行使がされている」。

このような実態を確認したうえで、最高裁は、衆議院小選挙区選出議員の選挙および参議院選挙区選出議員の選挙について在外国民に投票することを認めないことについて、やむをえない事由があるということはできないとした。

3　精神的原因による投票困難者と選挙権行使の機会（最一判平成一八・七・一三集民二二〇号七一三頁）

事実の概要

Aは、いわゆるひきこもりの傾向があり、外出先で他人の姿を見ると身体が硬直し身動きが著しく困難になるなどの症状が現れるため、公職の選挙の際に投票所に行くことが困難で、投票所における投票をすることがきわめて難しい状況であった。昭和四九年法律第七二号による公職選挙法改正同法施行令の改正により、一定の身体障害者についてはその現在する場所において投票用紙に記載し、これを郵送する制度が導入されたが、精神的原因による投票困難者にはこの制度は適用されなかった。Aは、精神的原因による投票困難者に対して選挙権行使の機会を確保することは憲法の命ずるところであり、この措置をとらない立法不作為は憲法に違反し国賠法一条一項の違法の評価を受けるとして、これまでの選挙において選挙権が行使できなかったことに対する損害賠償請求を行った。

●判　旨

「精神的原因による投票困難者については、その精神的原因が多種多様であり、しかもその状態は必ずしも固定的ではないし、療育手帳に記載されている総合判定も……投票所に行くことの困難さの程度と直ちに結びつくものではない。したがって、精神的原因による投票困難者は、身体に障害がある者のように、既存の公的制度によって投票所に行くことの困難性に結び付くような判定を受けているものではない」。

「精神的原因による投票困難者の選挙権行使の機会を確保するための立法措置については、今後国会において十分な検討がされるべきものであるが、本件立法不作為について、国民に憲法上保障されている権利行使の機会を確保するために所要の立法措置を執ることが必要不可欠であり、それが明白であるにもかかわらず、国会が正当な理由なく長期にわたってこれを怠る場合などに当たるということはできない」。

●泉徳治裁判官の補足意見

「選挙権は、実際の選挙において行使することができなければ無意味である……すべての選挙人にとって特別な負担なく選挙権を行使することができる選挙制度を構築することが、憲法の趣旨にかなうものというべきである」。

「〔A〕のような状態の在宅障害者に対しては、郵便等による不在者投票を行うことができることにするか、あるいは在宅のままで投票をすることができるその他の方法を講じない限り、選挙権を現実に行使することを可能にしているとはいえず、選挙権の行使を保障したことにはならない……したがって、投票所において投票を行うことが極めて困難な状態にある在宅障害者に対して、郵便等による不在者投票を行うことを認めず、在宅のまま投票をすることができるその他の方法も講じていない公職選挙法は、憲法の平等な選挙権の保障の要求に反する状態にある」。

アメリカの判例

選挙権が実際に行使できるための工夫として、不在者投票の制度がある。しかし、どのような場合にこれを認めるべきかは難しい問題である。アメリカにおいて、未決の囚人の不在者投票の権利が問題となった事件があるので紹介しておこう。

この判決では、未決囚は選挙権を有しながら、実際には投票できない。しかし、このことは選挙権それ自体が否定されたのではなく、不在者投票の権利が認められなかっただけであるとしている。次に、不在者投票は一定の事由に限って認められる。そしてこのことは、平等保護条項に違反するとの主張がなされている。最高裁は、いかなる場合に不在者投票を認めるかについては立法府に裁量が認められ、裁判所としては、目的と手段との間に合理的関連性があるかどうかを審査するとした。

未決囚の不在者投票の権利（Mcdonald v. Board of Election Commissioners of Chicago, 394 U.S. 802（1969））

事実の概要

上告人らは、自らが居住している郡に位置する刑務所の未決囚である。彼らは選挙権を有しているが、保釈を受けることができない犯罪を犯したとの疑いがあったので、投票所に出頭することが困難であった。不在者投票の制度もあるが、彼らにはこれは認められない。イリノイ州法は不在者投票が認められる場合として、①その理由を問わず、居住する郡内にいないこと、②身体的に能力が欠けており（physically incapacitated）、これについて医師の宣誓供述書を提出していること、③宗教上の休日にあたっていたこと、④他の選挙区の投票立会人であったことをあげているからである。

上告人は①に該当しないために、②を理由に、それを証明する郡刑務所長の宣誓供述書を提出して不在者投票の申請を行った。しかし、上告人は②の要件に該当しないとされ申請は拒否された。上告人はこれらの要件を定めるイリノイ州法は修正一四条の平等保護条項に違反しているとし、訴えを提起した。その理由は、医学上の不可能の場合に不在者投票を認め、上告人のような裁判上の不可能の場合にこれを認めないことは許されないということ、さらに、同じ未決囚であっても自分の居住する郡かそれ以外の郡の刑務所に収容されているかによって不在者投票に差別的取扱いをすることは恣意的であると主張した。

判　旨

（1）　選挙権の制約と厳格審査

州は選挙権の行使の方法について決定する広範な権限を有している。しかし、選挙権は圧倒的に重大な意義を有するから、差別的な取扱いによってこれを制約する場合には、綿密な審査がなされなければならない。さらに、その差別の基準が財産または人種に基づかれているならば、とくに慎重な検討が必要である。

（2） 合理的関連性の基準

しかし、本件においては厳格な審査は必要ではない。本件における差別は財産または人種を理由としておらず、また上告人の選挙権そのものへの制約をもたらしていないからである。すなわち、選挙権ではなく不在者投票をなす権利が制約されているのである。この不在者投票の制度は、投票所への出頭が困難なグループに対して投票を容易に行えるよう意図されている。

このように上告人の選挙権が否定されているのではない本件では、平等違反の主張に対して伝統的に用いられてきた基準で審査がなされる。すなわち法律による差別が、正当な州の目的に合理的に関連性を有しているということである。

（3） 本件の検討

まず、上告人のような未決囚も選挙権の行使を絶対的に妨げられているとの証明はなく、他方、身体上の障害がある者が不在者投票をなすためには、選挙権の行使が絶対的に不可能であるとの医師の宣誓供述書を提出しなければならない。そこで、後者のみに不在者投票を認めたことは合理的である。

また収容されている刑務所が、その居住する郡の中にあるか外にあるかによって不在者投票について差別的取扱いをしているのは、もしも投票所の投票用紙記入所がなければ、居住区の在監者の投票に公務員が影響を及ぼしたくなるであろうとの立法府の判断があるからである。

なお、イリノイ州は、不在者投票の範囲を拡大し上告人にもこれを認めることはもちろん可能である。しかし、この措置をとっていないからといって恣意的であるとはいえない。

第３節　投票の秘密

憲法一五条四項は「すべて選挙における投票の秘密は、これを侵してはならない。……」と規定し、国民の自由意思に基づく選挙権の行使を保障している。しかしながら、この投票の秘密も絶対ではなく、たとえば一定の犯罪の解明のために制約されうる。そこで、どのような理由からいかなる制約が許されるのかが問われることになる。以下、①投票偽造の被疑者について投票内容を取り調べること、②無効投票がいずれの候補者になされていたかを当選無効の手続で取り調べること、③投票用紙から指紋を検出すること、がそれぞれ問題となった事件を紹介する。

1　投票偽造の被疑者の投票の秘密（最一判昭和三〇・二・一七刑集九巻二号三一〇頁）

●事実の概要

被告人Ａは衆議院議員総選挙に関して、投票所受付係であり、被告人Ｂは立候補者の選挙運動者である。両者は共謀して、不在のため投票できない選挙人の投票所入場券を不正に使用して投票を偽造しようと企て、この入場券と引換えに投票用紙の交付を受け自ら投票し、または、第三者に投票を依頼し、投票偽造を教唆したとされている（公選法二三七条三項・四項）。

この取調べの中で検察官はＢに対して「この二票はあなたの投票した二票に相違ないか」との質問をし、Ｂが相違ないと答えたことについて、投票した二票について被選挙人の氏名を供述させることは投票の秘密を侵害するとして上告がなされ、最高裁はこれを棄却した。

●判　旨

「所論供述は本件犯罪の取調に対してなされたものであり……検察官は被告人に対し、被告人のした正規な投票及び不正な投票の被選挙人の氏名の表示を求めたものでなく、被告人が自ら進んで、正規に投票した一票及び不正に投票した一票の被選挙人の氏名を表示し……たにすぎない……それ故、所論のように投票の秘密を犯した廉は認められず、違憲の主張はその前提を欠く」。

この事件では、選挙権の行使にかかわる刑事事件において、被告人自らが投票の内容を開示したということが問題となっていた。ところで、こうした不正投票が発覚すると当選人にも影響が及びうる。そこで、当選の効力を定める行政事件の手続においてどこまで投票の内容について調べることができるかが問われたのが次の事件である。

2　代理投票と当選の効力（最一判昭和二五・一一・九民集四巻一一号五二三頁）

●事実の概要

原告Aは、町会議員選挙において当選したが、異議申立てがなされ、これは却下されたが、被告選挙管理委員会に対し訴願がなされ、その裁決によってAはその当選を失った。その理由は、選挙人本人は投票しなかった投票が実際にはなされていたなど一〇票の無効投票があり、これを各当選者の得票数から控除し残票を次点者と比べたところAがこれを下回ったからである。Aはこの裁決の取消を求めて訴えを提起した。Aは、不正な投票には投票の秘密は保障されないから、一〇票の無効投票が実際にどの候補者に対してなされたかを確定すべきであると主張した。上告棄却。

判　旨

「本件のように選挙権のない者又はいわゆる代理投票をした者の投票についても、その投票が何人に対しなされたかは、議員の当選の効力を定める手続において、取り調べてはならない」。

この事件は、投票の秘密を考慮して当選者から一律一〇票を控除するという方法がとられているが、この方法が最適であるかは問題がある。

斎藤悠輔裁判官は、その反対意見の中で、不正投票が何人に投ぜられたか判明しない場合には、「各候補者の得票数から同時に控除」すべきであるとし、さらに、投票の秘密は正当な選挙権者の正当な投票に対する保障であり「投票の秘密を絶対視するのは濫りに不正を保護するもの」とするのである。

たしかに、斎藤裁判官が指摘する通り、不正な投票に投票の秘密の保障が及ぶとする必要はないかもしれない。しかし、これを安易に許すことにより、正規の投票をなした者に、自分の投票内容が知られ、暴露されるのではないかとの懸念を抱かせることにはならないだろうか。こうした問題を提起しているのが次の事件である。

3　投票済投票用紙からの指紋検出と投票の秘密（最二判平成九・三・二八判時一六〇二号七一頁）

事実の概要

Aは、いわゆる中核派に近い政治的立場をとっていたが、B市議会議員選挙に立候補し当選した。この選挙に先立って中核派の構成員と目される五五名の者がB市の区域内に転入届をしたが、居住の事実が認められなかった。そこで、この転入届は中核派の構成員が謀議のうえ、Aを当選させるためになされたものとみて、公正証書原本不実記載、同行使、さらに選挙人名簿に登録された者については詐偽登録、そして詐偽投票の嫌疑がかけられた。そこで警察官らはこれら犯罪の事実を裏付ける目的で、これらの者の投票所入場券、およびAの名を記載した投票済投票用紙を差し押える許可状を請求し、発付を受けた。そして、押収した投票用紙から指紋の検出を行い、被疑者のうち、警察がその指紋を保管していた二六名のものと照合し、五名についてその一致をみた。

上告人らは、本件の詐偽登録罪等について嫌疑を受けていない者であり、また、その指紋も投票用紙から検出されたものとの照合に利用されてもいない。しかし、上告人らは、本件における投票用紙などの差押えは、投票の秘密にかかる自己の法的利益を侵害するものであるとして、国家賠償法に基づき損害賠償請求を行った。原審は、第一審判決（請求棄却）を支持して控訴を棄却し、上告も棄却された。

最高裁は本件の差押え等によって上告人の投票内容が暴露されたり、またそれを目的としてなされたものでもないので、上告人自身の法的利益は侵害されていないと判示した。

●—判　旨

「本件差押え等の一連の捜査は詐偽投票罪の被疑者らが投票した事実を裏付けるためにされたものであって、上告人らの投票内容を探索する目的でされたものではなく、また、押収した投票用紙の指紋との照会に使用された指紋には上告人らの指紋は含まれておらず、上告人らの投票内容が外部に知られるおそれもなかった……投票の秘密に係る自己の法的利益を侵害されたということはできない」。

最高裁は、探索されたのは上告人以外の無資格者の投票内容であるから、上告人自身の法的利益は侵害されていないとする。しかしこのように言い切れるであろうか。

福田博裁判官はその補足意見の中で、「無資格者の投票については公権力により投票内容の探索が自由にできると解した場合、選挙において必要とされる自由な雰囲気が圧迫され、また、正当な選挙人の投票の秘密まで危険にさらす事態が引き起こされる可能性がある」とする。

もっとも、投票の秘密も絶対ではなく、これを侵害する捜査も例外的に許される。そしてその例外にあたる場合として「当該選挙犯罪が選挙の公正を実質的に損なう重大なものである場合において、投票の秘密を侵害するような捜査方法を採らなければ当該犯罪の立証が不可能ないし著しく困難であるという高度の必要性があり、かつ、投票の秘密を侵害する程度の最も少ない捜査方法が採られるときに限って、これが許される」としている。

第6章　国家賠償と法律による具体化の限界

第1節　公務員の重過失と賠償責任の免除

日本国憲法一七条は「何人も、公務員の不法行為により、損害を受けたときは、法律の定めるところにより、国又は公共団体に、その賠償を求めることができる。」とし、これを受けて、国家賠償法一条一項は「国又は公共団体の公権力の行使に当る公務員が、その職務を行うについて、故意又は過失によつて違法に他人に損害を加えたときは、国又は公共団体が、これを賠償する責に任ずる。」と規定している。また、同法四条は、この法律に規定がない事項については「……民法の規定による。」とし、さらに五条は「……民法以外の他の法律に別段の定めがあるときは、その定めるところによる。」としている。

そこで、問題になるのは、民法以外の国家賠償に関する規定は、いかなる要件を定めていても、優先して適用されることになるのかということである。これについては、国会の裁量を重視しつつも、行政作用によって損害を受けた国民の救済を確実なものとし、これによって国民の公務への信頼・協力を確保するという憲法の考え方に沿う立法のみが有効とされる。この点について、郵便業務従事者の重過失によって損害を被っているにもかかわらず賠償を認めていない郵便法の規定が無効とされた事例があるので紹介しよう。

郵便法無効事件（最大判平成一四・九・一一民集五六巻七号一四三九頁）

●事実の概要

郵便業務従事者が、Aを債権者とする債権差押命令を、特別送達郵便物として第三債務者へ送達するに際して、第三債務者の私書箱に投函したため送達が遅れ、Aは債権差押の目的を達することができなかった。そこで、Aが、国を相手に損害賠償の請求を行った事件である。

ところで、特別送達の取扱いは、書留について、改正前の郵便法（法）六八条、七三条が適用される。これらの規定によれば、国は、①法六八条一項各号に列記された場合（ⅰ書留とした郵便物の全部または一部の亡失又は毀損、ⅱ引換金を取り立てずに代金引換とした郵便物の交付、ⅲ小包郵便物の全部または一部の毀損）に生じた損害を、②同条二項に規定する金額の範囲内で、③差出人またはその承諾を得た受取人に対して賠償するものとしていた。本件において、特別郵便物の差出人は、裁判所書記官であり（民訴法九八条二項）、郵便物の全部または一部の毀損が問題になっていないので、賠償の対象とならない。そこで、Aは、法六八条、七三条が憲法一七条に違反して無効であると主張した。

●判　旨

「憲法一七条は……国又は公共団体に対し損害賠償を求める権利については、法律による具体化を予定している。これは……公務員の行為の国民へのかかわり方には種々多様なものがあり得ることから、国又は公共団体が公務員の行為による不法行為責任を負うことを原則とした上、公務員のどのような行為によりいかなる要件で損害賠償責任を負うかを立法府の政策判断にゆだねたものであって、立法府に無制限の裁量権を付与するといった法律に対する白紙委任を認めているものではない」。

「郵便官署は、限られた人員と費用の制約の中で、日々大量に取り扱う郵便物を……円滑迅速に、しかも、なるべく安い料金で、あまねく、公平に処理することが要請されている……その処理の過程で郵便物に生じ得る事故について、すべて……損害賠償をしなければならないとすれば、それによる金銭負担が多額となる可能性があるだけでなく、千差万別の事故態様、損害について……事実や損害額を確定するために、多くの労力と費用を要することにもなるから、その結果、料金の値上げにつなが〔る〕……おそれがある……郵便制度が極めて重要な社会基盤の一つであることを考慮すると、法六八条、七三条が郵便物に関する損害賠償の対象及び範囲に限定を加えた目的は正当なものである」。

「限られた人員と費用の制約の中で日々大量の郵便物をなるべく安い料金で、あまねく、公平に処理しなければならないという郵便事業の特質は、書留郵便物についても異なるものではない……郵便業務従事者の軽過失による不法行為に基づき損害が生じたにとどまる場合には……国の損害賠償責任を免除し、又は制限することは、やむを得ないものであり、憲法一七条に違反するものではない」。

「しかしながら……郵便業務従事者の故意又は重大な過失による不法行為に基づき損害が生ずるようなことは……ごく例外的な場合にとどまるはずであって……書留の制度に対する信頼を著しく損なう……このような例外的な場合にまで国の損害賠償責任を免除し、又は制限しなければ法一条に定める目的を達成することができないとは到底考えられ〔ない〕……法六八条、七三条の規定のうち、書留郵便物について、郵便業務従事者の故意又は重大な過失によって損害が生じた場合に……国の損害賠償責任を免除し、又は制限している部分は、憲法一七条が立法府に付与した裁量の範囲を逸脱したもので……無効である」。

「特別送達郵便物については、適正な手順に従い確実に受送達者に送達されることが特に強く要請される……特別送達郵便物は、書留郵便物全体のうちのごく一部にとどまることがうかがわれる上に、書留料金に加えた特別の料金が必要とされている……特別送達郵便物の差出人は送達事務取扱者である裁判所書記官であり……送達に直接の利害関係を有する訴訟当事者等は自らかかわることのできる他の送付の手段を全く有していないという特殊性がある。さらに、特別送達の対象となる書類については、裁判所書記官……等が送達を実施することもあるが、その際に過誤が生じ、関係者に損害が生じた場合……公務員の軽過失によって生じたものであっても、被害者は……国家賠償法一条一項に基づく損害賠償を請求し得る」。

最高裁は、特別送達郵便物は、特別料金を課し、利用者がかかわることのできない送付の手段であるにもかかわらず、公務員の重過失によって利用者に損害をもたらしていても、全面的に免責としている点を重視して、憲法一七条の要請を満たさず無効とした。しかし、国賠は様々な分野で問題になりうるし、それぞれの公務の性質・内容等からその成立の要件をいかなるものとすべきか、憲法一七条・国家賠償法の観点から分析することは興味深い。さらに、賠償額についても問題になる。現に発生した巨額な賠償額をすべて支払うならば、その公務の遂行が成り立たない場合、上限を定めることも考えられる。公務員の不法行為ではないが、国の賠償責任に上限を設定していることが問題になったアメリカの事例を参考までに紹介する。

アメリカの判例

原発事故と賠償額の上限（Duke Power Co. v. Carolina Environmental Study Group, Inc., 438 U.S. 59（1978））

●事実の概要

従来、政府の独占であった原子力開発に、民間部門の進出が求められるようになったが、原発事故に際して支払われる巨額の賠償金の支払いがその足かせになっていた。そこで、連邦議会は法律を制定して、一回の事故に際し、賠償額の上限を五億ドルとし、さらに六〇〇〇万ドルの保険に加入しなければならないとした。

その後法改正により、賠償金の請求がなされた場合にも一切の法律上の抗弁が放棄され、また賠償の上限を超える事故が起こった場合には、議会は徹底調査のうえ、公衆をその事故の結果から保護するのに必要かつ適切なありとあらゆる手段を講じることとなった。結局、三億一五〇〇万ドルは六三ある原発の免許者の拠出金から払われ、一億四〇〇〇万ドルは保険から、一億五〇〇〇万ドルは連邦政府が負担することとなった。以上を規定する連邦法律は、原発事故の被害者への適切な補償をしていないので修正五条のデュープロセスに違反する、との宣言を求めて、環境保護団体が訴えを提起した。

原審は、この法律がデュープロセスに違反すると判断した。その理由として、補償額は可能性のある損害に合理的に関連していない、安全・環境保護の問題に関する無責任さを助長させる、賠償に限界を設定することに対する代償措置が講じられていない、ということが指摘された。最高裁は破棄し、差し戻した。

●判　旨

賠償責任に限度を設ける規定は、経済規制の古典的な例である。このような法律が司法審査の対象になった場合には、合憲性の推定がはたらくことが現在では確立している。そのため、立法者が恣意的、不合理に立法していることを確立する負担は、デュープロセス違反を主張している当事者が負うのである。

確かに五億六〇〇〇万ドルでは完全な賠償を行うことはできないが、このことは直ちに不合理でデュープロセスに違反するということにはならない。この賠償額の上限の合理性は二つの関連する配慮に基づいている。すなわち、一つは、この上限を超える原発事故が発生するリスクはきわめて少ないという専門家による評価があること、もう一つは、実際に事故が発生した場合には、さらなる救済を行うための立法が期待されるからである。

上限を超える賠償が必要になる事故が起こる可能性はきわめて低いこと、および、このような規模の原発事故がもたらす結果から公衆を保護するために、必要かつ適切と考えられるいかなる手段をとることをも議会は法律上「確約」している。このような議会の判断は許される限界内であり、デュープロセスに違反しない。

議会が賠償を五億六〇〇〇万ドルまで認め、また、右の「確約」がなされているのは、現実的な賠償責任を課することに対する公正で合理的な代償措置である。なぜならば、事故に対して賠償責任を有するものの資金は初期の段階で尽きてしまうからである。さらに、抗弁権を法律上強制的に放棄させていることによって、被害者の証明責任を免除し、なおその不確かさや遅延の負担から解放することにつながっているからである。

第２節　「違憲」法令と国家賠償法上の「違法」

国会議員によって制定された法律が憲法に違反して無効である場合、その立法行為が違法な公権力の行使であるとして国賠法に基づいて賠償請求がなされることがある。これについて最高裁は、法令それ自体の違憲性と、その立法行為の違法性との問題を区別して論じている。すなわち、法律自体が違憲であっても、その立法行為が議員としての職務上の義務に違反してなされた場合に限って「違法」と判断している。この考え方は「職務行為基準説」と呼ばれているが、これを示した在宅投票制事件を紹介しておこう。

1　在宅投票制廃止事件（最一判昭和六〇・一一・二一民集三九巻七号一五一二頁）

国会が在宅投票制度を廃止し、その後これを復活させる立法を行わなかったことが在宅選挙人の選挙権を侵害し、国会議員による違法な公権力の行使として国賠法一条一項に基づき損害賠償の請求がなされた事件である。

●判　旨

「国会議員の立法行為……が同項の適用上違法となるかどうかは、国会議員の立法過程における行動が個別の国民に対して負う職務上の法的義務に違背したかどうかの問題であって、当該立法の内容の違憲性の問題とは区別される」。

「立法行為の規範たるべき憲法……の解釈につき国民の間には多様な見解があり……国会議員は、これを立法過程に反映させるべき立場にある……憲法五一条が……国会議員の発言・表決につきその法的責任を免除しているのも……立法行為は、本質的に政治的なものであって、その性質上法的規制の対象になじまず……法的に評価するということは、原則的には許されない……立法の内容が憲法の一義的な文言に違反しているにもかかわらず国会があえて当該立法を行うというごとき、容易に想定し難いような例外的な場合でない限り……違法の評価を受けない」。

最高裁は、憲法の意味についても多様な見解が国民の間に存在しうるとし、それを立法の中にどのように取り入れていくかは、本質的に政治的であって法的責任にはなじまない。ただし「憲法の一義的な文言」に反するにもかかわらず「あえて当該立法を行う」という「容易に想定し難いような例外的な場合」にはじめて法的責任、つまり国賠法上の違法に当たるとする。

国賠法の「違法」に関しては、その後も「職務行為基準説」に基づいて判断されているが、「違法」が認定されたのが、在外国民の選挙権に関して問題になった事件である。

2 在外国民への選挙権の保障（最大判平成一七・九・一四民集五九巻七号二〇八七頁）

●判旨

「〔在外選挙制度を創設した平成一〇年の〕本件改正は……当分の間、衆議院比例代表選出議員の選挙についてだけ投票をすることを認め〔た〕……この点に関しては、投票日前に選挙公報を在外国民に届けるのは実際上困難であり……候補者個人に関する情報を適正に伝達するのが困難であるという……という見解もないではなかった……しかしながら、本件改正後に在外選挙が繰り返し実施されてきていること、通信手段が地球規模で目覚ましい発達を遂げていることなどによれば、在外国民に候補者個人に関する情報を適正に伝達することが著しく困難であるとはいえなくなった」。

「立法の内容又は立法不作為が国民に憲法上保障されている権利を違法に侵害することが明白な場合や……権利行使の機会を確保するために所要の立法措置を執ることが必要不可欠であり、それが明白であるにもかかわらず……正当な理由なく長期にわたってこれを怠る場合などには、例外的に……国家賠償法一条一項の規定の適用上、違法の評価を受ける……在外国民……の権利行使の機会を確保するためには、在外選挙制度を設けるなどの立法措置を執ることが必要不可欠であったにもかかわらず……昭和五九年に在外国民の投票を可能にするための法律案が閣議決定されて国会に提出されたものの……一〇年以上の長きにわたって何らの立法措置も執られなかった……このような著しい不作為は上記の例外的な場合に当たり……過失の存在を否定することはできない。このような立法不作為の結果……本件選挙〔平成八年一〇月二〇日衆議院議員総選挙〕において投票をすることができず……精神的苦痛を被った……したがって……違法な立法不作為を理由とする国家賠償請求はこれを認容すべきである」。

最高裁は、衆議院議員総選挙において在外国民が選挙権を行使できなかったことについて、その行使の機会を確保する法案が閣議決定されてから長期にわたり成立させていなかったこと、この間に、在外国民にこの権利を保障できなかった根拠となる事実、すなわち候補者に関する情報伝達の困難さが解消されていたという、主として二つの理由から正当な理由なく長期にこれを怠ったとした。

なお、最高裁は女性の再婚禁止期間について一〇〇日を超える部分について無効とした事件において、同じく立法事実の変遷を認めながらも、必要な立法措置を執らなかったことは「違法」ではないとした。

3 女性の再婚禁止期間（最大判平成二七・一二・一六民集六九巻八号二四二七頁）

●判　旨

「本件規定は……昭和二二年民法改正当時においては一〇〇日超過部分を含め一定の合理性を有していた……その後の我が国における医療や科学技術の発達及び社会状況の変化等に伴い……その合理性を説明することが困難になった」。

「婚姻及び家族に関する事項については、その具体的な制度の構築が第一次的には国会の合理的な立法裁量に委ねられる事柄であることに照らせば、平成七年判決がされた後も……違憲の問題が生ずるとの司法判断がされてこなかった状況の下において……一〇〇日超過部分が憲法一四条一項及び二四条二項に違反するものとなっていたことが、国会にとって明白であったということは困難である」。

この事件では、婚姻・家族に関する事項については国会に裁量が憲法上認められていること、および、その裁量を重視して合憲判決を下した平成七年判決の存在により、一〇〇日を超える再婚禁止期間が違憲であることが国会にとって明白であるとはいえないとした。このように、客観的には法令が違憲であっても、国会がこれを明白に認識していたかが「違法」の判断において考慮されていることがわかる。このことは、根拠となる法令が無効とされた場合、これに基づく行政作用を行った行政機関にも当てはまる。未成年者に在監者との面会を禁止した規定が無効となった事件（法律の委任の範囲を逸脱した規則が無効となった。この事件の事実の概要と未成年者と在監者との面会禁止に関する議論については本書三三〇頁以下参照）において最高裁は、長期にわたりその有効性に疑問が持たれず実務が行われていた場合には「過失」があったとはいえないとして賠償請求は棄却された。

4　在監者との面会の自由（最三判平成三・七・九民集四五巻六号一〇四九頁）

●――判　旨

「規則一二〇条（及び一二四条）が被勾留者と幼年者との接見を許さないとする限度において法五〇条の委任の範囲を超えた無効のものであるということ自体は、重大な点で法律に違反する……しかし、規則一二〇条……は明治四一年に公布され……本件処分当時までの間、これらの規定の有効性につき、実務上特に疑いを差し挟む解釈をされたことも裁判上とりたてて問題とされたこともなく……法五〇条の委任の範囲を超えることが当該法令の執行者にとって容易に理解可能であったということはできない〔し〕……予見し、又は予見すべきであったということはでき〔ず〕……『過失』があったということはできない」。

同様に、傍聴人に一般的にメモを禁止することは、その表現の自由を侵害するとされた事件（この事件の事実の概要と傍聴人のメモと裁判の公開・表現の自由の関係については、本書〔統治編・改訂第二版〕一九六頁参照）において最高裁は、メモの一般的禁止は相当数の裁判所により執られてきたとの事実を重視して、国賠法上の「違法」とはいえないとした。

5　法廷におけるメモの自由（最大判平成元・三・八民集四三巻二号八九頁）

判　旨

「本件措置が執られた当時には、法廷警察権に基づき傍聴人がメモをとることを一般的に禁止して開廷するのが相当であるとの見解も広く採用され、相当数の裁判所において同様の措置が執られていた……本件措置が配慮を欠いていたことが認められるにもかかわらず、これが国家賠償法一条一項の規定にいう違法な公権力の行使に当たるとまでは、断ずることはできない」。

第7章 思想・良心の自由

日本国憲法は、個人の尊厳に究極の価値を置いている。そして個人の尊厳にとって欠くことのできないものとして、まず、その内面の自由をあげることができる。人が人として生きるためには、自分が他と区別される別の存在であることが自覚されなければならないからである。集団の中にまったく埋没してしまって、自分の存在を自分自身が認識できないところに個人の尊厳はありえない。そこで、憲法一九条も「思想及び良心の自由は、これを侵してはならない。」と規定し個人の内面についての自由を保障している。これにより、いかに嫌悪されている考え方を支持しようとも、そのこと自体を非難することは許されない。この考え方こそがその者をその者たらしめているからである。

この内面の自由が保障されるためには、沈黙の自由が保障されていると考えられる。最二判昭和六三・二・五労働判例五一二号一二頁においては、企業秘密がA政党の機関紙に掲載されたところから、その漏えいを疑われた所員に対して、Aに所属するかを尋ね、否定したので、その旨を書面にすることを求めることが、不法行為にあたるかが問題となった。

最高裁は、企業情報の漏えい調査という目的を明らかとしたうえで、はじめてこのような質問が可能であるとした。「企業秘密の漏えいという企業秩序違反行為の調査をするために行われ……たことの必要性、合理性は、これを肯認することができる〔が〕……右調査目的との関連性を明らかにしないで……党員であるか否かを尋ねたことは、調査の方法として、その相当性に欠ける面があるものの……記事の取材源ではないかと疑われていた……〔所員〕に対し、……〔A〕との係わりの有無を尋ねることには……社会的に許容しうる限界を超えて……精神的自由を侵害した違法行為であるとはいえない」とした。

しかし、これらのことは、あくまで個人の内面にとどまっていることが前提である。殺人を善と考えること自体は否定されないが、これを実行すればそれはもはや内面にとどまらず、外界の法の規制の対象となる。そこで、特定の政治的な主張に基づき、放火等の破壊活動を行うことを考えているだけでは処罰の対象にならないが、これを実行したり、実行させようとして煽動することは、外部への影響をもたらすものとしてその規制は許される。最二判平成二・九・二八刑集四四巻六号四六三頁は「破壊活動防止法三九条及び四〇条のせん動罪は……せん動として外形に現れた客観的な行為を処罰の対象とするものであって、行為の基礎となった思想、信条を処罰するものでない」とし、「せん動は、公共の安全を脅かす現住建造物等放火罪……等の重大犯罪をひき起こす可能性のある社会的に危険な行為であるから、公共の福祉に反し、表現の自由の保護を受けるに値しないものとして、制限を受けるのはやむを得ない」と判断している。

ところが、この内面の問題と外界への作用とを截然と区別できるとは限らない。後者への規制がなお前者への規制の問題を提起することがある。たとえば、相手の名誉を毀損した者に対して、判決により、謝罪広告を命ずる場合、その者に謝罪の意思がないにもかかわらずこれを強制することが憲法一九条に違反するか問題となる。また、ある種の職業において、その業務遂行の要件として特定の団体に加入することが求められる場合がある。この団体が、会員の意に反する政治団体に寄付するため、特別会費を徴収することは憲法一九条に違反しないかが問われることがある。これらについて最高裁の判例を紹介しよう。

第１節　裁判所による謝罪の強制

名誉毀損謝罪広告事件（最大判昭和三一・七・四民集一〇巻七号七八五頁）

●事実の概要

上告人は昭和二七年一〇月一日の衆議院議員総選挙に立候補したが、その選挙運動中に、ラジオと新聞により、対立候補の被上告人が、県副知事在職中に汚職をはたらいていたと公表した。そこで被上告人が名誉毀損を理由に訴えを提起し、第一審、原審ともに請求が認められた。

ところで、改正前の民法七二三条は「他人ノ名誉ヲ毀損シタル者ニ対シテハ裁判所ハ……名誉ヲ回復スルニ適当ナル処分ヲ命スルコトヲ得」と規定しており、本件において第一審裁判所は、これに従い「謝罪広告」を上告人の名前により新聞に掲載することを命じた。その文面は「……放送及び記事は真実に相違して居り、貴下の名誉を傷つけ御迷惑をおかけいたしました。ここに陳謝の意を表します」というものであった。

これに対して上告人は、現在でも自分の公表したところは真実であり、国民の幸福のためにこれを行ったものであることを確信している、それにもかかわらず、心にもない謝罪を強制することは憲法一九条の良心の自由を侵害する、と主張した。最高裁は上告を棄却した。三つの補足意見と二つの反対意見が付されている。

多数意見は、謝罪広告の強制が許されない場合がありうるとしながらも、本件における謝罪広告は上告人の公表したところが、虚偽・不当であったとする程度のもので憲法一九条に違反しないとした。補足意見は、これをもっと徹底し、憲法一九条の保障は、そもそも道徳的な反省等には及ばず、これに基づく謝罪広告の強制は違憲とはならないとする。これに対して反対意見は、謝罪という倫理的判断をその意に反して強制することは、やはり良心の自由を侵すものとしている。

●─判　旨

謝罪広告の強制が、強制された者の人格を無視することになり許されない場合がありうる。「謝罪広告を命ずる判決にもその内容上、これを新聞紙に掲載することが謝罪者の意思決定に委ねるを相当とし……不代替作為として……間接強制によるを相当とするものもあるべく、時にはこれを強制することが債務者の人格を無視し……強制執行に適さない場合に該当することもありうるであろうけれど、単に事態の真相を告白し陳謝の意を表明するに止まる程度のものにあつては、これが強制執行も代替作為として民訴七三三条の手続によることを得るものといわなければならない」。本件における謝罪広告の内容は「上告人に屈辱的若くは苦役的労苦を科し、又は上告人の有する倫理的な意思、良心の自由を侵害することを要求するものとは解せられない」。

●─補足意見および意見

多数意見は、謝罪広告の内容によっては憲法一九条に違反する可能性があるとの含みをもたせているが、もっと明確に、憲法一九条の「良心」には「倫理的内心の自由」はそもそも含まれないとするのが栗山茂裁判官である。

栗山裁判官は、その「意見」の中で、諸外国の憲法を参考に日本国憲法の「良心」は広義の宗教の自由を意味し、倫理的内心の自由を含まず、したがってこれに基づく謝罪広告の強制は憲法一九条に違反しないとする。「憲法一九条の『良心の自由』は英語のフリーダム・オブ・コンシャンスの邦訳であって……信仰選択の自由……の意味である……日本国憲法だけが突飛に倫理的内心の自由を意味するものと解すべきではない」とする。

一方、田中耕太郎裁判官の「補足意見」は、沿革的には「良心」と「信仰」は同意義に用いられていたが、今日においては、より広く理解されるべきと主張している。「憲法一九条の……良心に該当する……外国語は……沿革的には宗教上の信仰と同意義に用いられてきた。しかし今日においてはこれは宗教上の信仰に限らずひろく世界観や主義や思想や主張をもつことにも推及されている」。しかし、田中裁判官は、道義的な反省をするかしないかの自由については憲法一九条の保障は及ばないとする。もしこれに及ぶとすれば、確信犯人の処罰や債務の強制も一切できなくなるからである。

さらに、同裁判官は謝罪広告の強制については、謝罪広告は道義的な反省に基づいてなされることが望ましい。しかし、実際の謝罪広告はそうしたものでないことが多い。だが、そうした謝罪広告であっても被害者にとっては意味があるとしている。「謝罪広告においては、法はもちろんそれに道徳性（Moralität）が伴うことを求めるが、しかし道徳と異る法の性質から合法性（Legalität）即ち行為が内心の状態を離れて外部的に法の命ずるところに適合することを以て一応満足するのである。……謝罪する意思が伴わない謝罪広告といえども、法の世界においては被害者にとつて意味がある。というのは名誉は対社会的の観念であり、そしてかような謝罪広告は被害者の名誉回復のために有効な方法と常識上認められるからである」としている。

確かに、「内心の状態を離れて外部的に法の命ずるところ」に限って強制しうるとの田中裁判官の指摘は理解できると思われる。しかし、本件の謝罪広告は「陳謝の意を表します」とあり、まさに、これが内心にかかわるとして争われている。また、田中裁判官は「内心に立ちいたつてまで要求することは法の力を以てするも不可能である」とし、そのうえで内心をともなわない謝罪も被害者との関係で意味があるので、これを強制しても憲法一九条に違反しないとしている。

しかし、謝罪広告中に「陳謝」という言葉を掲げれば「そこに掲載されたところがそのまま上告人の真意であるとせられてしまう効果（表示効果）を発生せしめる」との批判がなされている（入江俊郎裁判官の「意見」）。そこで、やはり、陳謝の強制は憲法一九条に違反すると考えるのが二名の裁判官による反対意見である。

●反対意見

垂水克己裁判官は、上告人の公表した内容が「客観的に『真実に相違しておる』ことを確認させ、被害を与えたとの法律上の意味で『御迷惑をおかけしました』と言明すべき法的義務を課」すことまでは許されるとする。しかしながら、「『謝罪』、『陳謝の意を表します』という文言を用いた部分」については、「上告人の思想及び良心の自由を侵すところがあり憲法一九条に違反する」としている。

さらに藤田八郎裁判官は、その意に反して「謝罪」を外部に表明させることを問題にしている。「憲法一九条にいう『良心の自由』とは単に事物に関する是非弁別の内心的自由のみならず、かかる是非弁別の判断に関する事項を外部に表現するの自由並びに表現せざるの自由をも包含する……本件のごとき人の本心に反して、事の是非善悪の判断を外部に表現せしめ、心にもない陳謝の念の発露を判決をもつて命ずるがごときことは、まさに憲法一九条の保障する良心の外的自由を侵犯する」とする。

なお「意見」であるが、これと同様の立場に立つのが上述の入江裁判官で、「自己の行為を非行なりと承認し、これにつき相手方の許しを乞うということは、まさに良心による倫理的判断でなくて何であろうか。……上告人がその良心に照らしてこのような判断は承服し得ない心境に居るにも拘らず、強制執行の方法により上告人をしてその良心の内容と異なる事柄を、恰もその良心の内容であるかのごとく表示せしめるということは……憲法一九条の良心の自由を侵害」するとしている。

第２節　強制加入の団体と会員の意に反する寄付

第1章第3節において、法人に関し、その活動が定款等に掲げる目的の範囲内であるかを検討したが、強制加入の団体の場合には、この問題が構成員の思想の自由への配慮とも密接なかかわりがあることを指摘した。この点について、前記、税理士会事件・平成八年をもとに確認しておこう。

税理士会による政治団体への寄付と税理士の思想の自由（最三判平成八・三・一九民集五〇巻三号六一五頁）

●事実の概要

被上告人南九州税理士会は、税理士法改正運動に要する特別資金とするため、会員から本件特別会費五〇〇〇円を徴収し、その全額を南九州税理士政治連盟（南九各県税政）へ配付するとの本件決議をした。上告人は、被上告人の会員である税理士であるが、本件特別会費を納入しなかったため、規則により、昭和五四年度から平成三年度まで七回にわたり上告人の名前が選挙人名簿に登載されないまま、被上告人の役員選挙が実施された。そこで上告人は、南九各県税政への寄付は被上告人の目的の範囲外の行為であり本件特別会費を徴収する旨の本件決議は無効であるため、本件特別会費の納入義務を負わないことの確認を求め、上告人の選挙権、被選挙権の停止は不法行為であるとして損害賠償の請求をした。

原審はいずれの請求も棄却したが、最高裁は原判決を破棄した。

●判　旨

「税理士会は、法人として、法及び会則所定の方式による多数決原理により決定された団体の意思に基づいて活動し、その構成員である会員は、これに従い協力する義務を負い……税理士会の経済的基礎を成す会費を納入する義務を負う。しかし、法が税理士会を強制加入の法人としている以上、その構成員である会員には、様々の思想・信条及び主義・主張を有する者が存在することが当然に予定されている。……そのために会員に要請される協力義務にも、おのずから限界がある」。そして、政治団体への寄付は選挙における投票の自由と表裏をなすもので、これへの協力を求めることはできない。「政党など規正法上の政治団体に対して金員の寄付をするかどうかは、選挙における投票の自由と表裏を成すものとして、会員各人が市民としての個人的な政治的思想、見解、判断等に基づいて自主的に決定すべき事柄である」。

第8章 信教の自由

憲法二〇条一項は、「信教の自由は、何人に対してもこれを保障する。……」としている。この規定は、個人がその内面において特定の宗教を信じまたは信じない自由を保障し、さらにはその宗教的確信に基づいて、礼拝、布教など一定の宗教的な活動を行うことをも保障していると解されている。しかし、この信教の自由は、それが個人の内面にとどまっている場合には絶対的に保障されるのであるが、これが外部に影響を及ぼす場合には、一定の制約に服しうると考えられている。

このことは、憲法一二条が「この憲法が国民に保障する自由及び権利は……これを濫用してはならないのであつて、常に公共の福祉のためにこれを利用する責任を負ふ。」とし、同一三条が「……国民の権利については、公共の福祉に反しない限り、立法その他の国政の上で、最大の尊重を必要とする。」としているところからも明らかであろう。そこで、問題になるのは、どのような宗教上の行為について、いかなる基準に基づいて、どこまで制約をすることが憲法上許されるのかということである。

これについては、まず、その宗教上の行為が自分以外の他人や社会などに積極的に影響を及ぼしている場合が考えられる。この場合、その規制が許されるものであるかどうかは、宗教上の行為のもたらす影響ないしは不利益がどの程度のものであるかが重大なポイントとなる。つまり、そうした不利益を他に及ぼしてまでも、なお、個人の信教の自由を尊重すべきかということが問われるのである。

これに対して、宗教上の理由から一定の世俗的な義務を果たすことができず、本人が不利益を被ることがある。この場合、信仰をとるか、それともこれを犠牲にして、世俗的な義務を果たすか二者択一を迫られることになる。これについては、世俗的な義務を強いることによって得られる利益とそれを拒否することによっていかなる不利益がもたらされるかを比較考量することによって判断しようとしている。以下、両者をわけて判例を紹介していこう。

第１節　積極的な宗教上の行為とその限界

宗教上の行為が他に積極的に影響を及ぼした例として、加持祈禱による精神病者への治療行為が問題となった事件がある。憑依した動物等の霊を取り除こうとしたところ、精神病者を死亡させてしまったが、この場合にも、なお、憲法二〇条一項の保障が及び、祈禱師は刑事責任を免れることができるかが問われた。最高裁は「他人の生命、身体等に危害を及ぼす違法な有形力の行使」は、もはや信教の自由の保障の限界を超えていると判示した。

1　加持祈禱事件（最大判昭和三八・五・一五刑集一七巻四号三〇二頁）

●──事実の概要

被告人は、花火工場の女工として働いていたが、二〇歳のころ結婚し、家計を助けるため夫が働いていた飯場の住込炊事婦をしたり、自宅で一文菓子を売ったりしていた。しかし、持病の心臓病平癒のため、ある寺に参詣したことをきっかけにその信仰者となり、住職となった。この間、信仰方法の一つである加持祈禱を修めた。

ある時、被告人は、A（一八歳女性）の言動が急に異常になったとして、その母親から加持祈禱の依頼を受けた。そこで、Aを自宅に連れてこさせ経文を誦え、数珠で体を撫でるなどしたが一向に治癒しそうになかったため、Aには大きな狸が憑いており、「線香護摩」を焚いて加持祈禱するしか方法がないと考えた。そこで、Aの父方において、八畳間を閉め切り、その中央に護摩台を置き、その上に三徳を据え、塩を盛った鍋をのせて護摩壇を作った。

この護摩壇の正面から約五〇センチメートル離れてAを座らせ、その左右に父と従兄を侍らせ、護摩壇の左右には近親者七名を位置させ、塩を盛った上述の鍋には大量の線香を並べて火をつけ補充しながらそれを焚いた。線香が焚かれるにつれ、Aがその熱気で身をもがき暴れ出すと、被告人はAを押さえ、あるいはAの手足をしばるなどして無理やりその場に引き据えて、狸が咽喉まで出かかっているとし、「ど狸早く出ろ」と怒号しながらその咽喉部分を線香の火で烟らせその背中を手で殴るなどし、約三時間、線香約八〇〇本を燃やした（本件と同一の条件で実験したところ、約一時間で、鍋から五〇センチメートルのところで約摂氏四〇度、天井付近で約五〇度に上昇し、実験に使用した兎は一時間で死亡した）。

この間、被告人および周囲の者はそれぞれ室外の空気に触れ休息したが、Aにはそうした措置はとられず、結局、Aは全身多数箇所に熱傷を負い、二次性ショックを起こし、また、疲労困憊などによる急性心臓麻痺により死亡した。

第一審は被告人に刑法二〇五条を適用して有罪としたが、三年間の執行猶予を言い渡した。その理由は、被告人が本件加持祈禱をするにいたったのは、Aの両親らの強い要望があったからであり、被告人もAの平癒を一途に願っていた。また、Aに対する暴行は、被告人によってのみなされたのではなく、その指示によるものとはいえ、肉親らによっても行われたものである。そこで、Aを死亡させた責任すべてを被告人一人に負わせることは酷であるとされたからである。原審は控訴を棄却し、最高裁も上告を棄却した。

被告人は、本件加持祈禱は憲法二〇条一項によって保障されており、刑法二〇五条によって処罰されることはないと主張した。最高裁は「信教の自由の保障も絶対無制限のものではない」とし、本件加持祈禱は一般に承認されている治療行為ともいえず、信教の自由の保障の限界を超えていると判示した。

判旨

「被告人の右加持祈禱行為の動機、手段、方法およびそれによつて右被害者の生命を奪うに至つた暴行の程度等は、医療上一般に承認された精神異常者に対する治療行為とは到底認め得ない……一種の宗教行為としてなされたものであつたとしても、それが……他人の生命、身体等に危害を及ぼす違法な有形力の行使に当るものであり、これにより被害者を死に致したものである以上、被告人の右行為が著しく反社会的なものであることは否定し得ないところであつて、憲法二〇条一項の信教の自由の保障の限界を逸脱したものというほかはなく、これを刑法二〇五条に該当するものとして処罰したことは、何ら憲法の右条項に反するものではない」。

このように、「他人の生命、身体等に危害を及ぼす有形力の行使」を規制しても信教の自由を侵害しないのは当然と思われる。ただ、本件においては、もっぱら加持祈禱が被害者に及ぼした作用について議論され、その制約が加害者の信教の自由にどのような影響を及ぼすかについては触れられていない。これは加害者の宗教上の行為において、加持祈禱の占める位置はそれほど重要なものではないと考えられたからかもしれない。しかし、ある種の宗教にとって、一定の宗教上の行為への制約はその信仰そのものを否定するに等しいという場合も考えられる。この場合には、その宗教上の行為が他にどのような影響を及ぼしたかだけではなく、それを規制することがその信仰をどの程度制約することになるかも同時に検討しなければならない。これについて、殺人目的で毒ガスを製造していた宗教法人に対し、解散命令が発せられたところ、その信者の信仰のよりどころが失われるのでこの命令は憲法二〇条に違反するとの主張がなされた事件があるので紹介しよう。

2 宗教団体への解散命令と一般信者の信仰の自由（最一決平成八・一・三〇民集五〇巻一号一九九頁）

●事実の概要

抗告人（A宗教団体）は、平成元年八月二九日に設立された宗教法人であり、代表信者であるBがすべての人事権を握り、その組織を全面的に掌握、支配しうる体制となっていた。Bはかねてから、いわゆるハルマゲドンの到来や毒ガス攻撃等の予言、説法を行う一方、その教義・思想を実現するために毒ガスを大量に生成し、これを散布して多数人を殺害することを計画した。そしてBの指示を受けた信者らは、一日二トンのサリンを生成する化学プラント（本件プラント）を第七サティアンと称する大規模な建物の中に建設した。

ところで、宗教法人法八一条一項は、宗教法人がその目的を著しく逸脱した行為等をした場合、裁判所はその職権によりまたは請求に基づいて、これを解散できるとしている。そこで東京地裁は、平成七年一〇月三〇日に抗告人を解散するとの決定をなした（同条三項）。この決定に対して東京高裁に即時抗告がなされたが（同条五項）、東京高裁は棄却した。

これに対して最高裁は、抗告人を解散しその法人格を失わせることは必要不可欠であり、他方、信者らは抗告人解散後も従来どおり宗教上の活動を行うことができる等を指摘したうえで解散命令は憲法に違反しないと判示した。

●判　旨

（1）　宗教法人法による宗教団体の規制

解散を含めて、宗教法人法による団体の規制は、あくまでその世俗的側面だけを問題としているのであって、宗教的・精神的側面を問題としてはいない。「〔宗教法人〕法による宗教団体の規制は、専ら宗教団体の世俗的側面だけを対象とし、その精神的・宗教的側面を対象外としているのであって、信者が宗教上の行為を行うことなどの信教の自由に介入しようとするものではない……法八一条に規定する宗教法人の解散命令の制度も、法令に違反して著しく公共の福祉を害すると明らかに認められる行為（同条一項一号）や宗教団体の目的を著しく逸脱した行為（同項二号前段）があった場合……宗教団体に法律上の能力を与えたままにしておくことが不適切あるいは不必要となるところから、司法手続によって宗教法人を強制的に解散し、その法人格を失わしめることが可能となるようにしたものであ」る。

（2）　解散命令が信者の宗教活動に及ぼす影響

解散命令により、宗教上の行為に供していた財産も清算・処分されるので、信者たちの宗教上の行為に何らかの支障を生ずることはありうる。しかしながら、解散命令は、法人格を有しない宗教団体の存続を妨げることはなく、また、信者の宗教上の行為を禁止することもない。「解散命令によって宗教法人が解散しても、信者は、法人格を有しない宗教団体を存続させ……ることが妨げられるわけでもない。……信者の宗教上の行為を禁止したり制限したりする法的効果を一切伴わない」。

もっとも、解散命令により宗教上の行為の用に供していた施設なども処分されてしまうから、その判断は慎重になされなければならない。「宗教法人の解散命令が確定したときはその清算手続が行われ……宗教法人に帰属する財産で礼拝施設その他の宗教上の行為の用に供していたものも処分され……これらの財産を用いて信者らが行っていた宗教上の行為を継続するのに何らかの支障を生ずる……憲法がそのような規制を許容するものであるかどうかを慎重に吟味しなければならない」。

（3）本件解散命令の合憲性

しかし本件においては、信者らの受ける不利益は解散命令にともなう「間接的で事実上のもの」にとどまり、他方、宗教上の行為も絶対無制限ではないことはいうまでもない。そこで本件解散命令は憲法二〇条一項に違反しない。「解散命令によって宗教団体であるＡ（注・原文実名）やその信者らが行う宗教上の行為に何らかの支障を生ずることが避けられないとしても、その支障は、解散命令に伴う間接的で事実上のものであるにとどまる。したがって、本件解散命令は、宗教団体であるＡやその信者らの精神的・宗教的側面に及ぼす影響を考慮しても、抗告人の行為に対処するのに必要でやむを得ない法的規制である……宗教上の行為の自由は、もとより最大限に尊重すべきものであるが、絶対無制限のものではなく……本件解散命令及びこれに対する即時抗告を棄却した原決定は、憲法二〇条一項に違背するものではない」。

以上、宗教上の行為が外部に積極的に作用を及ぼし、それを規制することが信教の自由を侵害するかどうかを検討してきた。これに対して、宗教上の理由から一定の義務を果たすことができず本人が不利益を被る場合がある。いわば外部に対し消極的に宗教上の行為が作用し、これを理由に不利益な取扱いをすることは信教の自由を侵害し、許されないかという問題である。これについて、節を改めて判例を紹介しよう。

第２節　信仰と世俗的義務

小学校の授業参観を日曜日に行ったところ、日曜日は教会で礼拝式が行われるため学校を欠席しなければならず、この欠席を指導要録に記載することは信者の自由を侵害するかが争われた事件がある。

また、高等工業専門学校において、その必修科目である体育の種目として剣道実技が取り入れられていたところ、学生が宗教上の理由からこれを拒否し代替措置を求めた。しかしこれが認められず、結局、体育科目の認定がなされず原級留置・退学処分がなされたという事件がある。

これらについて、裁判所は、自己の信仰と相反する世俗的な義務を課すことにどのような意義・利益があり、他方、信仰に忠実にその義務を果たさないことによってどのような不利益がもたらされるか、双方を比較・衡量して検討を加えるとしている。

1　日曜授業参観と教会への礼拝（東京地判昭和六一・三・二〇行集三七巻三号三四七頁）

●事実の概要

原告児童らは、昭和五四年一〇月、アメリカの小学校からA小学校に第三学年と第一学年に編入した。原告らははじめて日曜日の授業参観に接したが、原告父は原告児童らをまず教会学校に出席させ、遅刻して日曜授業参観に出席させた。その後、日曜日には運動会、父母授業参観があったがこれらには教会学校を一時間繰り上げて開始するなどして対処した。しかし、昭和五七年の日曜授業参観は欠席せざるをえず、原告児童らの指導要録に欠席記載がなされた（本件欠席記載）。そこで、原告らは東京地裁に訴えを提起し、①本件欠席記載の取消、②損害賠償をそれぞれ請求した。

●判　旨

（1）　授業参観の意義および目的

授業参観を行うことの意義と目的に関しては「第一に児童の授業の実際の場面を父母に参観してもらうこと、

第二に参観授業の終了後に担任の教師と父母との間で……懇談し、意見を交換する場を持つこと、第三に校長が学校経営（児童の教育を含む。）の方針ないし考え方について父母に説明し、理解してもらう」ことである。そして、これらのことは「今日の学校教育上、父母の学校教育に対する理解を深め、また、児童に対する教育効果を高める上で、十分な意義を有する教育活動である」。

なお、「母親だけでなく父親と懇談し、父親の意見をも聴取することが学校側にとって特に貴重なものである」。

（2）　参観日を日曜とすることの必要性

授業参観を日曜とすることの必要性については、父（母）親の多くがサラリーマンであることがあげられる。「通学地域の特性は……いわゆる勤労者世帯が多く……いわゆるサラリーマン家庭については……休日に勤務を要しない可能性が高いから、日曜日は……父親も参観に来ることができる可能性が大きい……本件授業参観を日曜日に設定したことは、平日参観では達せられない授業参観の目的を達成するために必要かつ適切な措置であった」。

さらに、授業参観を午前中ではなく午後に実施すべきとの代案が原告父から主張されている。しかしながら「およそ学校の授業が午前八時半から九時の間に開始されることは公知の事実であり……平日と同様な授業を参観させようとする本件授業実施の目的に副わない結果となる恐れが多分にある。また、午前中に授業を参観して、午後を父母と教師、校長との懇談や説明の場に当てる」必要がある。これらから、代案として日曜の午後に授業参観を行うことはできない。

（3）　本件欠席記載と原告児童らの受ける不利益

本件欠席記載がなされた指導要録に関して、まず、小学校の校長はその学校に在学する児童の出席状況を明らかにし、出席簿を作成し、指導要録を作成する義務を負っている（学校教育法施行令一九条、同法施行規則一二条の

四、同規則一二条の三第一項)。次に、指導要録への欠席記録が消極的な評価であるという面では児童らに精神的な負担となる。しかもこれは二〇年間保存される。

しかしながら、その出欠の記録は後の担任教師への情報提供を目的としており、法的不利益をもたらさない。「指導要録に出欠の記録をする目的及びその機能は、もっぱらその後に児童を担任する教師らのためにその児童の出欠状況についての情報を提供するためのものである」。その結果、本件欠席記載は「単なる事実行為であるにとどまり……進学、就職その他の社会的取り扱いの上で……法律上、事実上の地位に具体的な不利益を及ぼすということも到底考えられない。」

以上、この事件では、教会学校かそれとも日曜授業参観かいずれに出席すべきか、二者択一を迫る点で信教の自由を侵害しうることが問題となった。そして、日曜日に授業参観を行う必要性が高いのに比較して、これにより原告児童らが被る不利益は、後の担任教師に欠席という情報が伝えられるという事実上のものにすぎないと判断されている。

これに対して、自己の宗教に忠実であったために退学処分という重大な不利益を被ったというのが次の事件である。

2　剣道実技拒否退学事件 (最二判平成八・三・八民集五〇巻三号四六九頁)

●事実の概要

被上告人は、平成二年四月にA市立工業高等専門学校(A高専)に入学したが、体育担当教員らに対し、宗教上の理由から剣道実技に参加できないと説明し、レポート提出などの代替措置を認めてほしい旨を申し入れたが、即座に拒否された。また、上告人(A高専校長)も体育担当教員らと協議をしたうえで、代替措置はとらないこととした。

被上告人は四月末ごろから開始された剣道の授業において、着替えをし、サーキット・トレーニング、講義、準備体操には参加したが、剣道実技には参加せず、その間、道場の隅で正座をし授業の内容を記録していた。そして授業の後、この記録に基づきレポートを作成し次の授業の前に体育担当教員に提出しようとしたが受理されなかった。

体育担当教員および上告人は、被上告人らに剣道実技に参加するよう説得し、参加しなければ留年は必至であると説明した。さらに救済措置として、剣道実技の補講を行うこととしたが被上告人らは参加しなかった。そこで、体育担当教員は、剣道種目について準備体操を行った五点のみを評価し、結局、第一学年の体育科目は四二点となり原級留置処分がなされた。

平成三年度においても、被上告人の態度およびA高専側の対応は変わらず、被上告人の体育科目の評価は四八点で再度の原級留置処分がなされた。そして上告人は、学則三一条に掲げられている退学事由、すなわち「学力劣等で成業の見込みがないと認められる者」に被上告人が該当するとして退学処分をなした（なお、被上告人は剣道実技以外の体育種目にとくに不熱心であったとは認められず、逆に体育以外の成績は優秀であり授業態度も真摯なものであった）。

被上告人は、平成三年と平成四年にそれぞれなされた原級留置処分および平成四年の退学処分について取消を求めて訴えを提起した。原審は第一審の判決を取り消して本件各処分を取り消すと判示し、最高裁も上告を棄却した。まず①本件各処分は裁量処分であるから、その処分の適否について、裁判所は校長と同一の立場に立って見直すのではなく、裁量の逸脱・濫用があったかどうかを判断する、②本件各処分にはこの裁量の逸脱・濫用があり違法であるが、その理由として(a)本件各処分、とりわけ退学処分は学生の身分を剥奪する重大な措置でありその判断は慎重になされなければならないこと、(b)A高専において、剣道実技の履修は必須のものとはいいがたいこと、他方(c)剣道実技の拒否は被上告人の信仰の核心部分と密接にかかわっており、このことからすれば、代替措置について十分に検討すべきであったにもかかわらず、これがなされず本件各処分をしたことは、その裁量を逸脱・濫用し違法であると判示した。

●判　旨

（1）　退学処分における校長の裁量と司法審査の方法

A高専の学生に対して退学処分を行うべきかどうかは、教育的見地からする上告人（校長）の裁量にゆだねられている。したがって、裁判所がその処分の適否を判断するにあたっては、「校長と同一の立場に立って当該処分をすべきであったかどうか等について判断し、その結果と当該処分とを比較してその適否、軽重等を論ずべきものではなく、校長の裁量権の行使としての処分が、全く事実の基礎を欠くか又は社会観念上著しく妥当を欠き、裁量権の範囲を超え又は裁量権を濫用してされたと認められる場合に限り、違法であると判断すべきものである」。

（2）　本件各処分と裁量の逸脱・濫用

本件において、上告人はその認められた裁量権を逸脱・濫用している。

①　A高専における剣道実技の意義　「高等専門学校においては、剣道実技の履修が必須のものとまではいい難」い。他方、被上告人がこれへの参加を拒否したのは、「被上告人の信仰の核心部分と密接に関連する真しなものであった。……他の科目では成績優秀であったにもかかわらず、原級留置、退学という事態に追い込まれ……その不利益が極めて大きい」といえる。

②　代替措置の可能性　本件において上告人は、「本件各処分の前示の性質にかんがみれば、本件各処分に至るまでに何らかの代替措置を採ることの是非、その方法、態様等について十分に考慮するべきであった」。

「信仰上の真しな理由から剣道実技に参加することができない学生に対し、代替措置として、例えば他の体育実技の履修、レポートの提出等を求めた上で、その成果に応じた評価をすることが、その目的において宗教的意義を有し、特定の宗教を援助、助長、促進する効果を有するものということはできず、他の宗教者又は無宗教者に圧迫、干渉を加える効果があるともいえない」。

以上、これらをまとめると、「代替措置が不可能というわけでもないのに、代替措置について何ら検討することもなく……〔体育科目の〕不認定の主たる理由及び全体成績について勘案することなく……学則にいう『学力劣等で成業の見込みがないと認められる者』に当たるとし、退学処分をしたという上告人の措置は、考慮すべき事項を考慮しておらず、又は考慮された事実に対する評価が明白に合理性を欠き、その結果、社会観念上著しく妥当を欠く処分をしたものと評するほかなく、本件各処分は、裁量権の範囲を超える違法なものといわざるを得ない」。

アメリカの判例

合衆国憲法修正一条は、「連邦議会は、国教の樹立を規定し、もしくは宗教上の自由な行為を禁止する法律を制定してはならない。……」と規定している。この保障について、最近、特定の宗教上の行為を直接に禁止するのではなく、間接的にこれらに不利益を及ぼす立法が問題となっている。具体的にいうと、失業対策として州が失業者に一定期間給付金を支給する制度がある。しかし、その受給要件を宗教上の理由から信者が満たすことができず、彼らに対して信仰を犠牲にして給付を受けるか、それとも世俗的な利益を断念して自らの信仰に忠実であるかの二者択一を強いている。そこで、こうしたディレンマをもたらす立法は修正一条の宗教上の行為の自由を侵害するかが問われているのである。

この例として、失業手当の受給資格として、正当な理由なく、提供された仕事を拒否していないこととあるところ、安息日を理由にその日の勤務を拒否することが「正当理由」にあたるかが争われた事件と、同じく受給資格として「仕事に関連した不正行為」を行っていないこととあるところ、宗教上の儀式において、刑事法上禁止されている薬物を使用することがこれに該当するかが争われた事件を紹介しよう。

1　安息日における勤務と失業給付金の受給資格（Sherbert v. Verner, 374 U.S. 398 (1963)）

●──事実の概要

上告人は安息日再臨派教団の信者であるが、安息日が土曜日であるためその日に仕事をしなかったところ解雇された。彼女は別の仕事を探したがみつからなかったので、サウス・カロライナ州失業手当法に基づいて給付金の申請をしたが、拒否された。その理由は、自分にとって能力的にも時間的にも可能であった仕事が提供されても、正当な理由なく、これを拒んだ場合には、給付金の受給資格が得られない（不適格要件）と規定されており、上告人はこれに該当していると認定されたからである。上告人は、この不適格要件は修正一条に違反するとして訴えを提起した。原審州最高裁は上告人の訴えを退けたが、合衆国最高裁は破棄・差戻しの判決を下した。

ブレナン裁判官による多数意見は、まず、修正一条の保障は内面にとどまる宗教的確信のみならず、それに支えられた行為にも及ぶとし、ただし、公衆の安全や秩序に相当程度の脅威をもたらす場合には規制できる。

しかし、上告人は信仰を理由に土曜日に仕事をしなかったというのであるから、この場合にはあたらない。そこで上告人への不利益が修正一条の下で許容されるものであるかどうかについて、厳格な審査基準により検討されるとしている。この基準により、まず、①上告人の不利益がどのようなものであるかが明らかとされ、次に、

②上告人の宗教上の行為を制約することが州にとってやむにやまれぬ利益（compelling interests）であったかが検討されている。

●判　旨

（1）　不適格要件により上告人にもたらされる不利益

本件において上告人にもたらされた不利益は直接的なもの—たとえば週六日労働するよう強制するなど—ではなく、社会福祉立法による利益が得られなかったという間接的なものである。しかし、結局のところ失業手当を受給できなかったのは、上告人の宗教の実践が唯一の理由である。

そこで不適格要件は、信仰に忠実に従い失業手当の受給をあきらめるか、これを得るために信仰をまげるかどちらかの選択を迫っている。しかしこのような選択を強いることは、土曜日に礼拝することに対して罰金を科す等の直接的な規制と変わるところがない。

（2）　州にとってやむにやまれぬ利益

不適格要件に宗教を理由とする例外を認めれば、これを偽る申請によって失業手当の給付に支障が生ずること、さらに、土曜日に就労を必要としている使用者に影響が及ぶことが懸念されている。

しかしこれらの指摘は「利益」の要件を満たすには十分ではない。これらは単にそうした可能性があるというだけにとどまり、その存在を証明する証拠は示されていないからである。つまり、この要件は、規制により得られるとする利益が、確かに存在していることが明らかとされた場合に、はじめて満たされる。

このように多数意見は、宗教上の行為への制約は直接的なものばかりではなく、間接的な手段によりもたらされた場合にも、厳格な審査によってその合憲性についての判断を下すべきであるとしている。しかしながら、宗教への圧迫とはまったく無関係に、正当な立法目的の遂行に際し、付随的に宗教活動に影響が及んだ場合でも、常に、厳格審査に耐えうる政策のみが州に許されるにすぎないのであろうか。この点を指摘するのがハーラン裁判官である。

●——ハーラン裁判官の反対意見（ホワイト裁判官が加わる）

この法律は失業による経済的不安定が州民の健康、モラル、福祉に深刻な脅威をもたらすとの認識に基づき、自分の意思によらず失業している者を対象に救済をはかろうとしたものである。そこで、「純粋に個人的な理由」から仕事についていない者を救済することを目的としておらず、また、この点については、いかにやむをえないものであっても例外を認めないという解釈を州最高裁は一貫してとっている。したがって、宗教上の理由であってもそれは「純粋に個人的な理由」にあたる。なお、州は宗教を理由とする例外をも設けることは許されるが、それを憲法上義務づけられてはいない。

失業対策としていかなる政策をとるかについて州に一定の裁量が認められるように思われる。その政策が宗教上の行為にある種の制約をもたらしている場合、その合憲性についての判断は常に厳格審査によってなされるべきであろうか。それとも裁量を考慮して分析がなされるべきであろうか。ハーラン裁判官の指摘はこうした意味から注目されるべきと思われる。ところで、この事件では土曜日に就労しないという宗教上の行為を理由に給付金が受けられなかったが、宗教上の行為が刑罰の対象となっており、それを理由に給付金の支給が拒否された場合には、どのような審査方法がとられ、判断がなされるべきであろうか。

2　刑罰の対象となる宗教上の行為（Employment Division, Department of Human Resources of Oregon v. Smith, 496 U.S. 872（1990））

事実の概要

オレゴン州はペヨーテという幻覚剤を所持することを刑事法により禁止していたが、被上告人は、自らが所属する宗教団体（Native American Church）のサクラメントにおいてペヨーテを摂取したため解雇された。被上告人は失業手当の給付を申請したが拒否された。その理由は、「仕事に関連した不正行為」により解雇された場合には、この受給資格が認められていなかったからである。被上告人はこれを争い、訴えを提起し、合衆国最高裁は、宗教的に動機づけられた行為への処罰が修正一条に違反しない場合、これよりも軽い負担である失業手当の給付拒否も修正一条に違反しないと判示した。しかし被上告人のサクラメントでのペヨーテの使用を州法が処罰の対象としているのかを判断すべく、州最高裁に差し戻した。

これを受けて州最高裁は、これが処罰の対象となっているとし、その上でこの処罰は修正一条に違反し、また失業手当の給付を拒否することもできないとした。この判決に対して上告がなされたのが本件であり、多数意見は原判決を破棄している。

判　旨

（1）　宗教上の行為を控えさせることを失業手当の給付の条件とすることは許されない。しかし、本件では、法によって禁止されているペヨーテの摂取が問題となっている。そして一般的に適用される刑事法が、付随的に宗教上の行為に何らの制約をもたらしても、宗教上の行為そのものの禁止を目的としていないので、修正一条に違反しない。

これについては、重婚の禁止、子どもによる街頭でのビラ配布、日曜日の営業禁止など特定の宗教上の行為に影響を及ぼすものであっても、その目的がそれぞれ婚姻秩序の維持、子どもの保護、地域の平穏などにあり、宗教上の行為への影響は付随的で修正一条に違反しないとされてきた。

（2） 一般的に適用される刑事法の対象から宗教上の行為を除外すべきかが問題となっている場合、厳格な審査を用いることには疑問がある。その理由は、社会的に有害な行為を刑事法により禁止しようとする場合に、自らの信仰を理由としてその禁止を遵守することのできない者に配慮をなす必要はないと考えるからである。

この多数意見に対して、信仰の自由を重視し、これへの制約は厳格な審査により判断されなければならないとするのがブラックマン裁判官である。

●──ブラックマン裁判官の反対意見（ブレナン、マーシャル各裁判官が加わる）

本件において、厳格審査を用いた場合、サクラメントでのペヨーテの使用禁止により、州にとってやむにやまれぬ利益がもたらされているかが問題となる。これについては、ペヨーテの使用は宗教目的であっても人体にとって有害であるから、これを規制する必要性があること、また、宗教目的を理由に例外を認めることにより、薬物対策法の統一的、確実な執行が困難となることが指摘されている。

しかしながら、これらはいずれも抽象的な主張であり現実にその存在が証明されていない。とくに、ペヨーテの宗教目的での使用は、無責任な娯楽でなされるのではなく、宗教内部の監督下でなされていることを重視すべきである。

同様に、オコナー裁判官も厳格審査により判断がなされるべきであるとしている。

●――オコナー裁判官のジャッジメントに同意する意見（この意見の一部にブレナン、マーシャル、ブラックマン各裁判官が加わる）

特定の宗教上の行為を直接に規制する極端かつ仮定的な場合のみならず、一般的な刑事法による付随的効果が及んでいる場合にも厳格審査によらなければ、修正一条の活力は維持されない。この付随的効果を軽視すれば、少数派の宗教への配慮は多数決を前提とする政治過程にゆだねられることにつながっていく。しかし少数派の宗教の保護こそが修正一条の趣旨であり、その制約は厳格審査により判断されるべきである。

しかしながら、本件においては厳格審査によりながら、ブラックマン裁判官とは異なって合憲判決が導き出される。すなわち、一般的な刑事法によるペヨーテの禁止に宗教上の理由から例外を設けることは、州にとってやむにやまれぬ利益を損わせることになる。その理由は、ペヨーテの使用はいかなる動機によろうとも、健康への影響は避けられず例外を認めることはできないからである。

この事件においては、正当な一般的義務が信仰の実践に優先することが示されているが、これに対抗するために連邦議会は、「信教の自由復活法」（ＲＦＲＡ）を制定した。すなわち、信教の自由に相当程度の負担を及ぼす場合には、「やむにやまれぬ政府利益」を目的とし、「最も制限の少ない」手段がとられなければならないとした。この法律は、州に適用される限りにおいて無効とされたが（City of Boerne v. Flores, 531 v. U.S. 507（1997））、連邦への適用については今のところ有効とされている。こうした流れの中で、顧客に対する平等取扱いを定めるコロラド州法によって、信仰を理由とする同性愛者の差別が禁止され、これが合衆国憲法修正一条に違反するかが問題になった。最高裁は、州法が、信仰と平等取扱いのディレンマに対して十分な配慮をしていないと判断したが、正当な一般的義務の履行という観点から有力な反対意見がある。

3　ウェディングケーキの注文と信仰に基づく販売拒否（Masterpiece Cakeshop, ltd. v. Col. Civil Rights Comm'n, 138 S.Ct. 1719（2018））

事実の概要

コロラド州法においては、公衆に開放された施設（public accommodations）の利用に関して、人種、皮膚の色に加えて、性的志向を理由として差別することを禁止していた。Ａは同性愛者であるが、マサチューセッツ州において結婚を認められ、地元のコロラド州においてこれを祝おうとして、Ｂにウェディングケーキを注文した。しかし、Ｂはその信仰を理由にこれを拒否したため、州法に基づき販売を行うべく命令をうけた。そこで、Ｂは州法の適用は修正一条に違反するとした。

判　旨

同性愛者のカップルに、その結婚を祝うためのウェディングケーキを製造・販売することは、Ｂに対して、同性婚をその信仰に反して祝福させることになる。信仰に忠実であるならば、営業行為はできないとすることは、信仰が直面しているディレンマへの適切な配慮を欠いているといえる。

ギンズバーグ裁判官の反対意見（ソトマイヨール裁判官加わる）

Ａが購入を希望したのは、他の人が購入したものと何ら変わらぬウェディングケーキである。これをＢがＡに対して販売しようとしないのは、Ａの同性愛者という性的志向が理由である。Ａは、同性婚を祝うためではなく、自分の結婚を祝うためにケーキを購入しようとしたのである。

第9章　表現の自由

日本国憲法二一条一項は「……一切の表現の自由は、これを保障する。」と規定している。憲法の最大の価値は、個人の尊厳であるが、その核心にあるのが内面・精神の自由であることはいうまでもない。自分の存在を、自分のものであると認識し、その内面をいかなる方向に導いていこうとするかについて、自分以外の、国家を含めた他者にゆだねてしまえば、人間としての個人の存在は、即座に否定されてしまうからである。さらに、内面の自由は、自分が、他者とは異なった、別個の存在であることをアピールすることをも保障していると考えられる。大衆の中にあって、これに埋もれず、精神的・物理的双方において自分の輪郭を明確にすることは、独立した、一個の存在であるために不可欠である。

しかし、表現の自由は、このような「自己実現」のみならず、国家の統治システムともかかわる「自己統治」の側面も有している。すなわち、国民主権、間接民主制において、国民は、選挙を通じて代表者を選出している。この選挙権を行使するためには、国政に関する、正確で十分な「情報」が国民に伝えられなければならない。この「情報」の流れが不十分であり、その内容が歪曲されていれば、国民主権・間接民主制が機能しないことは当然である。

この「情報」の提供について、現代社会において大きな役割を果たしているのが、報道機関である。その提供する「情報」を自由に収集できること（取材活動の自由）、この「情報」に国民が自由に接することができること（知る自由）も表現の自由に関連する自由として憲法上尊重されなければならない。このように、「自己統治」の側面を有する表現の自由は、他の人権保障よりもなお一層手厚く扱われなければならないとされ「優越的地位」を占めているとされるのである。

なお、表現の自由に関連して、反論権が主張されることがある。表現者の現実の力関係の差によって、一方的な意見のみが相手方に対する批判の形でなされた場合、公平の見地から、一方の見解を伝えたメディアは、これへの反論を伝える義務を負担するという考え方である。しかし、最二判昭和六二・四・二四民集四一巻三号四九〇頁はこのような反論権の存在を否定した。その理由は、まず、表現の自由は対国家に関するもので、私人間に直接保障されるものではないこと、次に、反論権の行使はこれを掲載するメディアの編集の自由を制限し、その報道の自由を侵害するとした。

第１節　わいせつ表現の規制

「優越的地位」を占める「表現の自由」も、社会や他者に影響を及ぼすので絶対的に自由とはいえない。その範囲と限界および規制の方法等については大いに議論されている。これについて、一定のカテゴリーに含まれる表現には「価値」がなく憲法の保障は及ばず、規制が可能であるという考え方がなされてきた。わいせつ表現がその典型であるが、規制される「わいせつ」とは何か、その定義が問題になる。

この点について刑法一七五条は「わいせつ表現物」の販売・頒布等を禁止処罰しているが、その概念については議論がある。最高裁はチャタレイ事件・最大判昭和三二・三・一三刑集一一巻三号九九七頁において「猥褻文書たるためには、羞恥心を害することと性欲の興奮、刺戟を来すことと善良な性的道義観念に反することが要求される」とし、この「三要件」に該当する「猥褻文書」を規制しても、憲法二一条に違反しない、としていた。なぜならば、表現の自由も「憲法一二条、一三条の規定からしてその濫用が禁止せられ、公共の福祉の制限の下に立つものであり、絶対無制限のものでない……性的秩序を守り、最少限度の性道徳を維持することが公共の福祉の内容をなすことについて疑問の余地がない」からである。

このように、表現の自由の限界として「わいせつ表現」が存在し、何がこれにあたるかについて「三要件」が示された。しかしながら、その作品が、わいせつ表現と同時に芸術性・思想性等の社会的価値を含む場合、刑法一七五条によって処罰されるべきであろうか。これについて積極的に議論がなされたのが、「悪徳の栄え」事件（最大判昭和四四・一〇・一五刑集二三巻一〇号一二三九頁）である。最高裁は、作品の芸術性等がわいせつ性を緩和しうることを認める一方で、これを解消するに至らない場合には、刑法一七五条による処罰を行う姿勢を堅持した。「文書がもつ芸術性・思想性が、文書の内容である性的描写による性的刺激を減少・緩和させて、刑法が処罰の対象とする程度以下に猥褻性を解消させる場合があることは考えられるが、右のような程度に猥褻性が解消されないかぎり、芸術的・思想的価値のある文書であっても、猥褻の文書としての取扱いを免れることはできない」とする。

これに対して、芸術性等によるわいせつ性の緩和というよりも、両者の比較衡量により、前者が後者を上回る場合には、違法性は阻却されるというのが岩田誠裁判官の意見である。「刑法一七五条の罪を構成するか否かは、この文書の公表により猥褻性のため侵害される法益と、これが公表により、社会が芸術的・思想的・学問的に享ける利益とを比較衡量して、猥褻性のため侵害される法益よりもその文書を公表することにより社会の享ける利益（公益）の方が大きいときは……その文書を公表することは、刑法三五条の正当な行為として猥褻罪を構成しない」。

同様に、奥野健一裁判官の反対意見も、わいせつ性と芸術性とは一つの作品において並び立つものであることを強調したうえで比較衡量が行われるべきであるとした。「ある作品が猥褻性を帯びるものであっても、同時に、それが芸術的、思想的、文学的に価値があり、公共の利益に合致するものであることが、証明されたならば、最早猥褻罪として処罰すべきものではない……その作品の猥褻性によって侵害される法益と、芸術的、思想的、文学的作品として持つ公益性とを比較衡量して、なおかつ、後者を犠牲にしても、前者の要請を優先せしめるべき合理的理由があるときにおいて、始めて猥褻罪として処罰さるべきものである」。

以上は、芸術性等がわいせつ性の判断にいかに反映されるかを問題としているが、これに加えて、その販売方法等にも言及し、わいせつ概念の相対性を強調するのが田中二郎裁判官の反対意見である。「私は……猥褻概念の相対性を認めるべきものと考える……まず第一に……猥褻性があるといっても、その猥褻性の程度には、強弱さまざまのものがある……猥褻の定義も、これを実質的・内容的にみると、絶対不変の固定的な尺度又は基準を示すものではなく、相対的可変的なものとみるべき〔である〕……第二に……刑法一七五条にいう猥褻の概念は……その社会の文化の発展の程度その他諸々の環境の推移に照応し、その作品等の芸術性・思想性等との関連において、評価・判断されるべきもので、この意味においても、猥褻概念の相対性が認められなければならない……第三に……作者の姿勢・態度や、その販売・頒布にあたっての宣伝広告の方法等との関係においても、相対的に判断されなければならない」。

なお、本作品のグロテスクさが、わいせつ性を解消し、あるいはこれとは異質の不快感を与えていることを理由に刑法一七五条の罪にあたらないとの見方もできるとの見解が、横田正俊裁判官の反対意見（大隅健一郎裁判官同調）および色川幸太郎裁判官の反対意見において示されている。

この判決を受けて最高裁は、「四畳半襖の下張」事件（最二判昭和五五・一一・二八刑集三四巻六号四三三頁）において、わいせつ性判断にあたり「三要件」を維持しつつも、性描写の程度や手法、思想性等を総合的に検討するとしている。

「文書のわいせつ性の判断にあたっては、当該文書の性に関する露骨で詳細な描写叙述の程度とその手法、右描写叙述の文書全体に占める比重、文書に表現された思想等と右描写叙述との関連性、文書の構成や展開、さらには芸術性・思想性等による性的刺激の緩和の程度、これらの観点から該文書を全体としてみたときに、主として、読者の好色的趣味にうったえるものと認められるか否かなどの諸点を検討することが必要であり、これらの事情を総合し、その時代の健全な社会通念に照らして、それが『徒に性欲を興奮又は刺激せしめ、かつ、普通人の正常な性的羞恥心を害し、善良な性的道義観念に反するもの』……といえるか否かを決すべきである」とした。

文章ではなく男性生殖器が直接・具体的に描写されている写真集のわいせつ性が問題になった事件であるが、最高裁は、その作品の全体像を概観し、販売方法等を考慮したうえでわいせつ性を消極的に理解したので紹介する。

わいせつ表現と芸術作品（最三判平成二〇・二・一九民集六二巻二号四四五頁）

●事実の概要

Aが取締役を務めるB会社は、米国のC会社が出版したメイプルソープの写真集を日本語に翻訳して、日本で出版した。メイプルソープは、肉体、性、裸体という人間の存在の根元にかかわる事象をテーマとする作品を発表し、写真による現代美術の第一人者として、美術評論家から高い評価を得ている。この写真集は、彼の初期から後期までの主要な作品を編集したもので、ハードカバー、三八四頁、四kg、一万六八〇〇円である。B会社はこの写真集を全国紙朝刊第一面で広告し、平成七年一月一日から一二年三月三一日までに九三八冊販売した。

Aは、平成一一年九月二一日米国から帰国した際に、検査官に対して、わが国を出国したときから携行していた本件写真集一冊を呈示したところ、改正前の関税定率法二一条三項「風俗を害すべき物品」(わいせつな書籍、図画等)と判断され、輸入禁制品に該当する旨の通知処分を受けたため、その取消等を求めた。

●――判　旨

本件写真集の内容は、いずれも男性性器を直接的、具体的に写し、これを中央に目立つように配置した白黒写真である。「本件写真集は、写真芸術ないし現代美術に高い関心を有する者による購読、鑑賞を想定して……一冊の本に収録し、その写真芸術の全体像を概観するという芸術的観点から編集し、構成したものである」。「本件写真集は……全体で三八四頁……のうち本件各写真……が掲載されているのは一九頁にすぎない……白黒(モノクローム)の写真であり、性交等の状況を直接的に表現したものでもない」。「本件写真集における芸術性など性的刺激を緩和させる要素の存在、本件各写真の本件写真集全体に占める比重、その表現手法等の観点から写真集を全体としてみたときには、本件写真集が主として見る者の好色的興味に訴えるものと認めることは困難といわざるを得ない」。

最高裁は、本作品の芸術性を重視し、そのわいせつ性を否定した。しかし、性器を強調したそのこと自体が「わいせつ」にあたるとする個別裁判官の意見もある。

●――堀籠幸男裁判官の反対意見

「ある物がわいせつであるかどうかの判断は、社会通念の変化により変化するものであることは認めなければならないが……少なくとも、男女を問わず、性器が露骨に、直接的に、具体的に画面の中央に大きく配置されている場合には、その写真がわいせつ物に当たることは、刑事裁判実務において確立された運用というべきであ〔る〕」。

堀籠裁判官の反対意見は、芸術の名のもとにわいせつ概念が相対化し、その歯止めがなくなることを懸念し、客観的で絶対的な基準として性器の露骨な描写を掲げていると思われる。しかし、たとえば医学書などの場合も同様であるが、性器の描写をわいせつ性の絶対的基準とすることは芸術作品の場合においても難しいのではないか。この問題は、販売頒布の方法等も含めた総合考慮によらざるを得ないと思われる。

第2節　未成年者の保護を考慮した性表現の規制

憲法二一条一項が表現の自由を保障する一方で、わいせつ表現物の販売・頒布については、刑法一七五条によって禁止・処罰され、この規定は最高裁の判例上、違憲であるとの判断はなされていない。では、わいせつにいたらない表現物への規制は憲法上、一切許されないのであろうか。これについては、未成年者保護の観点から、その規制を肯定することが可能であると思われる。しかし、この場合には、あくまで未成年者だけをその表現物から遠ざけることが認められるのであって、成人にはその表現物へのアクセスが可能であることが前提とされよう。

このような問題を提起しているのが、岐阜県青少年保護育成条例事件である。この条例は、青少年の健全な育成を阻害するおそれのあるものを有害図書に指定し、これを未成年者に販売することを禁止し、同時に、自動販売機（以下、自販機）による販売を一律に禁止した。とくに、後者の場合、成人が自販機を利用して有害図書を購入する自由をも制限しているため、その違憲性が問題になった。

最高裁は、有害図書が未成年者に悪影響を及ぼしうるとし、自販機がその購入をとくに容易にしており、またその意欲を刺激しやすいとし、さらに成人に対する関係では、その流通をいくぶん制約することになるものの、必要やむをえない制約であるとしている。

自販機による有害図書の販売禁止―岐阜県青少年保護育成条例事件―（最三判平成元・九・一九刑集四三巻八号七八五頁）

事実の概要

A社は自販機により図書を販売することを業とし、BはA社の代表取締役である。BはA社の業務に関し、A社が設置・管理する図書自販機に、岐阜県知事が告示をもってあらかじめ指定した有害図書に該当する雑誌を収納したとして罰金刑に問われた。

その根拠となったのは、岐阜県青少年保護育成条例（本条例）であるが、この条例による「有害図書」の自販機による販売禁止の方法は以下の通りである。まず、その内容が著しく性的感情を刺激し、または著しく残忍性を助長するため、青少年の健全な育成を阻害すると認められる図書を、知事は、有害図書と指定する（本条例六条一項・個別指定）。知事がこの指定をしようとするときには、緊急を要する場合を除き、岐阜県青少年保護育成審議会（審議会）の意見を聴かなければならない（本条例九条）。しかし、とくに卑わいな姿態もしくは性行為を被写体とした写真またはこれらの写真を掲載する紙面が編集紙面の過半を占めると認められる刊行物については、知事は、個々的に審議会の意見を聴く必要はなく、あらかじめ規則（岐阜県青少年保護育成条例施行規則）で定めるところに該当するとして、これを指定することができる（本条例六条二項・包括指定）。

そして、この規則二条において、その写真の内容について、「一、全裸、半裸又はこれに近い状態での卑わいな姿態、二、性交又はこれに類する性行為」とされ、さらに告示がその具体的内容について詳細な指定を行っている。

このように、本条例六条一項および二項によって指定された有害図書を、業者が青少年に販売、配布、貸付けをすることが禁止され、また、これらを業者が自販機に収納することも禁止され、違反行為には罰則が定められている。

最高裁は、①本条例が青少年保護を目的としており、有害図書が青少年に悪影響を及ぼしていることは、社会共通の認識となっているとして因果関係を肯定し、②自販機によって青少年が有害図書を購入しやすい状況を作っており、③業者らの脱法行為を防ぐためには包括指定が必要であり、成人にとっては有害図書の流通を制約することになるが、必要やむをえない制約である、としている。なお、伊藤正己裁判官による補足意見が上告趣意に掲げられた憲法問題について詳細に検討している。

判旨

（1）有害図書と青少年への悪影響

「本条例の定めるような有害図書が一般に思慮分別の未熟な青少年の性に関する価値観に悪い影響を及ぼし、性的な逸脱行為や残虐な行為を容認する風潮の助長につながるものであつて、青少年の健全な育成に有害であることは、既に社会共通の認識になつている」。

（2）自販機による有害図書の販売と弊害の大きさ

「自動販売機による有害図書の販売は、売手と対面しないため心理的に購入が容易であること、昼夜を問わず購入ができること、収納された有害図書が街頭にさらされているため購入意欲を刺激し易いことなどの点において、書店等における販売よりもその弊害が一段と大きいといわざるをえない」。

（3） 自販機への収納禁止の必要性

「自動販売機業者において、前記審議会の意見聴取を経て有害図書としての指定がされるまでの間に当該図書の販売を済ませることが可能であり、このような脱法行為に有効に対処するためには、本条例六条二項による指定方法も必要性があり、かつ、合理的である……有害図書の自動販売機への収納の禁止は……成人に対する関係においても、有害図書の流通を幾分制約することにはなるものの、青少年の健全な育成を阻害する有害環境を浄化するための規制に伴う必要やむをえない制約である」。

●——伊藤正己裁判官の補足意見

（1） 知る自由の保障と未成年者保護

「知る自由の保障は、提供される知識や情報を自ら選別してそのうちから自らの人格形成に資するものを取得していく能力が前提とされている。青少年は、一般的にみて、精神的に未熟であって、右の選別能力を十全には有しておらず、その受ける知識や情報の影響をうけることが大きいとみられるから、成人と同等の知る自由を保障される前提を欠く……青少年のもつ知る自由は一定の制約をうけ、その制約を通じて青少年の精神的未熟さに由来する害悪から保護される必要がある」。

（2） 未成年者保護と表現の自由規制立法への審査基準

「ある表現が受け手として青少年にむけられる場合には、成人に対する表現の規制の場合のように、その制約の憲法適合性について厳格な基準が適用されない……一般に優越する地位をもつ表現の自由を制約する法令について違憲かどうかを判断する基準（注・明白かつ現在の危険、LRA、事前抑制の禁止、明確性の基準等）……についても成人の場合とは異なり、多少とも緩和した形で適用される」。

① 立法事実（因果関係） 「青少年保護のための有害図書の規制が合憲であるためには、青少年非行などの

害悪を生ずる相当の蓋然性のあることをもって足りると解してよい……現代における社会の共通の認識からみて、青少年保護のために有害図書に接する青少年の自由を制限することは、右にみた相当の蓋然性の要件をみたすものといってよいであろう」。

②　成人の知る自由への制約の程度　「青少年の知る自由を制限する規制がかりに成人の知る自由を制約することがあつても、青少年の保護の目的からみて必要とされる規制に伴って当然に附随的に生ずる効果であつて、成人にはこの規制を受ける図書等を入手する方法が認められている場合には、その限度での成人の知る自由の制約もやむをえない」。

「有害図書として指定されたものは自販機への収納を禁止されるのであるから……成人の知る自由に対するかなりきびしい制約であるということができるが、他の方法でこれらの図書に接する機会が全く閉ざされているとの立証はないし、成人に対しては、特定の態様による販売が事実上抑止されるにとどまるものである」。

③　検閲と包括指定　「包括指定のやり方は、個別的に図書を審査することなく、概括的に有害図書として規制の網をかぶせるものであるから、検閲の一面をそなえている……しかし……青少年保護のための有害図書の規制を是認する以上は、自販機による有害図書の購入は、書店などでの購入と異なって心理的抑制が少なく、弊害が大きいこと、審議会の調査審議を経たうえでの個別的指定の方法によっては青少年が自販機を通じて入手することを防ぐことができないこと……からみて、包括指定による規制の必要性は高い……他に選びうる手段をもっては有害図書を青少年が入手することを有効に抑止することができないのであるから、これをやむをえないものとして認めるほかはない」。

アメリカの判例

インターネット上の性的表現の規制と未成年者保護基準（Ashcroft v. American Civil Liberties Union, 542 U.S. 656 (2004)（Ashcroft Ⅱ））

事実の概要

連邦議会は、未成年者が、インターネット上の性的表現物にさらされることを防止するための法律（Child Online Protection Act（ＣＯＰＡ））を定めた。ＣＯＰＡは、未成年者に有害な内容の表現物を、その内容を知りながら、商業目的で、ウェブ上に流すことを禁止・処罰していた。「未成年者にとって有害な表現物」については詳細な定義がなされ、さらには、抗弁事由も規定されていた。

すなわち、抗弁事由として、これらの表現物にウェブ上で未成年者がアクセスすることができないようにするため、具体的な措置を講じている場合には、刑事責任を免れるのである。その手段として、クレジット・カードの提示を求めるなどが定められていたが、これらの手段は、果たして表現の自由を規制するためのＬＲＡ（より制限的でない他に選びうる手段は存在しない）といえるかどうかが争われていた。

最高裁の多数意見は、政府が、プロバイダー等が指摘するＬＲＡ（フィルタリング等）を無視できるとの証明を果たしておらず、さらには、フィルタリング等の方がＣＯＰＡの定める手段よりも実効的でありうる、とした。

判　旨

裁判当事者が、内容に基づく表現規制の合憲性を争っている場合、当事者が指摘する別の規制方法が、問題の法律が定める手段よりも実効性が欠けていることを証明する責任は政府にある。まず、フィルタリングは、ＣＯ

PAのLRAである。これは、受信者に対して選択的に表現を制限し、発信者に対しては広範な制限を行わない。これによれば、成人は、身分を明かすことなく、またはクレジット・カードを提示することなく、アクセスすることができる。子どもと一緒の場合にも、成人は、フィルタリングを切り替えさえすれば同様に表現物にアクセスすることができるのである。

フィルタリングはCOPAより実効的でもある。フィルタリングであればCOPAでは防げない、外国からのインターネット上のわいせつ表現物へのアクセスも妨げることができる。もっとも、フィルタリングはパーフェクトではなく、未成年者に有害とはいえない表現物をもブロックするかもしれない。逆に有害なものをキャッチし損ねるかもしれない。しかしながら、いかなる欠点があるにせよ、政府はCOPAでとられた手段よりも、これらの手段の方が実効的ではないとの証明をしていない。

●――ブライヤー裁判官の反対意見（COPAが合憲であることについては他三名の裁判官が同調している）

この法律には最も厳格な審査がなされるべきであり、表現への規制に関しては、やむにやまれぬ利益を促進するために狭く定めがなされ、その制限はこの利益を促進するのに利用できる最も制限の少ない手段がとられるべきである。この点については、多数意見に同調する。

未成年者を商業的なわいせつ表現物から保護するとの利益が、やむにやまれぬものであることをだれも否定しない。しかし、フィルタリングという手段は、未成年者保護の問題を解決していない。①このソフトは、望ましくないサイトをブロックするためにキーワード・フレーズを用いているが、わいせつ表現を正確に排除する機能が十分ではない。いうなれば、最もわいせつな映像とミロのビーナスを区別できないのである。②フィルタリングは架設に四〇ドルかかるが、他方、身分確認のためのパスワードであれば二〇セントの費用ですむ。③フィルタリングは親の監視が不可欠であり、家庭環境の現状からすると不徹底である。

第３節　名誉毀損と「公共の利害」

刑法二三〇条一項は「公然と事実を摘示し、人の名誉を毀損した者は、その事実の有無にかかわらず」刑事責任を問われると規定している。しかし、これを文言通り受け取ると、その地位が国民の具体的な信頼に基づく政治家等への批判も困難になり、「表現の自由」「自己統治」の観点から問題がある。そこで、刑法二三〇条の二第一項において「公共の利害に関する事実に係り、かつ、その目的が専ら公益を図ることにあった」場合には「真実であることの証明があったとき」は処罰されないと規定している。

この規定により、主権者国民に伝えられるべき情報はかなり円滑に流れるようになったが、さらに問題がある。「真実性の証明」である。一般論としても、表現の内容が「真実」であることを証明することは難しい。とくに、様々なメディアが発達し、迅速さが求められる現代社会においては、報道機関に「証明」を厳格に求めれば、すべての報道はすでにニュース・バリューを欠いたものになっているといっても過言ではない。そこで最高裁は、「証明」の要件をかなり緩和する判断を示している。

１　名誉毀損と真実性の証明の程度（最大判昭和四四・六・二五刑集二三巻七号九七五頁）

●──事実の概要

Aは、その発行する新聞に、BまたはB経営の新聞の記者が、C市役所の課長らに対して脅迫等を行った旨の記事を掲載したとして、名誉毀損の刑事責任を問われた事件である。その問題の記事は、Bの記者がC市役所課長らに「出すものを出せば目をつむってやるんだが、チビリくさるのでやったるんや」と聞こえよがしの捨てせりふを吐いたうえ、さらに、「しかし魚心あれば水心ということもある、どうだ、お前にも汚職の疑いがあるが、一つ席を変えて一杯やりながら話をつけるか」と凄んだ、との記事を掲載した、というものである。

原審は、Aは「事実」について「真実であることの証明」がなく、「真実であると誤信」していたとしても刑事責任を免れることはできないとし、第一審に続いてAに有罪を言い渡した。最高裁は、従来の判例を変更して、原審の法解釈は誤りであるとして破棄し、第一審に事件を差し戻した。

●――判　旨

「刑法二三〇条ノ二の規定は、人格権としての個人の名誉の保護と、憲法二一条による正当な言論の保障との調和をはかつたものというべきであり、これら両者間の調和と均衡を考慮するならば、たとい刑法二三〇条ノ二第一項にいう事実が真実であることの証明がない場合でも、行為者がその事実を真実であると誤信し、その誤信したことについて、確実な資料、根拠に照らし相当の理由があるときは、犯罪の故意がなく、名誉毀損の罪は成立しない」。

このような「証明」に関してはアメリカにおいても議論されている。民事損害賠償が問題となった事件であるが、新聞記事の対象になった原告の公務員は、その表現が「現実の悪意」に基づいてなされたことを証明する責任を負うとしている。

アメリカの判例

名誉毀損と現実の悪意（New York Times Co. v. Sullivan, 376 U.S. 254（1964））

事実の概要

Aは、アラバマ州モンゴメリー市で選挙された三人の委員のうちの一人である。その任務は警察、消防その他を監督することである。Aは、日刊紙を発行しているニューヨークタイムズ社その他を相手に、民事の名誉毀損訴訟を提起した。その理由は、ニューヨークタイムズに概ね次のような広告が掲載されていたからである。すなわち、学生たちのリーダーが大学から排除され、数多くの警察官がショットガンを携え、催涙ガスがキャンパスを覆った。食堂にはカギがかけられ、学生たちを兵糧攻めにした。また、南部の暴力主義者は、キング牧師の自宅を爆破し妻子を殺害しそうになった。彼らは彼の身体に攻撃を加えた。彼らは彼を七回逮捕した、等である。これらの広告には、Aの名前は一切出てこないのであるが、「警察」「彼ら」という言葉により、Aが非難されていると読むことができると主張された。

判旨

公的な問題に関する討論は、抑制されることなく、活発に、広くオープンになされるべきである。この討論においては、政府や公務員に対して、激しく、痛烈で、時として不快なほどに辛辣な攻撃がなされることがある。

公務員の行為を批判する者に対して、その事実に関する主張すべてについて、真実であることの保証を強制することは、自己検閲に匹敵する。被告に証明の責任を負わせて真実性についての防御をさせることを認めるならば、虚偽の言論だけが抑止されることにはならない。この場合、公務員の行為を批判しようとしても、その批判は抑制されてしまうかもしれない。たとえそれが真実であると信じていても、さらには、真に真実であったとしても、である。なぜならば、裁判所において証明されるかどうか、そのための出費をおそれるかどうかは疑問だからである。このルールは、活力を削ぎ、様々な討論を制限してしまい、修正一条・一四条に一致しない。

そこで、憲法は次のことを求めている。すなわち、公務員が、自分の公的職務への虚偽の、名誉毀損的な言論に対して損害賠償を請求できるのは、その言論が、現実の悪意、すなわち、虚偽であることを知ったうえで、または、虚偽であるか否かを問わず、後先考えずに無視してなされたものであることを、自らが証明した場合である。

このように日米において、「真実性の証明」が議論されているが、その前提となる「公共の利害」をめぐっても議論される。ニューヨークタイムズ事件においては原告が公務員であり、前記最大判昭和四四・六・二五においても原告こそ新聞社であるが、問題の記事は公務員の汚職が問題となっていた。では、公務員以外は「公共の利害」にあたらないのか問題となる。わが国の最高裁は、私人であってもこれに該当する場合があるとしている。

2 宗教上の指導者による言動の影響力と「公共の利害」（最一判昭和五六・四・一六刑集三五巻三号八四頁）

●事実の概要

Aは、出版社の編集局長であるが、その発行する月刊誌上において、C宗教法人の会長Bの私的行為をとりあげた。すなわち、Bは金脈もさることながら、女性関係がきわめて華やかであり、その雑多な関係が病的、色情狂的でさえあり、お手付き情婦として二人を国会に送り込んだ等の表現で批判したとし、名誉毀損の罪に問われた。最高裁はこれら表現を「公共の利害」にあたるとした（なお、「真実」の証明はなされなかった）。

●判　旨

「私人の私生活上の行状であつても、そのたずさわる社会的活動の性質及びこれを通じて社会に及ぼす影響力の程度などのいかんによつては……『公共ノ利害ニ関スル事実』にあたる場合がある……本件についてこれをみると……多数の信徒を擁するわが国有数の宗教団体である……教義ないしあり方を批判しその誤りを指摘するにあたり……〔B〕の女性関係が乱脈をきわめており、同会長と関係のあつた女性二名が同会長によつて国会に送り込まれていることなどの事実を摘示したものである」。

「同会長は、同会において、その教義を身をもつて実践すべき信仰上のほぼ絶対的な指導者であつて、公私を問わずその言動が信徒の精神生活に重大な影響を与える立場にあつたばかりでなく、右宗教上の地位を背景とした直接・間接の政治的活動等を通じ、社会一般に対しても少なからぬ影響を及ぼしていたこと、同会長の醜聞の相手方とされる女性二名も、同会婦人部の幹部で元国会議員という有力な会員であつた」。

「〔こ〕のような行状は……『公共ノ利害ニ関スル事実』にあたる……表現方法や事実調査の程度などは……公益目的の有無の認定等に関して考慮されるべきことがらであつて……『公共ノ利害ニ関スル事実』にあたるか否かの判断を左右するものではない」。

第４節　プライバシー侵害

表現行為によって、他人に知られたくない私生活等が描写される場合がある。このような私生活の秘密をプライバシーと呼ぶことができる。これを明文で保護する実定法上の規定は存在しないが、法的な保護を受けることを裁判上はじめて明らかにしたとされるのが、「宴のあと」事件である。ここでは、実在の人物・事件を参考にした、いわゆるモデル小説について、表現の自由とプライバシーの関係が議論されている。

1 「宴のあと」事件（東京地判昭和三九・九・二八判時三八五号一二頁）

●事実の概要

Aは、その小説の中に、元外務大臣であり都知事選挙に立候補し落選した者を主人公として登場させ、これをB出版社の雑誌に連載した。その中では主人公と、料亭を経営していた妻との愛情と確執、閨房について具体的に描写されていた。この小説の主人公がCをモデルとしたものであることは明らかであり、Cは、Aおよびこの小説を単行本として発行したD株式会社を被告として、損害賠償と謝罪広告の掲載を求めて訴えを提起した。東京地裁は八〇万円の賠償を命じた。

●判旨

（1）モデル小説における主人公と実在のモデル

「モデル小説といわれるものは小説としての文芸的価値以外のモデル的興味に対して読者の関心が向けられるという宿命にある……世人の記憶に生々しい事件を小説の筋立てに全面的に使用しているため、一般の読者が小説のモデルを察知し易いことは原告の実名を挙げた場合とそれほど大きな差異はない」。

「一般の読者は、そのフィクションと事実とを小説の叙述のうえで明確に識別することは難しく……読者にとって既知の事実が極めて巧みに小説の舞台に織り込まれ……作者の企図した『現実感』という効果が読者に強く迫り、迫真性を帯び……モデルおよび事件に対する世人の記憶がまだ生々しい間に発表され……本来なら主人公の私生活の叙述であるにすぎないものがモデルである原告……の私生活を写しまたはそれに着想した描写ではないかと連想させる結果を招（原文・傍点ママ）」くことになる。

（2） 憲法における個人の尊厳と私事を公開されない権利

「近代法の根本理念の一つであり、また日本国憲法のよって立つところでもある個人の尊厳という思想は、相互の人格が尊重され、不当な干渉から自我が保護されることによってはじめて確実なものとなる……そのためには、正当な理由がなく他人の私事を公開することが許されてはならないことは言うまでもない……このことの片鱗はすでに成文法上にも明示され……その尊重はもはや単に倫理的に要請されるにとどまらず、不法な侵入に対しては法的救済が与えられるまでに高められた人格的利益である」。

（3） 法的救済が与えられるための基準

「プライバシーの侵害に対し法的な救済が与えられるためには、公開された内容が（イ）私生活上の事実または私生活上の事実らしく受け取られるおそれのあることがらであること、（ロ）一般人の感受性を基準にして当該私人の立場に立った場合公開を欲しないであろうと認められることがらであること……（ハ）一般の人々に未だ知られていないことがらであることを必要とし、このような公開によって当該私人が実際に不快、不安の念を覚えたことを必要とするが、公開されたところが当該私人の名誉、信用というような他の法益を侵害するものであることを要しない」。

このように、東京地裁は、小説の主人公を描写したものであっても、それがモデルの私生活らしく読者に受けとられることによる精神的苦痛に対して法的保護が与えられるとした。ところで、この事件のモデルは公的な人物であり、その公的地位の評価を受けるに必要な限りで、一定の私事の公開も認められなければならない場合が生じるが、このような地位にない者の私事の公開には、一層の保護が認められなければならない。このことを明らかにしたのが、「石に泳ぐ魚」事件（最三判平成一四・九・二四判タ一一〇六号七二頁）である。

この事件で問題になった小説の登場人物は、日本生まれで韓国籍を有し、卒業した大学、在籍する大学院および専攻、その顔面には完治の見込みのない腫瘍があり、またその父親は国際政治学の教授であり、講演先の韓国でスパイ容疑により逮捕されたことまでも原告と一致している。加えて、新興宗教への入信等の虚構の事実が述べられ、その顔面の腫瘍については、通常人が嫌う生物や原形をとどめない水死体の顔等にたとえられ、異様なもの、悲劇的なもの、気味の悪いもの等と受け取られる苛烈な表現が用いられている。そこで原告は、出版社等を被告として、不法行為に基づく慰謝料の支払い、謝罪広告の掲載、出版等の差止めを求めて訴えを提起した。

最高裁は、小説中の人物と原告とは、容易に同定可能であり、本件小説の公表により、原告のプライバシーが侵害されたとし、その上で「〔原告〕は大学院生にすぎず公的立場にある者ではなく……表現内容は、公共の利害に関する事項でもない。さらに、本件小説の出版等がされれば……〔原告〕の精神的苦痛が倍加され……平穏な日常生活や社会生活を送ることが困難となるおそれがある」として、出版の差止めを認めた。

このようなモデル小説と類似するものに、ノンフィクション小説がある。実在の事件等を、小説の手法を用いて伝えようとするものであるが、登場人物である私人の実名を用い、人に知られたくない前科情報を公表することに対して最高裁は消極的に理解した。ノンフィクション「逆転」事件（最三判平成六・二・八民集四八巻二号一四九頁）において、最高裁は「前科にかかわる事実は……社会一般の関心あるいは批判の対象となるべき事実にかかわるものであるから、事件それ自体を公表することに歴史的又は社会的な意義が認められるような場合には……その実名を明らかにすることが許されないとはいえない」としつつも、この作品の対象となった「裁判から本件著作が刊行されるまでに一二年の歳月が経過しているが、その間……〔原告が〕社会復帰に努め、新たな生活環境を形成していた事実に照らせば……その前科にかかわる事実を公表されないことにつき法的保護に値する利益を有していた」と判断した。

このように最高裁は、公的人物と比べて私人のプライバシーを厚く保護する姿勢を示している。さらに、少年法は、少年の犯した犯罪についての推知報道を禁止しているが、推知されない範囲は不特定多数者であることを明らかにした事件を次に紹介する。

2　少年法上の推知報道とプライバシー（最二判平成一五・三・一四民集五七巻三号二二九頁）

●事実の概要

原告は、殺人等の四つの事件により起訴され、被告は、A週刊誌を発行している出版社である。被告は、原告の刑事事件の係属中に、原告について仮名を用いたうえで、犯行態様、被害者の両親の思いや法廷の様子等の記事（本件記事）をA週刊誌に掲載した。原告は、本件記事により名誉を毀損され、プライバシーを侵害されたとして、不法行為に基づく損害賠償を請求し、原審は、その一部を認容した。

その理由は、仮名は原告の実名と類似しており、出生年月日、出生地、非行歴、職歴、交友関係等が詳細に記載されており、原告と面識を有する特定多数の読者は、仮名の人物が原告であることを容易に推知できるとしている。このことは、少年法六一条「……少年のとき犯した罪により公訴を提起された者については、氏名、年齢、職業、住居、容ぼう等によりその者が当該事件の本人であることを推知することができるような記事又は写真を新聞紙その他の出版物に掲載してはならない」に違反するとした。

●判　旨

「少年法六一条に違反する推知報道かどうかは……不特定多数の一般人がその者を当該事件の本人であると推知することができるかどうかを基準にして判断すべき」である。本件記事は「当時の実名と類似する仮名が用いられ、その経歴等が記載されているものの……〔原告〕と特定するに足りる事項の記載はないから……〔原告〕と面識等のない不特定多数の一般人が、本件記事により……本人であることを推知することができるとはいえない」。

以上は、表現行為により、「情報」としてのプライバシーが侵害された場合であるが、「空間」としての個人のプライバシーが表現によって侵害される場合がある。

3 集合郵便受けへのビラ配布とプライバシー侵害（最二判平成二〇・四・一一刑集六二巻五号一二一七頁）

●事実の概要

立川宿舎は、防衛庁（当時）の職員およびその家族が居住するために国が設置している宿舎である。立川自衛隊監視テント村（テント村）は、反戦平和を課題とし示威運動、駅頭情報宣伝活動、自衛隊駐屯地に対する申入れ活動を行っている団体である。Aらはいずれもこの団体の構成員である。

テント村は、自衛隊のイラク派遣に反対し、自衛官にイラク派兵に反対するよう促し、自衛官のためのホットラインの存在を知らせるA四判大のビラを作成し、これを、平成一五年一〇月中ごろから月に一回の割合で、立川宿舎の各号棟の一階出入り口の集合郵便受けまたは各室玄関ドアの新聞受けに投函した。そこで、立川宿舎では、ビラ配りを含む「禁止事項表示板」を各号棟の一階出入り口等に設置すると同時に、住居侵入の被害届が提出された。その後、平成一六年二月、Aらは立川宿舎の敷地内に立ち入り、同様の内容のビラを各室玄関ドアの新聞受けに投函したために起訴された。

最高裁は、Aらの行為に刑法一三〇条前段（住居侵入罪）を適用して処罰しても、憲法二一条に違反しないとした。

●判旨

「本件では、表現そのものを処罰することの憲法適合性が問われているのではなく、表現の手段すなわちビラの配布のために『人の看守する邸宅』に管理権者の承諾なく立ち入ったことを処罰することの憲法適合性が問われている」。

「本件で〔A〕等が立ち入った場所は……一般に人が自由に出入りすることのできる場所ではない。たとえ表現の自由の行使のためとはいっても、このような場所に管理権者の意思に反して立ち入ることは、管理権者の管理権を侵害するのみならず、そこで私的生活を営む者の私生活の平穏を侵害するものといわざるを得ない」。

第５節　パブリック・フォーラム

ビラ配布・ポスター掲示等は、市民にとって最も手軽なメディアであり、尊重されなければならないが、まったくの無制限とはいえず、たとえば街の美観維持という利益によって制限されうる。これについて大阪市屋外広告物条例事件・最大判昭和四三年一二月一八日刑集二二巻一三号一五四九頁は「国民の文化的生活の向上を目途とする憲法の下においては、都市の美観風致を維持することは、公共の福祉を保持する所以であるから、この程度の規制は、公共の福祉のため、表現の自由に対し許された必要且つ合理的な制限と解することができる」とした。

同様の判断は、大分県屋外広告物条例事件（最三判昭和六二・三・三刑集四一巻二号一五頁）においても示されたが、この事件の伊藤正己裁判官の補足意見は表現行為の規制にあたり、その目的と手段の関係に着目し、とりわけ後述するパブリック・フォーラムにおいては安易な表現規制は適用違憲の問題を生じると指摘されている。「何が美観風致にあたるか……の判断には慎重さが要求される……しかしながら……ある共通の通念が美観風致について存在することは否定できず、それを維持することの必要性は一般的に承認を受けている……したがって、抽象的に考える限り、美観風致の維持を法の規制の目的とすることが公共の福祉に適合すると考えるのは誤りではない〔が〕……正当な目的を達成するために法のとる手段もまた正当なものでなければならない」。「ビラやポスターを貼付するに適当な場所や物件は……パブリック・フォーラム……たる性質を帯びる……そうとすれば、とくに思想や意見にかかわる表現の規制となるときは、美観風致の維持という公共の福祉に適合する目的をもつ規制であるというのみで、たやすく合憲であると判断するのは即断にすぎる」。「本条例は、その規制範囲がやや広きに失するうらみはあるが、違憲を理由にそれを無効の法令と断定することは相当ではない〔が〕……場合によっては適用違憲の事態を生ずることをみのがしてはならない……それぞれの事案の具体的な事情に照らし……その地域の美観風致の侵害の程度と掲出された広告物にあらわれた表現のもつ価値とを比較衡量した結果、表現の価値の有する利益が美観風致の維持の利益に優越すると判断されるときに、本条例の定める刑事罰を科することは、適用において違憲となるのを免れない」。

このような、ビラ配布の規制とパブリック・フォーラムの関係は、駅構内におけるビラ配布が問題になった事件においても指摘されている。

駅構内におけるビラ配布とパブリック・フォーラム（最三判昭和五九・一二・一八刑集三八巻一二号三〇二六頁）

事実の概要

Aらは、B駅構内において、同駅係員の許諾を受けないで乗降客らに対しビラ多数枚を配布して演説等を繰り返したうえ、退去要求を無視して約二〇分間、同駅内に滞留したため鉄道営業法三五条および刑法一三〇条後段に該当するとして起訴された。鉄道営業法三五条は「鉄道係員ノ許諾ヲ受ケスシテ車内、停車場其ノ他鉄道地内ニ於テ……物品ヲ配付シ其ノ他演説勧誘等ノ所為ヲ為シタル者ハ科料ニ処ス」と定めている。また、改正前の刑法一三〇条は「故ナク人ノ住居又ハ人ノ看守スル邸宅、建造物……ニ侵入シ又ハ要求ヲ受ケテ其場所ヨリ退去セサル者」を処罰するとしている。最高裁は、表現の手段（他人の財産権・管理権への侵害）に対する規制であることを理由として、憲法に違反しないとした。

●——判　旨

「憲法二一条一項は、表現の自由を絶対無制限に保障したものではなく、公共の福祉のため必要かつ合理的な制限を是認するものであつて、たとえ思想を外部に発表するための手段であつても、その手段が他人の財産権、管理権を不当に害するごときものは許されない」。

Aらの行為が罪に問われた「駅南口一階階段付近は、構造上同駅駅舎の一部で……電車を利用する乗降客のための通路として使用されており、また、同駅の財産管理権を有する同駅駅長がその管理権の作用として、同駅構内への出入りを制限し若しくは禁止する権限を行使している……同駅南口一階の同駅敷地部分とこれに接する公道との境界付近に設置されたシヤツターは同駅業務の終了後閉鎖されるというのであるから……『鉄道地』にあたるとともに……『人ノ看守スル建造物』にあたる……たとえ同駅の営業時間中は右階段付近が一般公衆に開放され事実上人の出入りが自由であるとしても、同駅長の看守内にないとすることはできない」。

この事件で、伊藤正己裁判官がパブリック・フォーラムについて説明しているので紹介しよう。

●——伊藤正己裁判官の補足意見

「ある主張や意見を社会に伝達する自由を保障する場合に、その表現の場を確保することが重要な意味をもっている……一般公衆が自由に出入りできる場所は……表現のための場として役立つことが少なくない……これを『パブリック・フオーラム』と呼ぶことができよう。このパブリツク・フオーラムが表現の場所として用いられるときには、所有権や、本来の利用目的のための管理権に基づく制約を受けざるをえないとしても、その機能にかんがみ、表現の自由の保障を可能な限り配慮する必要がある」。

「本件に関連する『鉄道地』……についていえば……鉄道の営業主体が所有又は管理する用地・地域のうち、駅のフォームやホール、線路のような直接鉄道運送業務に使用されるもの及び駅前広場のようなこれと密接不可分の利用関係にあるものを指す……しかし……駅前広場のごときは、その具体的状況によつてはパブリック・フオーラムたる性質を強くもつことがありうるのであり……そこでのビラ配布を同条違反として処罰することは、憲法に反する疑いが強い」。

第6節　集会の自由

パブリック・フォーラムは、表現がなされる場を問題としたものであるが、こうした場所において、複数人が自己の主張を交換しあうところに表現の自由の意義がある。そこで、この前提となるのが集会の自由である。しかし、この自由も無制限ではないことは当然であるが、集会の前提となる複数人を収容するだけのキャパシティがその場所にあるか、重要な問題である。公園の管理権を通してこの問題が検討された事件から紹介しよう。

1　皇居外苑使用不許可事件（最大判昭和二八・一二・二三民集七巻一三号一五六頁）

事実の概要

原告・日本労働組合総評議会は、昭和二七年五月一日のメーデーのために皇居外苑使用許可申請を行ったが、被告・厚生大臣はこれを拒否したので、その取消を求めて訴えを提起した。最高裁は、メーデーの当日が経過した時点で、原告は判決を求める法律上の利益を喪失したとする原審の判断を支持したが、そのうえで、念のためとして、本件処分は違法とはいえないとしている。

●―判　旨

「国民が同公園に集合しその広場を利用することは、一応同公園が公共の用に供せられている目的に副う使用の範囲内のことであり、唯本件のようにそれが集会又は示威行進のためにするものである場合に、同公園の管理上の必要から、これを厚生大臣の認可にかからしめた……管理権者たる厚生大臣は、皇居外苑の公共福祉用財産たる性質に鑑み、また、皇居外苑の規模と施設とを勘案し、その公園としての使命を十分達成せしめるよう考慮を払った上、その拒否を決しなければならない」。

「厚生大臣は、皇居外苑を旧皇室苑地という由緒を持つ外、現在もなお皇居の前庭であるという特殊性を持った公園であるとし、この皇居外苑の特性と公園本来の趣旨に照らしてこれが管理については、速に現状回復をはかり、常に美観を保持し、静隠を保持し、国民一般の散策、休息、鑑賞及び観光に供し、その休養慰楽、厚生に資し、もってできるだけ広く国民の福祉に寄与することを基本方針としている」。

「〔本件申請にかかるメーデーは〕参加人員約五十万人の予定で午前九時から午後五時まで……国民一般の立入を禁止している緑地を除いた残部の人員収容能力は右参加予定員数の約半数……尨大な人数、長い使用時間からいって、当然公園自体が著しい損壊を受けることを予想せねばならず……長時間に亘り一般国民の公園としての本来の利用が全く阻害される……これらを勘案すると本件不許可処分は……管理権の適正な運用を誤ったものとは認められない」。

この最高裁の判断には、いくつかの問題がある。まず、公園がその目的に従って利用されるべく事前の許可等を求めることが許されるとしても、最高裁は公園の目的について「一般の散策、休息」等を強調し、本件デモ行進は専らそれらを妨げると位置づけ、公園のパブリック・フォーラムとしての性格をほとんど無視している。また、単独での表現行為とは異なり、多数人が集会し、統一的な見解をアピールすることの意義についても認識が不十分であるように思われる。このことが、本件デモ行進は公園自体への著しい損壊をもたらすとの、やや安易な判断を導き出した原因のように思われる。本件デモ行進への許可を行うことを前提に、公園の損壊等を防ぐべく、その具体的方法等を主催者とともに模索する必要があったと思われる。

ところで、公共団体等が設置・管理する市民会館等は、まさに集会の自由を行使するための施設であり、地方自治法の「公の施設」として、市民によるその利用を拒否してはならない。しかし、利用者への外部からの暴力等が予想され、その安全を確保するために利用を拒否することは認められるだろうか。そうした危害等によって正当な集会や言論が封じ込められることは許されるべきことではないが、現に予想される危害等に対処できないという場合に、その利用を拒否することはやむをえない。これについて、最高裁の判断を紹介しよう。

2　過激派による市民会館の使用と付近住民等の生命・身体・財産への侵害（最三判平成七・三・七民集四九巻三号六八七頁）

●事実の概要

Aらは市立の市民会館（本件会館）ホール（定員八一六名）で「関西新空港反対全国総決起集会」（本件集会）を開催することを企画し、その使用許可申請を行ったが、不許可とする処分がなされたため、損害賠償の請求がなされた事件である。

本件会館は、市民の文化、教養の向上をはかり、あわせて集会等の用に供する目的で設置したものである。駅前ターミナルの一角にあり、付近は道路を隔てて約二五〇店舗の商店街があり、市内最大の繁華街を形成している。

●—判　旨

「本件会館は、地方自治法二四四条にいう公の施設に当たるから……正当な理由がない限り、住民がこれを利用することを拒んではならず（同条二項）、また、住民の利用について不当な差別的取扱いをしてはならない（同条三項）」。

「集会の用に供される公共施設の管理者〔が〕……その利用を拒否し得るのは……施設をその集会のために利用させることによって、他の基本的人権が侵害され、公共の福祉が損なわれる危険がある場合に限られる……このような場合には、その危険を回避し、防止するために、その施設における集会の開催が必要かつ合理的な範囲で制限を受ける……右の制限が必要かつ合理的なものとして肯認されるかどうかは、基本的には、基本的人権としての集会の自由の重要性と、当該集会が開かれることによって侵害されることのある他の基本的人権の内容や侵害の発生の危険性の程度等を較量して決せられるべきものである」。

「本件集会の実質上の主催者と目されるＧ派は、関西新空港建設工事の着手を控えて、これを激しい実力行使によって阻止する闘争方針を採っており……空港関係機関に対して爆破事件を起こして負傷者を出すなどし……本件集会をこれらの事件に引き続く関西新空港建設反対運動の山場としていたものであって、さらに、対立する他のグループとの対立緊張も一層増大していた……右時点において本件集会が本件会館で開かれたならば、対立する他のグループがこれを阻止し、妨害するために本件会館に押しかけ……本件会館又はその付近の路上等においてグループ間での暴力を伴う衝突が起こるなどの事態が生じ、その結果、グループの構成員だけでなく、本件会館の職員、通行人、付近住民等の生命、身体又は財産が侵害されるという事態を生ずることが、客観的事実によって具体的に明らかに予見された」。

この事件では、集会の利用者自体が過激派であり、他の組織等との対立・緊張関係によって繁華街の一般市民の生命・身体等に危害を及ぼすことが懸念されていた。しかしながら、会館内外の管理および警備への懸念から、その使用を拒否する際には、客観的な事実に照らし、その予想される混乱を防止できないとの特別の事情があることを必要とするとしたのが、最二判平成八・三・一五民集五〇巻三号五四九頁である。すなわち、「本件条例六条一項一号は、『会館の管理上支障があると認められるとき』を本件会館の使用を許可しない事由として規定しているが、右規定は、会館の管理上支障が生ずるとの事態が、許可権者の主観により予測されるだけでなく、客観的な事実に照らして具体的に明らかに予測される場合に初めて、本件会館の使用を許可しないことができることを定めたものと解すべきである」。さらに、「主催者が集会を平穏に行おうとしているのに……反対する者らが、これを実力で阻止し、妨害しようとして紛争を起こすおそれがあることを理由に公の施設の利用を拒むことができるのは……警察の警備等によってもなお混乱を防止することができないなど特別な事情がある場合に限られる」と判示した。

以上のように、市民会館等の利用に関しては表現の自由の観点からも公正・公平に利用させなければならず、利用拒否については慎重にやむをえない場合に限定してされなければならない。しかし、利用者はいずれにせよ行政による事前のフィルターを通過しない限り施設は利用できず、そこでの表現行為は制限される。このことは、事後の規制とは異なる大きな脅威を表現にもたらす。この点について憲法は、二一条二項において「検閲の禁止」を掲げている。

第７節　検閲の禁止

1　検閲の概念と税関検査（最大判昭和五九・一二・一二民集三八巻一二号一三〇八頁）

●検閲の概念

最高裁は検閲の概念について次のように定義している。「『検閲』とは、行政権が主体となつて、思想内容等の表現物を対象とし、その全部又は一部の発表の禁止を目的として、対象とされる一定の表現物につき網羅的一般的に、発表前にその内容を審査した上、不適当と認めるものの発表を禁止することを、その特質として備えるものを指すと解すべきである」。

最高裁は、この「検閲」概念に基づき、それぞれの「事前規制」がこれに該当するかどうかという観点から検討しようとしている。この事件では、税関検査が問題になっていたが、次のように「検閲」にはあたらないとした。

●判　旨

「税関検査の結果……それが三号物件に該当する……旨の通知がされたときは……当該表現物に表された思想内容等は、わが国内においては発表の機会を奪われることとなる……しかし……一般に、国外においては既に発表済みのものであつて……事前に発表そのものを一切禁止するというものではない」。

「関税徴収手続の一環として、これに付随して行われるもので、思想内容等の表現物に限らず……全般を対象とし、三号物件についても……付随的手続の中で容易に判定し得る限りにおいて審査しようとするものにすぎず、思想内容等それ自体を網羅的に審査し規制することを目的とするものではない……税関長の通知がされたときは司法審査の機会が与えられているのであつて、行政権の判断が最終的なものとされるわけではない」。

この税関検査と同様、事前規制ではあるが、人格権に基づく妨害予防請求の仮処分申請において、無審尋で出版等を差止めることが「検閲」に該当しないとされた事例がある。

2 表現の自由と仮処分による事前規制（最大判昭和六一・六・一一民集四〇巻四号八七二頁）

●事実の概要

Aは、市長を経て、昭和五四年四月施行予定の北海道知事選挙に立候補する予定であった。Bは、その発行する本件雑誌において「ある権力者の誘惑」と題する本件記事の原稿を作成し、同年二月八日に校了し、印刷等の準備をしていた。本件記事は、北海道知事は聡明で責任感が強く人格が清潔で円満でなければならないとし、Aはこの適格要件を備えていないと批判した。すなわち、「嘘と、ハツタリと、カンニングの巧みな」少年であった、「己れの利益、己れの出世のためなら、手段を選ばないオポチユニスト」、「メス犬の尻のような市長」等の文章を記すことになっていた。Aは、同年二月一六日、札幌地裁に対し、名誉権の侵害を予防するとの理由で、本件雑誌の執行官保管、その印刷、製本または頒布の禁止を命ずる仮処分申請をした。

●判　旨

「本件記事は、北海道知事選挙に重ねて立候補を予定していた……Aの評価という公共的事項に関するもので、原則的に差止めを許容すべきでない類型に属するものであるが……ことさらに下品で侮辱的な言辞による人身攻撃等を多分に含むものであつて、到底それらが専ら公益を図る目的のために作成されたものということはできず、かつ真実性に欠けるものであることが……明らかであつた……選挙を二か月足らず後に控えた……〔A〕としては、本件記事を掲載する本件雑誌の発行によつて事後的には回復しがたい重大な損失を受ける虞があつた」。「仮処分による事前差止めは、裁判の形式によるとはいえ、口頭弁論ないし債務者の審尋を必要的とせず、立証についても疎明で足りるとされている……満足的仮処分として争いのある権利関係を暫定的に規律するものであつて、非訟的な要素を有することを否定することはできないが、仮処分による事前差止めは……個別的な私人間の紛争について、司法裁判所により、当事者の申請に基づき差止請求権等の私法上の被保全権利の存否、保全の必要性の有無を審理判断して発せられるものであつて……『検閲』には当たらない」。

「公共の利害に関する事項についての表現行為……の事前差止めを仮処分手続によつて求める場合……口頭弁論ないし債務者の審尋を必要的とせず、立証についても疎明で足りるものとすることは……手続的保障として十分であるとはいえ〔ない〕……ただ、差止めの対象が公共の利害に関する事項についての表現行為である場合においても、口頭弁論を開き又は債務者の審尋を行うまでもなく、債権者の提出した資料によつて、その表現内容が真実でなく、又はそれが専ら公益を図る目的のものでないことが明白であり、かつ、債権者が重大にして著しく回復困難な損害を被る虞があると認められるときは、口頭弁論又は債務者の審尋を経ないで差止めの仮処分命令を発したとしても、憲法二一条の前示の趣旨に反するものということはできない」。

一般人にとって、思想等の情報に触れる最も重要な機会が提供されるのは図書館であるから、図書館においては、図書の恣意的な選別等が行われることがないようにしなければならない。さらには、このような選別等によって、著作者の人格権が侵害されるとした事件があるので紹介する。

3　図書館職員による図書の廃棄と著者の表現の自由（最一判平成一七・七・一四民集五九巻六号一五六九頁）

●事実の概要

原告は、新しい歴史教科書をつくり、児童・生徒に配布することを目的とする団体およびその役員らである。Aは、被告B市の図書館の司書として勤務していたが、B市図書館条例が定める図書館資料除籍基準に該当しないにもかかわらず、原告の執筆・編集にかかる書籍一〇〇冊余をコンピューターの蔵書リストから除籍する処理を行った（本件廃棄）。そこで、原告は本件廃棄により著作者としての人格的利益等を侵害され、精神的苦痛を受けたとして被告等に賠償請求をした（なお、Aは本件廃棄を理由として懲戒処分を受けた）。

原審は、原告には、その著作物が図書館に収蔵され、閲覧に供されることにつき何らの法的な権利・利益を有するものでないとして、請求を棄却したが、最高裁は、これを破棄し差し戻した。

●判　旨

「公立図書館は、住民に対して思想、意見その他の種々の情報を含む図書館資料を提供してその教養を高めること等を目的とする公的な場ということができる。そして、公立図書館の図書館職員は、公立図書館が上記のような役割を果たせるように、独断的な評価や個人的な好みにとらわれることなく、公正に図書館資料を取り扱うべき職務上の義務を負う」。

「公立図書館の図書館職員が閲覧に供されている図書を著作者の思想や信条を理由とするなど不公正な取扱いによって廃棄することは、当該著作者が著作物によってその思想、意見等を公衆に伝達する利益を不当に損なう……公立図書館において、その著作物が閲覧に供されている著作者が有する上記利益は、法的保護に値する利益である」。

「公立図書館の図書館職員である公務員が、図書の廃棄について、基本的な職務上の義務に反し……独断的な評価や個人的な好みによって不公正な取扱いをしたときは、当該図書の著作者の上記人格的利益を侵害するものとして国家賠償法上違法となるというべきである」。

アメリカの判例

1　映画の検閲と表現の自由（Freedman v. Maryland, 380 U.S. 51（1965））

●事実の概要

メリーランド州法では、映画は上映される前に州検閲委員会に提出し、その許可を受けなければならなかったが、Aはこの事前提出を行わずある映画の上映を行った。州は、Aが事前提出すればこの映画の上映は許可されるであろうことを認めているが、Aは原審において有罪となった。最高裁はこれを破棄した。

●判　旨

Aは、最初に検閲委員会によって、判断がなされなければならないとの手続に着目している。すなわち、裁判所による介入が一切行われないまま、検閲委員会によって承認されないフィルムは、その一切の上映が次々に禁止されてしまう。これを阻止しようとするならば、上映する側が、多くの時間を費さざるをえない訴えを提起し、検閲委員会の判断をくつがえさせる判決を勝ち取らなければならないのである、と主張している。

この法律のもとでは、上映者は検閲のためにフィルムを委員会に提出することが求められるが、いつまでにその判断がなされるかについて、何らの時間的な制限がない。上映を禁止する手続において裁判所が介入する規定は存在しないし、ましてや迅速な司法審査の規定もない。遅延する危険が手続の中に内在している。

この検閲の手続においては、上映者に負担がかかってしまう。検閲官は検閲することが仕事であるため、表現の自由という憲法上保護された利益に対して、裁判官よりも敏感さが欠けていることが考えられる。さらに、遅延やその他の理由から、司法審査を求めることは煩わしいので、検閲官の判断が最終的なものとなってしまうかもしれない。

検閲官の下に、事前にフィルムを提出させる非刑事手続において、憲法違反の問題を避けるためには、次のような手続上の保護が必要である。第一に、フィルムが保護されていない表現であることを証明するのは検閲官側でなければならない。第二に、保護されていないフィルムすべての上映を効率よく禁止していくためには、すべてのフィルムを事前に提出させることは許されるが、フィルムが憲法上保護された表現であるかどうかについて検閲官の判断が最終的となるような手続がとられてはならない。

このような事前の規制は、具体的な表現物への検閲のみならず、表現物を扱う書店の営業許可という場面においても問題になる。

2　アダルト・ビジネスのライセンスと許可審査基準（City of Littleton v. Z.J.Gifts D-4, L.L.C., 541 U.S. 774 (2004)）

●事実の概要

A市においては、アダルト向けの書店やビデオ店を開設するにはライセンスが必要である。ライセンス取得のための要件を定める市条例には、その営業についての基本的な情報が提供されること、アダルト・ビジネスに関するゾーニング規制（教会とデイケアセンターから五〇〇フィート以内の設置禁止）を遵守すること、ライセンスが拒否される八つの状況、審査期間（通常約四〇日間）、行政の最終判断に対する訴訟提起、についてが規定されていた。

Bは、ゾーニングに違反してアダルト書店を開設したが、ライセンスを申請することなく、この法律が文面上違憲であるとして訴訟提起した。原審第一〇巡回区控訴審は、ライセンス拒否に対する迅速な司法判断が確保されていないと判断した。これに対してA市は、修正一条は、拒否処分に対する「司法審査への迅速なアクセス」(prompt access to judicial review)を保障し、「迅速な裁判所の判断」(prompt judicial determination)までを保障しているわけではない、また、いずれにせよ、本法律は「迅速な裁判所の判断」の要請を満たしている、と主張した。

最高裁は、前者を否定し、後者を肯定した。

● 判旨

裁判所の判断の遅れは、裁判所へのアクセスの遅れと同じくらいに、ライセンスが合理的な期間内に認められることを妨げる。

しかし、A市の通常の司法審査の手続は、裁判所が、修正一条を侵害しないように気を配り、その手続を進めていけば、憲法上の要請を満たすのに十分な内容である。そして、このことを裁判所が実践しているかどうかは、事例ごとに判断される問題である。その理由は、①遅延による修正一条への侵害を避けるに十分な装置が裁判所にはあること、②裁判所は、不当な遅延が、表現を抑圧し憲法違反となることを意識している。また、この問題が起きても連邦の救済手段が存在する。③ライセンスは、客観的で差別的ではなく、また表現物の内容とはかかわりない基準で審査される。すなわち(i)一定の年齢以下であること、(ii)虚偽の情報を提供していること、(iii)一年以内にアダルト・ビジネスのライセンスを取り消されまたは停止されたこと、(iv)前年オープンしたアダルト・ビジネスが州法上の公的ニューサンスにあたるとされたこと、(v)州内において営業を認められていないこと、(vi)滞納、(vii)消費税徴収ライセンスを受けていないこと、(viii)五年以内に一定の犯罪について有罪とされていること、である。これら客観的な基準は適用が容易であり、これらの基準を用いることにより、実務上、アダルト商品が展示されることを全体として抑圧することにはならない。

以上は、国家権力が表現を事前に規制しようとした事件であるが、政府保有の機密文書がマスコミ等を通じて公開されようとする場合に、政府が原告となって訴えを提起し、これを阻止しようとする場合がある。主権者国民の知る権利を満たすというメリットと機密情報の公開がもたらすデメリットとの難しい衡量が求められるが、政府による公開規制の訴えを退けた事件を紹介しよう。

3　国家機密の公表と裁判所による事前の規制（New York Times Co. v. United States, 403 U.S. 713（1971））

ニューヨークタイムズおよびワシントンポストが「ベトナム政策に関する合衆国の判断形成の歴史」と称する機密文書の内容を公表しようとしたところ、アメリカ政府がこれを差し止めようとした事件である。最高裁は、表現への事前の制約は、それがいかなるものであれ、憲法に違反するとの強い推定（heavy presumption）がはたらく。したがって、政府が事前の制約を課するにあたって正当化事由を示す重い責任を果たさねばならないが、本件ではこの責任は果たされていない、と判示した。各裁判官が、個別の意見を述べているので紹介しておく。

●――ブラック裁判官の同意意見

これら新聞社に対する差止めは、その期間がいかなるものであれ、悪名高い、防ぎようのない継続的な修正一条への侵害である。修正一条の歴史と文言は、プレスはニュースを伝えるにあたり、検閲・差止め・事前規制がなされることなく、自由を認められなければならないとしている。プレスが仕えるのは統治される者であって、統治する者に対してではない。プレスを検閲する政府の権力は破壊され、プレスは、政府を永遠に自由に非難するのである。

プレスは、政府の秘密を暴露し、人民に知らせることについて保護されている。自由で、無制約なプレスのみが、政府の欺瞞を効果的に明らかにすることができるのである。自由なプレスの責任の最たるものは、政府のいかなる部門であろうとも、人民を欺瞞して遠い島に送り込み、熱病や銃弾・薬莢により死亡させることができないようにすることである。

●──ダグラス裁判官の同意意見

修正一条の文言からは、政府によるプレス規制の余地はない。政府における秘密は、基本的に反民主的で、永続的な官僚的過誤である。公的問題についてオープンな討論議論は健全な国家に活力を与えるものである。

この二名の裁判官は、事前規制を含めた、報道に対する政府規制に断固として反対する姿勢をもたらしている。しかし、この問題をやや相対的にとらえる見解もある。

●──ブレナン裁判官の同意意見

当法廷意見は限定的であることを強調する。裁判所による事前の制約の禁止は修正一条により禁止されるが、その例外は、ごく狭い領域に限定される。それは国家が戦時にあるときである。この間にあって、軍隊の数・場所・移動日などの公表を妨げることができるのを疑う者はいない。公表によって、すでに海上にある軍用船の安全を害するのと類似する事態の発生が不可避、直接、切迫していることについて、政府の主張と証明があった場合にのみ、裁判所はその公表を禁止する中間的な命令を出すことが可能となる。

●──ホワイト裁判官の同意意見

修正一条は、いかなる状況においても、政府の計画または機能についての情報を差止めることを認めていない、とはいえない。しかしながら、センシティブで破壊的な情報の公開を差止めることを正当化する重い証明責任を政府は果たさなければならない。少なくとも本件のような状況において、事前の抑制を認める明文の、適切に限定された議会の承認が存在しない場合にはなおさらである。

この事件のように、政府機密を国民が知ることができるか問題になる場合に重要なはたらきをするのがマスコミである。そして、その報道を十分に行うためには取材活動が自由に行われなければならない。

第8節　報道の自由と取材活動の自由

主権者国民に、国政判断の資料となる情報を提供する、マスコミの報道の自由は、表現の自由の「自己統治」の観点からもきわめて重要であり、報道と取材は表裏の関係にあるといっても過言ではない。しかし、それにもかかわらず両者には質的相違があり、後者に関する制限が前者とは異なる視点から必要になる。取材方法が問題となった事件を紹介する。

1　取材活動の範囲と限界・外務省機密漏えい事件（最一判昭和五三・五・三一刑集三二巻三号四五七頁）

●事実の概要

A被告人は外務省担当の新聞記者であるが、B外務事務官と情を通じ、沖縄関係の秘密文書をもちださせた。Aの行為は、国家公務員の守秘義務違反の「そそのかし」にあたるとして起訴された。最高裁は、報道のための取材の自由も、憲法二一条の精神に照らし、十分に尊重に値するとし、正当業務行為が問題になるが、その手段方法については社会観念上限界があるとした。

● 判　旨

「報道機関の国政に関する報道は、民主主義社会において、国民が国政に関与するにつき、重要な判断の資料を提供し、いわゆる国民の知る権利に奉仕する……このような報道が正しい内容をもつためには、報道のための取材の自由もまた、憲法二一条の精神に照らし、十分尊重に値する」。

「報道機関の国政に関する取材行為は、国家秘密の探知という点で公務員の守秘義務と対立拮抗するものであり……取材の目的で公務員に対し秘密を漏示するようにそそのかしたからといつて、そのことだけで、直ちに当該行為の違法性が推定されるものと解するのは相当ではなく、報道機関が公務員に対し根気強く執拗に説得ないし要請を続けることは、それが真に報道の目的からでたものであり、その手段・方法が法秩序全体の精神に照らし相当なものとして社会観念上是認されるものである限りは、実質的に違法性を欠き正当な業務行為というべきである」。

「被告人は、当初から秘密文書を入手するための手段として利用する意図で……〔B〕と肉体関係を持ち、同女が右関係のため被告人の依頼を拒み難い心理状態に陥つたことに乗じて秘密文書を持ち出させたが、同女を利用する必要がなくなるや、同女との右関係を消滅させてその後は同女を顧みなくなつたものであつて、取材対象者……の個人としての人格を著しく蹂躪したもの……その手段・方法において法秩序全体の精神に照らし社会観念上、到底是認することのできない不相当なものである」。

取材活動は、取材協力者の信頼がなければ成り立たない。この信頼は、取材内容があくまで報道目的で利用されること、取材への協力により不利益を被らないこと等があげられる。この信頼関係について憲法上の保障が及ぶのはいかなる場合であるかが問題になった事例がある。

2 テレビフィルムの提出命令と取材活動の自由 その1 博多駅事件（最大決昭和四四・一一・二六刑集二三巻一一号一四九〇頁）

事実の概要

警察官ら八百数十名が、博多駅に下車した三派系全学連所属学生約三〇〇名を前後より挟撃し、手拳や警棒により殴打し、膨大な数の被害者を出した。しかし、犯行の態様は複雑微妙であり、主要な証拠は供述調書であるが、被害者・加害者の主張は真っ向から対立し、第三者の供述はほとんど存在しなかった。

そこで、報道機関が中立的立場において、現場の状況を撮影した本件フィルムが証拠上きわめて重要な価値を有し、本件付審判請求事件の審理のためにその提出命令がなされた。しかし、本件フィルムは、報道機関がもっぱら報道目的のため取材したものであり、この目的以外に刑事訴訟の証拠資料に利用することは許されないのではないかが問題になった。最高裁は、公正な刑事裁判の実現と将来における取材活動への影響のおそれを比較し、提出命令は報道・取材活動の自由を侵害しないとした。

判 旨

「本件において、提出命令の対象とされたのは……報道機関の取材活動の結果すでに得られたものであるから、その提出を命ずることは、右フイルムの取材活動そのものとは直接関係ない。もつとも……報道機関が……報道の目的……をもつて取材されたフイルムが、他の目的、すなわち……刑事裁判の証拠のために使用されるような場合には、報道機関の将来における取材活動の自由を妨げることになるおそれがないわけではない」。

「取材の自由といつても……公正な裁判の実現というような憲法上の要請があるときは、ある程度の制約を受けることのあることも否定することができない……一面において、審判の対象とされている犯罪の性質、態様、軽重および取材したものの証拠としての価値、ひいては、公正な刑事裁判を実現するにあたつての必要性の有無を考慮するとともに、他面において取材したものを証拠として提出させられることによつて報道機関の取材の自由が妨げられる程度およびこれが報道の自由に及ぼす影響の度合その他諸般の事情を比較衡量して決せられるべきであ〔る〕」。

「本件の付審判請求事件の審理の対象は……公務員職権乱用罪、特別公務員暴行陵虐罪の成否にある。その審理は、現在において、被疑者および被害者の特定すら困難な状態であつて、事件発生後二年ちかくを経過した現在、第三者の新たな証言はもはや期待することができず……現場を中立的な立場から撮影した報道機関の本件フイルムが証拠上きわめて重要な価値を有し、被疑者らの罪責の有無を判定するうえに、ほとんど必須のものと認められる……他方、本件フイルムは、すでに放映されたものを含む放映のために準備されたものであり、それが証拠として使用されることによつて報道機関が蒙る不利益は、報道の自由そのものではなく、将来の取材の自由が妨げられるおそれがあるというにとどまる」。

本件の場合には、現場の撮影について報道目的での取材であるとの承諾を具体的に受けたものでなく、裁判目的でこれを利用しても報道機関への信頼を失うおそれにとどまっていた。しかし、この点について具体的な契約・承諾がありながら、目的を転じて刑事裁判の証拠として利用した場合には、将来の取材活動への協力が得られなくなる可能性はかなり高くなるといえる。こうしたことが問題になった事件を紹介する。

3　テレビフィルムの提出命令と取材活動の自由　その2　取材協力者による犯罪行為（最二決平成二・七・九刑集四四巻五号四二一頁）

事実の概要

A放送会社は、そのテレビ番組の中で債権取立てのシーンとして、B被疑者らによる、被害者に対する脅迫場面等を放映した。これを端緒として捜査が開始され、暴力団組員が順次逮捕されるなどした。しかし、この事件は、暴力団組事務所という密室を中心として行われた事件であり、その解明には被疑者、共犯者および被害者を含む関係人の供述に負う部分が多かった。さらに、被疑者は脅迫、暴行行為の大部分について否認しており、多数にのぼる共犯者らの供述はそれぞれに食い違っている。また、事件から時間が経過して記憶があいまいな部分があること、被害者や共犯者は、被疑者の影響を受けやすく客観的な裏付けがない供述に頼ることには危険がともなうこと、脅迫、暴行を加えた者の特定、その順序、態様などの一連の被疑事実の重要な部分に疑問が残り、さらに的確な証拠資料を収集して事実を確定することが困難な状況にあった。

最高裁は、ビデオテープの提出により、こうした取材が将来において困難になってもやむをえないとした。

判　旨

「本件の……取材協力者は、本件ビデオテープが放映されることを了承していたのであるから、報道機関……が右取材協力者のためその身元を秘匿するなど擁護しなければならない利益は、ほとんど存在しない。さらに本件は、撮影開始後複数の組員により暴行が繰り返し行われていることを現認しながら、その撮影を続けたものであって……そのような取材を報道のための取材の自由の一態様として保護しなければならない必要性は疑わしい……本件差押により……将来本件と同様の方法により取材をすることが仮に困難になるとしても、その不利益はさして考慮に値しない」。

報道機関が、もしもその取材源を秘匿しなければ、取材への協力が得難くなるのは明らかである。しかし、公正な裁判の実現のため、その取材源を明かす証言を求められることがある。この場合にも、報道・取材の自由を理由としてこれを拒むことが認められるのか。最高裁は、刑事裁判と民事裁判を区別し、前者についての証言拒否は認められないと判断している。

4 刑事裁判と取材源の秘匿（最大判昭和二七・八・六刑集六巻八号九七四頁）

●事実の概要

税務署員に対する収賄等被疑事件について、逮捕状が発付されたが、A新聞には逮捕状請求とこれに記載されている被疑事実が掲載され、その文面は逮捕状記載のものと酷似していた。そこで、公務員が守秘義務に違反して情報を漏えいしたのではないかが問題となり、この記事を執筆したB記者が裁判所に召喚され、その取材源についての証言を求められたが、B記者がこれを拒んだために証言拒否罪（刑訴法一六一条・現在、同法一四九条）に問われた事件である。最高裁は、憲法二一条は、記者に取材源の証言拒絶の権利を保障していないと判断した。

●判　旨

「証言を必要とする具体的事件は訴訟当事者の問題であるのにかかわらず、証人にかかる犠牲を強いる根拠は実験(ママ)的真実の発見によつて法の適正な実現を期することが司法裁判の使命であり、証人の証言を強制することがその使命の達成に不可欠なものであるからである……法律は一般国民の証言義務を原則としているが、その証言義務が免除される場合を例外的に認めている……限定的列挙であつて、これを他の場合に類推適用すべきものでないことは勿論である。新聞記者に取材源につき証言拒絶権を認めるか否かは立法政策上考慮の余地のある問題であ〔る〕……が、わが現行刑訴法は新聞記者を証言拒絶権あるものとして列挙していない」。

「憲法……は一般人に対し平等に表現の自由を保障したものであつて、新聞記者に特種の保障を与えたものではない……憲法の右規定の保障は、公の福祉に反しない限り、いいたいことはいわせなければならないということである。未だいいたいことの内容も定まらず、これからその内容を作り出すための取材に関しその取材源について、公の福祉のため最も重大な司法権の公正な発動につき必要欠くべからざる証言の義務をも犠牲にして、証言拒絶の権利までも保障したものとは到底解することができない……憲法の右保障は一般国民に平等に認められたものであり、新聞記者に特別の権利を与えたものでない」。

最高裁は、表現の自由と取材の自由の区別、また、取材源の秘匿と公正な刑事裁判の実現の必要性を論じ、新聞記者に国民とは異なる特別の権利が認められてはいないことを確認したうえで、新聞記者の証言拒絶の権利は、刑訴法の明文により認められていないとした。

5　民事裁判と取材源の秘匿（最三決平成一八・一〇・三民集六〇巻八号二六四七頁）

事実の概要

ＮＨＫは、Ａ（健康・美容食品会社）が所得隠しをしたため、日米の国税当局から追徴課税がなされた旨の報道をした（本件報道）。Ａは、アメリカの国税当局の職員によって日本の国税庁税務官に情報が開示され、この税務官が情報源となって、虚偽を含む本件報道がなされ、結果としてその株価が下落する等の損害を被ったとして、アメリカを被告に損害賠償の請求を行った。この事件は国際司法共助事件として新潟地方裁判所に係属し、本件報道の取材をしていたＢ記者に証人尋問がなされた。Ｂは、取材源の特定に関して証言を拒否し、原審は、拒否に理由があると判断した。最高裁は、抗告を棄却した。

●――判　旨

「民訴法は、公正な民事裁判の実現を目的として、何人も、証人として証言すべき義務を負い（同法一九〇条）、一定の事由がある場合に限って例外的に証言を拒絶することができる旨定めている（同法一九六条、一九七条）。そして、同法一九七条一項三号は、『職業の秘密に関する事項について尋問を受ける場合』には、証人は、証言を拒むことができると規定している」。

「報道関係者の取材源は、一般に、それがみだりに開示されると、報道関係者と取材源となる者との間の信頼関係が損なわれ、将来にわたる自由で円滑な取材活動が妨げられることとなり、報道機関の業務に深刻な影響を与え以後その遂行が困難になると解されるので、取材源の秘密は職業の秘密に当たる」。

「当該取材源の秘密が保護に値する秘密であるかどうかは、当該報道の内容、性質、その持つ社会的な意義・価値、当該取材の態様、将来における同種の取材活動が妨げられることによって生ずる不利益の内容、程度等と、当該民事事件の内容、性質、その持つ社会的な意義・価値、当該民事事件において当該証言を必要とする程度、代替証拠の有無等の諸事情を比較衡量して決すべきことになる」。

「当該報道が公共の利益に関するものであって、その取材の手段、方法が一般の刑罰法令に触れるとか、取材源となった者が取材源の秘密の開示を承諾しているなどの事情がなく、しかも、当該民事事件が社会的意義や影響のある重大な民事事件であるため、当該取材源の秘密の社会的価値を考慮してもなお公正な裁判を実現すべき必要性が高く、そのために当該証言を得ることが必要不可欠であるといった事情が認められない場合には、当該取材源の秘密は保護に値すると解すべきであり、証人は、原則として、当該取材源に係る証言を拒絶することができる」。

「本件ＮＨＫ報道は、公共の利害に関する報道であることは明らかであり、その手段、方法が一般の刑罰法令に触れるようなものであるとか、取材源となった者が取材源の秘密の開示を承諾しているなどの事情はうかがわれず、一方、本件基本事件は、株価の下落、配当の減少等による損害の賠償を求めているものであり、社会的意義や影響のある重大な民事事件であるかどうかは明らかでなく、また、本件基本事件はその手続がいまだ開示（ディスカバリー）の段階にあり、公正な裁判を実現するために当該取材源に係る証言を得ることが必要不可欠であるといった事情も認めることはできない」。

公正な裁判とその実現のための事実の認定が重要であることについては、民事も刑事も共通している。しかし、被告人の刑事責任の追及を国家の手で行うという重みが、証言拒絶に関する最高裁の判断の背景にある。アメリカにおいてもこの点を感じさせる判例があるので紹介しよう。

アメリカの判例

犯罪報道と刑事裁判における取材源の秘匿（Branzburg v. Hayes, 408 U.S. 665（1972））

●事実の概要

大陪審が、報道機関に対して犯罪報道の取材源を明かすように出頭を求め、証言させることが修正一条に違反するかが問題になった、三つの事件について、最高裁がまとめて判断している。多数意見はこれを消極に判断した。

第一の事件では、二人の若者がマリファナからハシッシュを合成している等の記事、第二の事件は、市民の暴動に関してブラックパンサー党の本拠地においてテレビ局がなしたインタビューの内容、第三の事件は、同じくブラックパンサー党のスポークスマンとのインタビューのテープ等が問題となった事件である。

報道機関側は、いずれも次のような主張を行っている。取材をするためには、公表したニュースの情報源を明かさないことが必要である。それにもかかわらず、この秘密事項が大陪審によって強制的に明かされるならば、情報源となる者は、情報提供を拒み、このことは修正一条によって保護されている情報の自由な流れを妨げることになる。

情報源についての証言を強制できるのは、報道機関が、大陪審が調査している犯罪に関する情報を保有し、その情報は別のところからは得られず、その情報を得ることの必要性が、開示によってもたらされる修正一条への侵害よりも勝っていると考える、十分な理由が示されている場合であると主張した。

この報道機関側の主張に対して最高裁は、報道機関には一般公衆に認められている以上の権利ないしは特権を憲法によって保障されていないとした。

●判　旨

修正一条は、情報に関して、一般公衆には認められていない特別の権利を報道機関に認めてはいない。一般人が立ち入ることを認められていない場所や災害地に報道機関がアクセスできるとする憲法上の権利はない。報道機関が、書類を盗んだり、盗聴することによりニュースバリューのある情報を入手することができたとしても、報道機関だからという理由でそのことに対して刑事責任を免れることにはならないし、証言を免除されることにもならない。

公正で効果的な法執行は政府の基本的な機能であり、大陪審はこの手続において重要な憲法上の役割を担っている。一般市民と同じように報道機関が大陪審で証言させられると取材活動に支障が生ずるとの主張がなされるが、この不確かな支障が公正・実効的な法執行がもたらす利益を凌駕しているとはいえない。取材源がなした犯罪は、それが報道機関によって目撃されたならば非難が少なくてすみ、また公衆の利益にとって脅威が少ないとはいえない。

●――スチュワート裁判官の反対意見（ブレナン、マーシャル各裁判官が同調）

取材活動は、報道活動と比べてその重要性が劣ることはない。取材活動の権利は、報道機関と取材源との秘密の関係への権利を含んでいる。情報提供者に取材するためには、秘密は不可欠なものである。大陪審による強制的な証言命令等は取材源を萎縮させ、報道機関が取材し報道することを抑制してしまう。秘密を約束することは、報道機関と情報提供者との間に実りある関係を形成するために必要な前提条件である。

第10章 経済活動の自由

第1節 財産権の保障

憲法二九条一項は、「財産権は、これを侵してはならない。」と規定し、私有財産制を保障している。しかし、その財産権の保障は絶対ではなく一定の制約を課すことが可能である。すなわち同条二項は「財産権の内容は、公共の福祉に適合するやうに、法律でこれを定める。」としている。そしてさらには、財産権を収用し、使用することも可能とされている。しかしながら、この場合には正当な補償をなすことが必要である。同条三項は「私有財産は、正当な補償の下に、これを公共のために用ひることができる。」としている。

この財産権の保障に関し、判例上、まず問題となったのは、財産権の制約は「法律」という形式によってなされなければならないのか、ということである。すなわち、同法二九条二項は財産権の内容は、「法律」でこれを定めるとしているので、「政令」や「条例」によってこれをなすことは許されないのかということである。また、逆に、「法律」によって制約しなければならない財産権とは、あくまで「適法」なものに限定され、「違法」な財産権の行使への制約は「条例」などによっても可能であるのかが問題になる。

これらについて、ため池の決かいを防止するため、その堤とう上での耕作等を補償なくして禁止した条例が問題となった事件において検討されたので紹介しよう。

1　条例による財産権への消極的な規制――奈良県ため池条例事件――（最大判昭和三八・六・二六刑集一七巻五号五二一頁）

●――事実の概要

奈良県にあるa池は、その周囲の堤とう地が六反四畝二八歩（約六四四〇平方メートル）もある広大なため池である。その掘さくの起源は古く、少なくとも五〇〇年前には存在していたとされている。この堤とうを耕作する慣行も遠い昔より部落民によって認められ、その耕作権は部落民間において売買、譲渡の対象とされ、耕作権者は部落の代表である総代に年貢を納めてきた。戦後、農地改革の際に奈良県の所有となったが、後に払い下げられ二名の農家の所有名義となった。しかし、実質上は周辺農家の共有ないし総有であり、約二七名が父祖の代から引き続いて竹、果樹、茶の木その他の農作物の栽培に使用していた。

奈良県は昭和二九年九月、「ため池の保全に関する条例」（本件条例）を定め、ため池の破損、決かいの原因となる行為および堤とうに農作物を植えること等を禁止した。本件条例が制定された背景には、日本全国において、ため池の決かいの被害が相次いだことがあげられる。たとえば昭和二六年に京都平和池、昭和二七年には大阪鳥取池、昭和二八年には京都大正池などが決かいし、それぞれ死者一〇〇名以上、全村全滅などの甚大な被害がもたらされた。そして、こうした決かいの原因は、ため池の漏水にあるとされ、この漏水は堤とう上の植物の根の腐敗、大木の老朽、虫害などによってもたらされると考えられていた。

奈良県においては、ため池は約一万三八〇〇個存在し、現に、a池においても昭和二五年から二六年にかけて約四ヵ所に漏水が生じ、耕作地を潰して応急手当がされた。

このような背景のもとに本件条例が制定されたのであるが、被告人は、本件条例により堤とう上での耕作が禁止されていることを知りながら、茶、芋類、大豆、野菜などの農作物を植えたことを理由として罰金刑に問われた。しかし、被告人は、本件条例は既存の権利を無償で剥奪し、憲法二九条一項・三項に違反し無効であると主張した。

原審は第一審判決を破棄し、本件条例を無効として被告人を無罪とした。その理由は、私有財産を単なる条例によって制約することは、憲法二九条・九四条により許されないからであるとしている。「私有財産権の内容に規制を加えるには、それが公共のためとはいえ、法律によらなければならないことは、憲法二九条第二項に明定されているとおりであり、又条例は法律の範囲内において……制定されなければならないことは、憲法九四条……の規定によつて明らかである」。

最高裁は原判決破棄・差戻しの判決を下した。

●判旨

(1) 条例による財産権の制約

憲法二九条二項は、財産権の制約は「法律」によることを前提としているようにみえる。しかし、ため池の決かいの原因となる堤とうの使用行為はそもそも適法な財産権の行使としては保障されていないので、これを「条例」をもって禁止、処罰しても憲法には違反しない。「ため池の堤とうを使用する財産上の権利を有する者は、本条例一条の示す目的のため、その財産権の行使を殆ど全面的に禁止されることになるが、それは災害を未然に防止するという社会生活上の已むを得ない必要から来ることであつて……公共の福祉のため、当然これを受忍しなければならない」。

そして「ため池の破損、決かいの原因となるため池の堤とうの使用行為は、憲法でも、民法でも適法な財産権の行使として保障されていないものであつて、憲法、民法の保障する財産権の行使の埒外にある……これらの行為を条例をもつて禁止、処罰しても憲法および法律に牴触……するものとはいえない」。

（２）法律による一律規制と地方の特殊事情

本件条例によって財産権の制約が許されるのは、その行使が適法な財産権の行使ではないということに加え、全国一律な規制を行う法律によっては、各地方公共団体の特殊な事情に対応しきれないという理由も指摘できる。「事柄によつては、特定または若干の地方公共団体の特殊な事情により、国において法律で一律に定めることが困難または不適当なことがあり、その地方公共団体ごとに、その条例で定めることが、容易且つ適切なことがある。本件のような、ため池の保全の問題は、まさにこの場合に該当する」。

●各裁判官による個別の意見

以上の多数意見に対する各裁判官の個別意見を各論点ごとに紹介し検討しておこう。

（１）財産権の濫用に対する条例の制約

奥野健一裁判官の「補足意見」は、ため池の決かいをもたらす堤とう上での植栽行為は権利の濫用であり、憲法の保障が及ばないことを強調している。

「ため池の破損、決かいは当該地方に多大の災害を及ぼし……かかる行為（注・堤とう上での竹木・農作物等の植栽）は……明らかに権利濫用に属する……かかる行為を禁止、処罰することは本来適法な財産権の行使を公共の福祉のために制限するというのではなく、実に公衆に多大の危害を及ぼすべき権利濫用行為の禁止に外ならない……権利の濫用は憲法の保障するところではない……これらの行為を条例を以つて禁止、処罰しても憲法及び法律に抵触……するものではなく、むしろ法律の範囲内の条例である」。

（2）　従来適法とされてきた財産への制約と補償

本件の堤とう上での耕作は少なくとも本件条例制定前までは適法に行われてきたとし、これを本件条例によって制約するには、やはり補償が必要であるとするのが山田作之助裁判官である。

「本件堤とう地につき有する前示耕作権（一種の永小作権ともいうべきか）を剥奪され……父祖の代より茶畑、果樹園として植栽している茶の木、柿の木等も除去廃止を余儀なくされ、これまつたく無補償の没収と同様の制限を刑事制裁の強制の下に受けることとなるのであつて、その許されないことは……おのずから明らかであろう」。

同様に、入江俊郎裁判官の「補足意見」も「右補償をする必要がないというのは、本条例の施行後の制限については妥当と思うが、本条例施行前から引きつづき、ため池の堤とうを耕作していた者が……従前の竹木、茶の木その他の農作物の除去、廃棄を余儀なくされた場合……これによつて生じた損失まで、全然補償しないでよいと解することについては疑問がある。……本条例四条により禁止された行為は、公共の福祉のため已むを得ないものであ……るが、それは、条例により明確にそのような法的秩序が定められてはじめていい得ることであつて、未だ何らこれを制限する規定の設けられていない間は……それらの行為が、条例の規定を待たず、明らかに反社会的であり、権利の濫用に当ると認められる充分の理由のある場合でない限りは……憲法二九条三項によつて正当な補償をしなければならない」としている。

（3）　立 法 事 実

本件条例が制定されるに際しては、①全国に存在する多くのため池が決かいし、甚大な被害がもたらされていること、②決かいの原因として堤とうの漏水が指摘され、この漏水は堤とう上での耕作などが原因である、という立法事実が認定されている。しかし、山田裁判官は、②の堤とう上の耕作→堤とうの決かいという事実に疑問をもっている。

「ため池のうちには……平坦な土地の一部を掘さくして作られているものがあり、このようなため池の場合においては……堤とうにつづく田畑と、殆どその土地の高さを等しくするのが多く、従つて、堤とうそのものが決壊するが如き危険の考えられないものもある……現状の写真によれば、本件a池は平坦な土地に掘さくされた池で、その堤とうとこれにつづく畑との間には殆んど土地の高低の差はみられず、所謂堤とうの部分も、水ぎわまで耕されている立派な茶畑等の耕地であることが認められ……a池の堤とうは、いまだかつて決壊したような事跡がないことがうかがわれる」。

以上、従来、適法とされていた財産権の行使を違法と判断し、補償なくしてこれを制約することの問題点が指摘されたが、こうした場合にも補償の可能性があることを指摘した事件を紹介しよう。

2 資本投下後の財産権への制約と損失補償・名取川砂利採取事件（最大判昭和四三・一一・二七刑集二二巻一二号一四〇二頁）

●事実の概要

Aは、名取川の堤外民有地を賃借し、労務者を雇って砂利採取を行っていたが、その地域が河川付近地に指定されたため、砂利採取には知事の許可が必要になった。そこで、Aは許可申請を行ったが申請は拒否されたため、そのまま無許可で採取を続けていたので罰金刑に問われた。Aは、財産上、特別の犠牲を強いながら、補償を行わないのは憲法二九条三項に違反し、砂利採取を禁止し許可を求める法令の規定は無効であるとして無罪を主張した。一、二審ともに法令は合憲・有効であるとされ、Aの罰金刑は支持された。

最高裁もAの上告を棄却したが、被告人が処罰されるのは、無免許で砂利採取を継続したためであることが強調され、被告人に生じた財産上の損失については、法令に規定がなくとも直接憲法二九条三項に基づき、補償請求しうるとした。

●──判　旨

「被告人は、名取川の堤外民有地の各所有者に対して賃借料を支払い、労務者を雇い入れ、従来から同所の砂利を採取してきたところ……河川附近地に指定されたため……知事の許可を受けることなくしては砂利を採取することができなくなり……相当の資本を投入して営んできた事業が営み得なくなるために相当の損失を被る……その財産上の犠牲は……単に一般的に当然に受忍すべきものとされる制限の範囲をこえ、特別の犠牲を課したものと見る余地が全くないわけではなく……被告人の被つた現実の損失については、その補償を請求することができる」。

「損失補償に関する規定がない〔が〕……その損失を具体的に主張立証して、別途、直接憲法二九条三項を根拠にして、補償請求をする余地が全くないわけではない」。

この判決は、財産権に補償なくして特別の犠牲を生じさせる法令の効力について、従来からの議論に決着をつけた点で重要である。すなわち、補償規定がない場合には、前提となる財産権への犠牲をもたらす法令自体も無効になる考え方と、補償については当事者の請求に基づき裁判所が認定し、法令自体は有効とする考え方とが対立していたが、最高裁は後者をとることを明確にした。

さらに、この判決では投下資本を財産権とみて、事後的に制約を行った場合に特別の犠牲が生じたとして、補償の対象となり得るとした。しかし、この点については前掲・奈良県ため池条例事件の考え方との整合性が問題になる。この事件では、水害防止という消極目的による財産権の制約は、内在的制約として補償の対象とはならないとし、これを強調することにより、従来適法であった財産権の行使へも補償なくして特別の犠牲を強いることは憲法に違反しないとされた。本件においても、砂利採取がもたらす水難事故の防止等の消極目的から財産上の不利益が生じているならば、それは内在的制約として補償の問題は一切生じないはずである。この点についての説明はなされていないようであるが、単なる財産権への制約とは異なって、憲法二二条の職業選択の自由と関連し、よりアクティブな経済活動として営業補償的な考慮がなされていたといえようか。

以上は、違法な財産権の行使に対し、予想外に不利益が及んだ場合であるが、同様の遡及的制限は、適法な財産権の行使についても問題となる。

3　適法な財産権の行使・内容への事後法による制約―買収対価相当額によって農地の売払いを受ける旧所有者の権利―（最大判昭和五三・七・一二民集三二巻五号九四六頁）

●事実の概要

本件土地は、もとはXの所有であったが、昭和二二年に自作農創設特別措置法（以下、自創法）三条により国に買収された。その後、本件土地の付近一帯は、都市計画法に基づく土地区画整理事業が行われて宅地となったので、Xは昭和四三年一月、旧農地法八〇条に基づき本件土地を買収対価相当額により売り払うよう求めたが拒否された。そこでXは、国を被告に本件土地を買収対価相当額で売り払うよう訴えを提起した。

原審はXの請求を棄却した。その理由として、まず、本件土地はXが買受申込みをした昭和四三年一月ごろには、旧農地法八〇条一項「自作農の創設又は土地の農業上の利用の増進の目的に供しない」という事実（「事実」）が客観的に生じており、国は原告の買受申込みに応じるべきであったことを認める。しかしながら、昭和四六年四月二六日に公布された「国有農地等の売払いに関する特別措置法（特別措置法）」二条、同法施行令一条によれば、売払いの対価は「買収対価相当額」から「時価の七割」へと変更されているから、買収対価相当額での売払いを求める原告の請求は失当である、と判示した。

そこでXは、特別措置法は、これにより改正される前の旧農地法八〇条二項に基づく既得権を侵害し、憲法二九条等に違反して無効であるとして上告した。

最高裁は上告を棄却した。最高裁は、憲法二九条二項により「財産権の内容」は「公共の福祉」に適合するよう法律でこれを定めることができるから、①原告主張の既得権を事後の法律によって「変更」しても、それが「公共の福祉」に適合するならば憲法に違反しないとした。そして、②「変更」が「公共の福祉」に適合するものであるかどうかは、変更された財産権の性質、「変更」により得られる公益の性質などを総合的に考慮したうえでそれが合理的な制約といえるかを判断するとしている。

判旨

(1) 事後法による財産権の制約と「公共の福祉」

憲法二九条二項は、財産権の内容は公共の福祉に適合するように法律で定めることができるとしている。そこで「法律でいつたん定められた財産権の内容を事後の法律で変更しても、それが公共の福祉に適合するようにされたものである限り、これをもつて違憲の立法ということができないことは明らかである」。

(2) 公共の福祉を理由とする財産権の制約と総合考量

本件の「変更」が公共の福祉に適合するものであるかどうかは、「いつたん定められた法律に基づく財産権の性質、その内容を変更する程度、及びこれを変更することによつて保護される公益の性質などを総合的に勘案し、その変更が当該財産権に対する合理的な制約として容認されるべきものであるかどうかによつて、判断すべきである」。この総合的勘案として具体的に次の四つが検討される。

① 立法政策による売払いを受ける権利の設定　旧所有者の有する農地の売払いを受ける権利について、これは、農地改革の目的に沿って立法政策によって設定されたものであり、旧所有者に当然に復帰すべき性質のものではない。自創法は「主として自作農を創設することにより、農業生産力の発展と農村における前近代的な地主的農地所有関係の解消を図ることを目的とする……から、自創法によつていつたん国に買収された農地が、その後の事情の変化により、自作農の創設等の目的に供しないことを相当とするようになつたとしても、その買収が本来すべきでなかつたものになるわけではなく、また、右買収農地が正当な補償の下に国の所有となつたものである以上、当然にこれを旧所有者に返還しなければならないこととなるものではない」。

② 売払い対価の決定と立法政策　農地の売払いを受ける権利そのものが立法政策によって設定されたものである以上、その対価についても立法政策によって決定され、したがって、当然に買収対価相当額である必要はない。「買収農地売払制度が右のようなものである以上、その対価は、当然に買収の対価に相当する額でなければならないものではなく、その額をいかに定めるかは……制度の基礎をなす社会・経済全般の事情等を考慮して決定されるべき立法政策上の問題であ〔る〕」。

③ 時価の七割への変更とその当否　当初、売払い農地の価額を買収対価相当額と定めたのは、「地価もさほど騰貴していなかつた当時の情勢」を考慮したからである。しかし、その後、当初の予想を上回る地価の上昇、買収対価相当額と一般の土地取引額との均衡、国有財産の適正な対価による処分の要請などを立法政策上考慮して、その農地の売払い価額を「時価の七割」に変更したことは、旧所有者の権利に対する合理的制約といえる。「農地法施行後における社会的・経済的事情の変化は当初の予想をはるかに超えるものがあり、特に地価の騰貴、なかんずく都市及びその周辺におけるそれが著しいことは公知の事実である。このような事態が生じたのちに、

買収の対価相当額で売払いを求める旧所有者の権利をそのまま認めておくとすれば、一般の土地取引の場合に比較してあまりにも均衡を失し、社会経済秩序に好ましくない影響を及ぼすものであることは明らかであり、しかも国有財産は適正な対価で処分されるべきものである（財政法九条一項参照）」。

④　買受けの申込後の対価の変更　　上述のように、対価の変更は、一般論として認められるとしても、すでに「事実」が生じ買受けの申込みを終えた旧所有者に対し、事後的な特別措置法により対価を不利益に変更することは、財産権に対する制約として過酷ではないかが問題とされている。

しかしながら、「右の権利は当該農地について既に成立した売買契約に基づく権利ではなくて、その契約が成立するためには更に国の売払いの意思表示又はこれに代わる裁判を必要とするような権利なのであり、その権利が害されるといつても、それは売払いを求める権利自体が剥奪されるようなものではなく、権利の内容である売払いの対価が旧所有者の不利益に変更されるにとどまるものであ〔る〕」。

●——各裁判官による個別の意見

以上の多数意見に対して、各裁判官による個別の意見が述べられている。それらの中心をなすのは、「売払いを受ける権利」の性質と「変更」の適否である。

（1）　個別の法律関係への事後的制約

多数意見は、「事実」が生じれば売払いを受ける「権利」が発生するとするが、その権利は、「売買契約に基づく権利」ではなく、「国の売払いの意思表示を必要とする権利」であるとしている。これに対して、高辻正己裁判官の「意見」は、多数意見が指摘する「権利」を「個別の法律関係」ととらえ、これを本件のごとく事後法によって制約することは憲法二九条一項・二項に違反するとする。

「当該農地につき国との間に個別の法律関係が設定されるに至つた後に、法令を制定し、前記の売払いの対価を当該土地の時価の七割相当額に変更し、その適用を現に存在する右個別の法律関係についても及ぼす」ことは、憲法二九条の観点から問題がある。

すなわち、「法律に定められている権利の内容を変更することと、その変更をした法律を既に国との間に設定されている前記個別の法律関係に適用し、よつて旧所有者の財産的利益を害することとは、本来、その性質を異にする」。この「個別の法律関係」を事後法により不利益に変更することは許されない。

（2）　農林大臣の認定判断による「権利」の発生

そこで、高辻裁判官は、「権利」は客観的な「事実」の発生によって直ちに生じるのではなく、農林大臣の認定に基づくとしている。「買収農地は……これを自作農の創設の目的に供しないことを相当とし、旧所有者に回復させることとするについては、政治部門の機関が、立法にゆだねられた政策上の問題として、これをあえて相当とするに足る合理的な事由が存在していなければならない……その合理的な事由は……一般には、当該買収農地を自作農の創設の目的に供することとその目的以外の他の目的に供することとの社会的価値の比較考量にかかわる」。

そして、この合理的事由の有無については、「事実の認定とそれに基づく判断の過程が存在せざるを得ない……農林大臣が、その基準に照らし、当該農地につき自作農の創設等の目的に供しないことを相当と認めた場合において、はじめて、これを旧所有者に売り払うことができる」。

（3）　農地改革の推進に伴う修整規定

この高辻裁判官と同様に農林大臣の判断が介在してはじめて「権利」が発生するとするのが環昌一裁判官の「意見」である。環裁判官は、まず、旧農地法八〇条は農地改革を推進しつつ、かつ、「自創法の施行後における土地の利用形態に関する社会事情の変転に対応して調整的機能を果すべき、いわば修整規定」であり、しかも

「自創法以来の基本的政策に拮抗するような新しい施策」ではないとする。

この観点から、旧所有者の農地の売払いを求める権利を考えると、「右にのべた基本的政策に背馳しない限度で、当該農地が自作農の創設等の目的に供することを相当としないものに当るかどうかを、政令の定めるところに従つて農林大臣をして判断させ、その上でその権限として旧所有者に売り払うことを許容する趣旨を明らかにしたもの……農林大臣による、右の点についての判断がなされないのに、旧所有者において、当該農地が右規定にあたるとして、国に対し、いわゆる先買権ないしこれに類する権利を主張することまで認めたものとは解されない」。

（4） 高辻・環裁判官への批判

以上の高辻・環裁判官の「意見」（藤崎萬里裁判官の「意見」は高辻意見に同意）に対しては多数意見を構成する裁判官から批判がなされている。まず、多数意見は、「事実」により、農林大臣の認定の有無にかかわらず「権利」を発生させるとするが、これは最大判昭和四六・一・二〇（民集二五巻一号一頁）の判例を踏襲していることに注意する必要がある。ここでは「旧所有者は、買収農地を自作農の創設等の目的に供しないことを相当とする事実が生じた場合には、法八〇条一項の農林大臣の認定の有無にかかわらず、直接、農林大臣に対し当該農地の売払いをすべきこと、すなわち買受けの申込みに応じその承諾すべきことを求めることができ」るとされている。

高辻裁判官はこれを「個別の法律関係」ととらえるため事後法による制約を許さないとするが、岸上康夫裁判官の「補足意見」はこの見方を批判している。すなわち、「事実」が生じれば旧所有者は当該農地の売払いを求める権利を取得し「国は旧所有者の求めに応じて当該農地の売払いを承諾すべき義務を負う、という私法上の権利義務の法律関係が両者間に発生する……この法律関係は旧所有者が売払いの申込みをした後においても基本的には変わることはなく、依然旧所有者は右の権利を有し国は右の義務を負担するという法律関係が存在するにとどま」っている。したがって、この関係は「個別の法律関係」とまでみることのできるものではない。

以上、旧所有者が農地を買収対価相当額で売払いを受ける権利とその変更に関する議論を紹介した。ここでポイントになったのは、その「権利」がそもそも農地改革の目的に沿って立法政策によって旧所有者に認められたものであり、したがって、その政策の範囲における変更を甘受しなければならない性格のものであったということと思われる。これに対し、共有物の分割請求権という民法上の確たる権利への制約が問題になったのが次に紹介する事件である。最高裁はこの制約が憲法二九条二項に違反するかどうかを、制約の「目的」およびその「手段」の点から、立法府の裁量を考慮しながら慎重に判断している。

4 財産権への制約と目的・手段の合理的関連性――森林法一八六条違憲事件――(最大判昭和六二・四・二二民集四一巻三号四〇八頁)

●――事実の概要

本件山林は合計すると一〇九町二反二畝二歩(約一〇八万平方メートル)のかなり広大な山林であるが、もとは原告Xおよび被告Yの父の所有であり、父がXとYとにそれぞれ二分の一の持分を贈与したため両者の共有となった。

Yは、昭和四〇年六月ごろ、本件山林の立木を伐採し売却した。Xは、この伐採はXの同意なくなされ、Xの二分の一の持分を侵害するとして損害賠償請求をした。これに対してYは、Xの承諾はあったと主張し、また、山林の一部について杉、檜の伐採期が到来しさらにその周囲に松、竹、雑木が生立し杉、檜の生長を妨害していたので、事務管理としてこれらを伐採したと主張した。

ところで、改正前の森林法一八六条が共有森林の分割請求を認めていなかったため、Xはこの規定が憲法二九条に違反し無効であるとして上告した。最高裁はこの規定の合憲性を支持した原判決を破棄し差し戻した。

最高裁は森林法一八六条が憲法二九条に違反しているかどうかを、①共有森林の分割請求を規制する「目的」が「公共の福祉」に適合するか、この「目的」を達成するための「手段」が必要性または合理性に欠けていないか、②これらについての判断には立法府の合理的な裁量が認められるから、裁判所は「必要性」「合理性」の欠如が「明らか」であるかを審査するとし、本件においては③「森林の細分化防止」「森林経営の安定」「森林の保続培養」等の「目的」と「分割請求の禁止」という「手段」との間に合理的関連性は存在しない、と判示した。以下、具体的にみていこう。

判　旨

（1）財産権の制限と立法府の合理的裁量

「立法の規制目的が……社会的理由ないし目的に出たとはいえないものとして公共の福祉に合致しないことが明らかであるか、又は……規制手段が右目的を達成するための手段として必要性若しくは合理性に欠けていることが明らかであつて、そのため立法府の判断が合理的裁量の範囲を超えるものとなる場合に限り、当該規制立法が憲法二九条二項に違背する」。

（2）森林法一八六条の分析

①「目的」と公共の福祉　本法一八六条の目的は「森林の細分化を防止することによつて森林経営の安定を図り、ひいては森林の保続培養と森林の生産力の増進を図り、もつて国民経済の発展に資することにあ」り、これが公共の福祉に合致しないことが明らかであるとはいえない。

②目的と手段の合理的関連性　「目的」を達成するための「手段」として共有森林の持分価額の二分の一

以下の共有者に分割請求権を否定していることは、「立法目的達成のための手段として合理性又は必要性に欠けることが明らかである」。その理由は以下のとおりである。

(i) 共有者間の意見の対立　「共有者間、ことに持分の価額が相等しい二名の共有者間において……意見の対立、紛争が生ずるに至つたときは、各共有者は、共有森林につき……保存行為をなしうるにとどまり、管理又は変更の行為を適法にすることができないこととなり、ひいては当該森林の荒廃という事態を招来する……森林法一八六条〔は〕……右のような事態の永続化を招くだけであ」る。

(ii) 他の法令の適用による森林の細分化　「わが国の森林面積の大半を占める単独所有に係る森林の所有者が、これを細分化……することは許容されている……共有者の協議による現物分割及び持分価額が過半数の共有者（持分価額の合計が二分の一を超える複数の共有者を含む。）の分割請求権に基づく分割並びに民法九〇七条に基づく遺産分割は許容されている……〔これら〕の場合に比し、当該森林の細分化を防止することによつて森林経営の安定を図らなければならない社会的必要性が強く存すると認めるべき根拠は、これを見出だすことができない」。

(iii) 民法二五八条の適用と共有森林細分化の防止　「共有者が多数である場合、その中のただ一人でも分割請求をするときは、直ちにその全部の共有関係が解消されるものと解すべきではなく、当該請求者に対してのみ持分の限度で現物を分割し、その余は他の者の共有として残すことも許される……〔民法二五八〕条二項は、競売による代金分割の方法をも規定し……この方法により一括競売がされるときは、当該共有森林の細分化という結果は生じない」。

●──**各裁判官の個別の意見**

次に各裁判官の個別の意見を論点ごとに整理しておこう。

（1） 民法二五八条と細分化の防止

多数意見は、民法二五八条二項の現物分割の一態様として、いわゆる価格賠償による分割が認められ、これにより森林の細分化を防止できるとする。林藤之輔裁判官の「補足意見」はこれを一歩進めて、分割請求者に持分相当額の対価を支払い、共有物を残りの者だけの共有とすることも可能であるとする。「共有者の数が非常に多数の場合に、その中のごく少数の者のみが分割請求をしたというようなときは、事情によっては……共有物を残りの者だけの共有とし、分割請求者は持分相当額の対価の支払を受けるという方法によることも……なお現物分割の一態様とみることを妨げない」。

（2） 分割請求の禁止と森林の荒廃

多数意見は、持分価額が相等しい二名の共有者間において意見の対立が生じたとき、管理・変更の行為ができず、分割を認めなければかえって森林が荒廃するとしている。これに賛同するのが大内恒夫裁判官の「意見」である。「甲、乙両名（すなわち共有者全員）が共有物分割の自由を全く封じられ、両者間に不和対立を生じても共有関係を解消するすべがない……このことの合理的理由は到底見出だし難く、共有者の権利制限として行き過ぎである」。

（3） 林業経営の安定と過半数持分権者による分割

同じく大内裁判官は、本法によって分割請求を禁止されているのは、持分価額二分の一および二分の一未満の者であるとし、その制限が違憲となるのは前者のみであり、後者への分割請求の制限は合憲であるとしている。その理由は、本法の目的は林業経営の基礎の安定にあり、民法二五六条によっていつでも分割が可能であるとすれば林業経営の基礎は不安定となってしまう。そこで「過半数持分権者にのみ分割請求権を認めることとした結果にほかならないから、森林法一八六条の右規制内容は同条の立法目的との間に合理的な関連性を有する」。

（4） 消極的審査方法による分析

大内裁判官が二分の一未満持分権者の分割請求権を否定しても合憲であると判断した背景には、「経済的自由の規制立法には……合憲性の推定が働く」とされているように、消極的な司法審査が行われるべきとの配慮があったと思われる。この消極的審査により合憲判断を示しているのが香川保一裁判官の「反対意見」である。

香川裁判官は、本法は「経済的自由の規制に属する経済的政策目的による規制であつて……甚だしく不合理であつて、立法府の裁量権を逸脱したものであることが明白なものでなければ、これを違憲と断ずべきではない」とする。この立場により本法を検討すると、共有森林の二分の一の持分権者の分割請求を禁止したことは「公共の福祉」に適合するとしている。

その理由としては、森林経営は「長期的計画により……交互的、周期的な施業がなされ……森林の土地全体は相当広大な面積のものであることが望ましい」こと、および「資本力、経済力、労働力等の人的能力」も大であることが必要であるが、「将来の万一の森林経営の損失の分散を図るため等から、森林に関する各法制は、多数の森林所有者の共同森林経営がより合理的」といえる。

しかし、民法二五六条がそのまま適用されれば「共有物分割の請求によつて、森林の細分化ないし森林経営の小規模化を招くおそれがあるのみならず……長期的計画に基づく交互的、周期的な森林の施業が著しく阻害され……森林経営の安定化、活発化による国民経済の健全な発達を阻害」するおそれがある。こう考えてみると、立法府がその裁量権を逸脱したものであることが明白とはいえない。

(5) 森林経営の実態

香川裁判官は、森林経営が広大な土地を必要とし長期的計画による交互的、周期的施業および損失の分散を指摘し、本法の合理性を主張している。しかしながら、この指摘は理論としては支持できるとしても、わが国の実態とはかけ離れていると批判するのが坂上壽夫裁判官の「補足意見」である。「(香川裁判官の主張するところは)

理論としては正にそのとおりであろうが、残念ながら、わが国の森林所有の実態に即しない……わが国での共同所有者による森林保有は……面積比にすると……私有森林全体の約四%を占めるのみである。しかも……共有にかかる森林の殆どは、共同所有ではあつても、共同経営という名に値しない……とすれば、森林経営の観点から共有を論じても余り意味はなく、森林法一八六条は、ほんの一握りの森林共有体の経営の便宜のために、すべての森林共有体の、しかもそのうちの持分二分の一以下の共有者についてのみ、その分割請求権を奪うという不合理を敢えてしている」。

アメリカの判例

合衆国憲法修正五条は「何人も……正当な法の手続によらないで、生命、自由、または財産を奪われない。また私有財産は、正当な補償なしには、公共の用途のために徴収されない。」と規定している。この規定は、私有財産を認めながらも、その保障は絶対ではなく、公共の目的のために、正当な補償がなされることを前提として、徴収することができるとしている。

しかし、いかなる場合がこの「徴収」にあたるか争いがある。たとえば、土地収用などその所有権すべてを公共目的のために利用する場合、その土地を「徴収」したといえる。しかし、ある種の政策の実現のために、一定の財産の利用方法に制約を課す場合、これを「徴収」ととらえ常に「正当な補償」をしなければならないであろうか。

次に、社会の安全や他人の生命を脅かすような財産の利用を規制することは、いわゆる州のポリス・パワーの行使として許される。しかし、財産の取得後にこの種の規制がなされた場合、この財産を取得した者は予期せぬ損失を被ることになるが、やはり「正当な補償」は必要とされないであろうか。

これらについて、最近の合衆国最高裁は、ポリス・パワーによる財産権の制約は可能であることを前提とし、正当な補償が必要となるのは、その制約が、経済的に利益をもたらす利用もしくは生産的な利用すべて（all economically beneficial or productive use）を否定している場合であるとしている。

さらに、事後的な制約であっても、既存の一般的な法原理においてその制約が含意されており、それを事後法が具体化しているのであれば、「正当な補償」は必要ないという考え方が示されている。

1 財産権への制約の程度と正当補償（Keystone Bituminous Coal Association v. Debenedictis, 480 U.S. 470 (1987)）

事実の概要

ペンシルベニア州では、石炭の採掘による地盤沈下が、地上の建造物の土台や壁に影響し、また凹地をもたらし農耕をはじめ土地開発を困難なものとすることが懸念されていた。そこで一九六六年に対策として法律が定められた（Pennsylvania Subsidence Act）。この法律は、公共用の建物など三つのグループに属する建造物に対して石炭採掘による地盤沈下によって損害を与えることを禁止し、環境資源局を設置し、地盤沈下を防止するための包括的なプログラムを実施する権限を認めた。

そこで環境資源局は、法律により保護される上記の建造物の地下に埋蔵されている石炭について、その五〇％を採掘することを禁止する規則を定めた（五〇％ルール）。

ところでペンシルベニア州では、鉱物が埋蔵されている土地について、三つの権利が設定されている。一つは地表面の権利（surface estate）、次に鉱物に対する権利（mineral estate）、そして補助的権利（support estate）である。この補助的権利とは、埋蔵されている石炭を実際に採掘するために別個に認められた権利である。つまり廃石を堆積し、排水・排気をなし、地表に選別場や道路などの施設を設置し、採掘がもたらす損害の賠償請求権を放棄させる権利である。この補助的権利は、通常、地表面の権利を有する者または鉱物への権利を有する者のいずれかにより所有され、前者が所有すれば地下の鉱物の採掘をさせずに地盤沈下を防ぎ、地表面を保護することになり、後者が所有すれば地表を支えている石炭等を採掘することができる。

上告人は、補助的権利をも取得した石炭採掘業者の団体および企業であるが、この法律と規則の実施の差止めを求めて訴えを提起した。五〇%ルールは彼らの私有財産を正当な補償なく徴収し、修正五条（修正一四条）に違反していると主張した。第一審は、上告人の財産の利用への制限は、州のポリス・パワーの行使であり正当であるとした。原審第三巡回区控訴裁も第一審判決を支持した。そして五〇%ルールにより補助的権利が完全に消滅させられたとの上告人の主張に対して、補助的権利は鉱物への権利を含む「権利の束」の一部を構成しているにすぎない。五〇%ルールは上告人の権利の束すべてを消滅させておらず、上告人による石炭の採掘は利益をあげており、「徴収」にはあたらないとした。

●——判　旨

（1）　土地利用規制が「徴収」にあたるのは、①その規制が正当な州の利益に相当程度に役立っていない場合、または、②その規制が土地所有者に採算のとれる利用（economically viable use）を否定している場合である。

（2）　まず、その規制がどのような目的をもち、それが正当なものであるかが問われる。本件の法律は州民の健康、安全、福祉の保護のためにポリス・パワーを行使することを目的とし、これは正当である。すなわち、先例においても、酒類の製造・販売を禁止するカンザス州憲法の改正が酒造業者により争われた事件で、健康、モラル、社会の安全に害をなすと宣言された財産の利用を禁止することは正当であるとされ（Mugler v. Kansas, 123 U.S. 623（1887））、リンゴ園に病気が蔓延することを防止するために付近のヒマラヤスギの伐採を命ずることも正当であるとされ（Miller v. Schoene, 276 U.S. 272（1928））、いずれも修正五条の「徴収」にあたらないとしている。
こうした不法妨害（public nuisance）にあたるような財産の利用方法に制限を加えることが正当な目的とされるのは、利益の相互依存（reciprocity of advantage）の考え方に基づいている。各人は、他人にこのような財産の利用に制限が課されることにより大きな利益を受ける一方で、これらの制限は市民共通の負担の一部である。つまり、すべての財産は、所有者が社会に害をなさないように利用する内在的な義務を負っているのである。

（3）　土地利用規制が「徴収」にあたるかどうかを判断する二つ目の基準として、五〇％ルールは上告人の石炭の採掘を採算のとれないものとしている（commercially impracticable）かが問われる。上告人は、五〇％ルールにより、約二七〇〇万トンの石炭が採掘できなくなり、これは公共の利益のために州が「徴収」したと主張している。

しかし、約二七〇〇万トンの石炭への制約を上告人の石炭採掘の事業活動等のコンテクストからみた場合、この制約は上告人の財産についての採算のとれる利用を否定しているとはいえない。また、上告人は補助的権利について全面的に否定されたと主張するが、補助的権利は地表面または鉱物に対する権利の束の一部にすぎず、これへの制限は「徴収」とはいえない。

このような多数意見に対しては、本法における立法目的は、果たして州民の安全確保等に限定されるのか、また、いずれにせよ上告人は約二七〇〇万トンの石炭を採掘できなくなったが、これへの補償は必要ないとまでいきることができるのかという疑問が生じてくる。これについて、レンキスト裁判官の反対意見があるので紹介しておこう。

●――レンキスト裁判官の反対意見（パウエル、オコナー、スカリア各裁判官が加わる）

（1）　他人を害する財産の利用を制限することは「徴収」にあたらず、「正当な補償」を必要としない。しかしながら、財産の利用制限の目的は多角的でありうる。すなわち、本法の目的は公衆の安全を守る等を含んでいるが、さらに経済発展や税制の基盤を支えるための財産価値の維持をはかることも含まれている。そこで、経済上の関心に基づく規制に対して、不法妨害の規制であるとのラベルをはって修正五条の保障を及ぼさないとすることには問題がある。

（2）不法妨害を理由とする規制が許されるとしても、その規制が財産の価値を完全に消滅させる場合には「徴収」にあたると考える。先例は不法妨害を理由とする規制が財産価値に相当程度の減少をもたらすにとどまった場合に「徴収」の例外であるとしてきた。すなわち、酒類の製造・販売の禁止は酒造業者の醸造工場をほとんど無価値としたが、建物自体は消滅させていないし、またリンゴ園を守るためのヒマラヤスギの伐採の強制も、伐採されたヒマラヤスギの利用は制限されていなかった。

また、多数意見は、本件の五〇％ルールは上告人の石炭採掘業を採算上成り立たないものとはせず、また、補助的権利は「権利の束」の一部を構成しているにすぎないと判断された。しかしながら、本件においては、約二七〇〇万トンの石炭の採掘が制限を受けたことこそを重視すべきであり、事業全体の視点から考察する必要はない。また補助的権利はペンシルベニア州が独立した財産として認めた以上、これを消滅させる規制は「徴収」にあたる。

ところで、正当な補償が不要であるとされ、さらに、その制約が財産の取得後の事後法によりなされた場合には、投資をなした者に予想外の不利益を及ぼしうるが、修正五条はこれを許容しているのであろうか。この点について最高裁は、ある種の規制が既存の一般法により認められているならば、それを具体化する事後法により正当な補償なく財産に制約がなされても修正五条には違反しないとしている。

2　事後法による制約と既存の法原理（Lucas v. South Carolina Coastal Council, 505 U.S. 1003（1992））

●事実の概要

サウス・カロライナ州は一九七七年に法律を定め、沿岸地域の開発行為を規制してきた。この法律は海浜および隣接の砂丘を臨界地域（critical area）に指定し、その地域における一定の利用行為には審議会の許可を必要としていた。

上告人は一九八六年に一家族向け住宅を建設する目的で土地を購入した。この土地は海浜から約三〇〇フィート（約九一メートル）離れており、臨界地域内になかったので開発行為に許可は必要なかった。しかし、一九八八年の法律に基づいて、審議会は、過去四〇年間の浸食データに従って「線引き」を行い、その海側では人の居住に供する建物の建設を例外なく一切禁止し、上告人の土地はこの海側に位置していた。

そこで上告人は、正当補償を求めて訴えを提起した。第一審は、上告人が土地を購入した時点では制限は存在しておらず、また、その制限は上告人の土地の経済的な利用価値を奪っているとし、一二三万ドル余りの正当補償をなすように命じた。

原審州最高裁は、これを破棄した。財産の利用規制が、公衆への重大な害悪を回避することを目的としている場合、その規制が財産の価値にどのような効果を及ぼそうとも、修正五条の「正当な補償」は必要ではないとした。

●判　旨

（1）　土地の利用規制であっても、経済的に利益をもたらす利用もしくは生産的な利用すべてを規制するならば、それは「徴収」にあたり正当な補償が必要となる。その理由は、これらは利用規制であっても所有者にとっては物理的な収用（physical appropriation）と同じであるからである。

しかしながら、財産にとって付随的な価値に対して、一般法によりある種の変更を行う場合にまで補償が必要であるとすれば、政府はほとんど立ちいかないものとなるであろう。また、害を与えるような財産の利用を制限する場合にも補償は必要とされていない。財産の所有者は、内在的制約のもとにその価値を享受し、ポリス・パワーにその道をゆずらなければならない。

（2）しかしながら、どんなに重大な公共の利益のためであっても、土地の、経済的に利益をもたらす利用すべてを禁止することを、正当な補償なく、新たに行うことは許されない。もっとも、他人の土地に洪水をもたらす埋立てを禁止しても正当な補償は必要とされていない。これは、一定の財産の利用が、はじめて明示的に禁止されたのではあるが、実際のところはすでに、背後にある法原理（background principle）により不法とされていたのである。

（3）したがって、経済的に利益をもたらす利用すべてが規制されている場合、正当な補償が必要になるのは、その規制が背後にある法原理を超えている場合である。本件においては、「線引き」の海側の利用制限を支える背後にある法原理が存在しているかが問われ、これを判断すべく原審に差し戻す。

第２節　営業活動の自由

以上のような財産権の行使は、広い意味での経済活動に含まれるが、同様に、営業活動もこの活動の一つとして憲法上、その自由が保障されると解されている。もっとも、その根拠となっている憲法二二条一項は、「職業選択の自由」を保障し、「営業活動」すなわち「職業活動」の自由を明文では保障していない。

しかしながら、職業は「自己の生計を維持するためにする継続的活動」であり、「社会の存続と発展に寄与する社会的機能分担の活動」である。そこで「職業は、ひとりその選択、すなわち職業の開始、継続、廃止において自由であるばかりでなく、選択した職業の遂行自体、すなわちその職業活動の内容、態様においても、原則として自由であることが要請される……狭義における職業選択の自由のみならず、職業活動の自由の保障をも包含している」（最大判昭和五〇・四・三〇民集二九巻四号五七二頁）。

もっとも、営業活動の自由も絶対かつ無制限に保障されているわけではない。「公共の福祉に反しない限り」において その自由を享受できることは当然である。そして、さらには、この自由は、いわゆる精神的自由に比較して公権力による規制の要請が強いとされている。その理由は「職業は……本質的に社会的な、しかも主として経済的な活動であつて、その性質上、社会的相互関連性が大きい」とされ、このことは、憲法二二条一項が同法一三条の明文にあるのとは別に、あえて「公共の福祉に反しない限り」と繰り返し強調していることからもうかがえる（前記最大判昭和五〇・四・三〇）。

では、具体的にどのような規制であれば「公共の福祉」に適合するのであろうか。この点についての判断は職業の種類、性質、内容、社会的意義、社会的影響を考慮し、さらにそれへの規制の理由、目的、必要性を比較考量したうえで慎重に決定されなければならない。そして、この決定について責任を負っているのは、当然、立法府である。そこで、裁判所としては、この決定に関する立法府の判断をできるだけ尊重し、規制の目的が公共の福祉に合致するものと認められる以上、そのための規制措置の具体的内容およびその必要性と合理性については、立法府の判断がその合理的裁量の範囲にとどまる限り、立法政策上の問題としてその判断を尊重すべきこととなる。

このように、営業活動の規制立法には立法府の裁量が認められるのであるが、その裁量の幅ないし範囲は一律ではなく、広狭があるとされている。ごく大まかにいうと、規制の目的によって、それが消極的な場合と積極的な場合とを区別し、後者はその裁量の幅が広いとされている。以下、規制目的と裁量の幅という観点を中心に判例を紹介していこう。

1　消極目的からする営業距離制限――薬局距離制限違憲事件――（最大判昭和五〇・四・三〇民集二九巻四号五七二頁）

●――事実の概要

Xは、福山市に本店を置き、広島市や岡山市その他に支店を置いて、化粧品・婦人雑貨の販売業、スーパーマーケットの経営、医薬品の販売業等を目的とする株式会社である。

Xは、福山保健所を経由して、被告広島県知事Yに対し、医薬品の一般販売業の許可を申請し受理されたが、不許可処分を受けた。その理由は、薬局等の配置の基準に適合しなかったからである。すなわち、薬事法二六条二項において準用する同法六条二項・四項は、医薬品等の一般販売業の開設が配置の適正を欠く場合には許可を与えないこととし、その配置の基準を都道府県条例に委任している。これを受けて「薬局等の配置の基準を定める条例（昭和三八年広島県条例第二九号）」三条は、既存業者から水平距離で概ね一〇〇メートルを基準に距離制限を原則とし、例外的に人口や交通事情を考慮することとしている。本件において、Xが設置しようとしている店舗予定地から水平距離五五メートルのところに二軒の既設薬局があり、一〇〇メートルの範囲内には既設薬局が六軒あったとされている。

しかし、Xは、薬事法六条二項および本件条例三条が憲法二二条一項に違反し無効であり、本件不許可処分も違法であるとして、その取消を求めて訴えを提起した。最高裁は、職業選択の自由への制約には立法府の合理的な裁量が認められることを前提に、本件で問題となっている許可制は警察目的を有しており、その合憲性を判断するにあたり、裁判所は、より緩やかな制限によっては目的を達成することができないかどうかまで踏み込んで審査するとしている。そして、この立場から薬局等の適正配置（距離制限）を検討し、結局、不良医薬品の供給防止という警察目的は、距離制限よりも緩やかな手段により達成できることを立法事実を踏まえながら判示した。

●判　旨

（1）　警察目的を有する営業許可制と審査基準

本件で問題となっている営業許可は、職業選択の自由そのものを制約する強力な制限であり、かつ、その目的は「社会政策ないしは経済政策上の積極的」な目的ではなく、「自由な職業活動が社会公共に対してもたらす弊害を防止するための消極的、警察的」な目的である。この場合、審査基準として、「許可制に比べて職業の自由に対するよりゆるやかな制限である職業活動の内容及び態様に対する規制によつては右の目的（注・消極的、警察的目的）を十分に達成することができないと認められる」かどうかにまで踏み込んだ司法審査がなされる。

（2）　薬局等の距離制限の分析

①　許可制そのものと公共の福祉　　許可制の採用それ自体は憲法に違反しない。その理由は、「医薬品は、国民の生命及び健康の保持上の必需品である……不良医薬品の供給（不良調剤を含む。以下同じ。）から国民の健康と安全とをまもるために、業務の内容の規制のみならず、供給業者を一定の資格要件を具備する者に限定し、それ以外の者による開業を禁止する許可制を採用したことは、それ自体としては公共の福祉に適合する目的のための必要かつ合理的措置」である。

②　許可基準の一つとしての距離制限とその分析　　許可制の採用自体に次いで、個々の許可基準についても検討されなければならない。そして薬事法六条一項に掲げる、薬局の構造設備、薬剤師の数、許可申請者の人的欠格事由は、「いずれも不良医薬品の供給の防止の目的に直結する事項であり、比較的容易にその必要性と合理

性を肯定しうる」。しかしながら、同条二項および本件条例三条の距離制限については問題があり本件でも争点となっている。そこで、この点について、(a)その目的は何か、(b)他の手段と距離制限との比較、(c)距離制限を必要とする立法事実について検討される。

(a) 提案理由　距離制限が基準の一つとされた理由は二つあり、一つは「一部地域における薬局等の乱設による過当競争のために一部業者に経営の不安定を生じ、その結果として施設の欠陥等による不良医薬品の供給の危険が生じるのを防止する」(不良医薬品の供給防止)、もう一つは、「薬局等の一部地域への偏在の阻止によって無薬局地域又は過少薬局地域への薬局の開設等を間接的に促進すること」(無薬局地域への開設)である。このうち、前者が主たる目的であり、後者は副次的、補充的目的である。

(b) 距離制限と他の手段との比較　「不良医薬品の供給防止」という目的を達成するために、距離制限以外の手段も講じられている。たとえば、「薬事法は、医薬品の製造、貯蔵、販売の全過程を通じてその品質の保障及び保全上の種々の厳重な規制を設け……薬剤師法もまた、調剤について厳しい遵守規定を定めている」。そして、これらに違反した場合には、罰則、許可の取消、不良医薬品の廃棄命令、施設の構造設備の改善命令、薬剤師の増員命令、管理者変更命令が下され、また強制調査が行われる。こうした手段によって、「不良医薬品の供給の危険の防止という警察上の目的を十分に達成することができるはずである」。

それにもかかわらず、なお、より制限的な距離制限という手段をとることが許されるか問題となる。これについては、より万全の措置としてこの措置をとることも可能であろう。しかし、この場合には、「このような制限(注・距離制限)を施さなければ……国民の保健に対する危険を生じさせるおそれがあることが、合理的に認められることを必要とする」。

(c) 距離制限の必要性についての立法事実

立法府は、距離制限なし→過当競争→経営の不安定→不良医薬品の供給という流れを前提に、不良医薬品の供給の危険防止という消極的な目的を達成するために、距離制限が必要であるとする。たしかに、「観念上はそのような可能性を否定することができない。しかし、果たして実際上どの程度にこのような危険があるかは、必ずしも明らかにされてはいない」。

たとえば、不良医薬品提供の一つの場合として医薬品の「乱売」があるが、これは過剰生産や激しい販売合戦が有力な要因である。「医薬品の乱売のごときは、主としていわゆる現金問屋又はスーパーマーケットによる低価格販売を契機として生じたものと認められることや、一般に医薬品の乱売については、むしろその製造段階における一部の過剰生産とこれに伴う激烈な販売合戦、流通過程における営業政策上の行態等が有力な要因として競合している」。

そのため、「不良医薬品の販売の現象を直ちに一部薬局等の経営不安定、特にその結果としての医薬品の貯蔵その他の管理上の不備等に直結させることは、決して合理的な判断とはいえない」。仮に、競争の激化が不良医薬品の提供をもたらす可能性があったとしても、「常時行政上の監督と法規違反に対する制裁を背後に控えている一般の薬局等の経営者、特に薬剤師が経済上の理由のみからあえて法規違反の挙に出るようなことは、きわめて異例に属する」。

以上は、消極・警察目的からなされた距離制限に関し違憲判断がなされた事件である。次に、同じ距離制限であるが、積極目的からなされ、これに対し合憲判決が下された事件を紹介しよう。

2 積極目的からなされた距離制限—小売市場距離制限事件—（最大判昭和四七・一一・二二刑集二六巻九号五八六頁）

●事実の概要

被告人Xは、被告人A会社の代表者であるが、A会社の業務に関して、大阪府知事の許可を受けないで鉄骨モルタル塗平屋建一棟（店舗数四九）を建設したため、小売商業調整特別措置法（本法）に違反したとして罰金刑に問われた。被告人らはこの事実関係については一切争わず、もっぱら本法三条一項の合憲性を争っている。すなわち、本法においては、政令で指定した市の区域（指定地域）において、一つの建物を一〇以上の小売商の店舗（政令で指定する物品〔野菜、生鮮魚介類〕を販売）の用に供するために貸付、譲渡する場合には都道府県知事の許可を必要とし、違反者は罰金五〇万円以下の処罰を受けるとされている（なお、営業停止等の行政措置はとられず、小売商も処罰されない）。そして、本法を受けて大阪府小売市場許可基準内規が作成され、七〇〇メートルの距離制限が許可基準として掲げられた。

被告人Xらは、この許可規制が憲法二二条一項に違反すると主張した。

最高裁は本法三条一項などによる距離制限は憲法二二条一項に違反しないと判示した。①憲法は国民に勤労権や生存権を保障することを要請し、その実現のため、個人の経済活動に一定の制約を課すことができる、②このような、社会経済全体の均衡をはかるという積極目的からする制約については、立法者に広範な裁量が認められる、③本法の距離制限は、その目的が経済基盤の弱い小売商の事業活動の機会の確保にあり、その手段は小売市場のみを対象としているとし、目的および手段が「著しく不合理であることが明白」であるとはいえないとした。

●判旨

（1） 経済活動への積極規制とその理由・内容

「憲法は、全体として、福祉国家的理想のもとに、社会経済の均衡のとれた調和的発展を企図しており、その見地から、すべての国民にいわゆる生存権を保障し、その一環として、国民の勤労権を保障する等、経済的劣位に立つ者に対する適切な保護政策を要請している」。そこで、「国は、積極的に、国民経済の健全な発達と国民生活の安定を期し、もつて社会経済全体の均衡のとれた調和的発展を図るために、立法により、個人の経済活動に対し、一定の規制措置を講ずることも、それが右目的達成のために必要かつ合理的な範囲にとどまる限り、許されるべきであつて、決して、憲法の禁ずるところではない」。

（2） 積極規制と審査基準

このような積極規制を行う場合、裁判所は立法府の判断を尊重するのを建前とし、裁量権を逸脱し、その規制措置が「著しく不合理であることの明白である場合」に限って違憲とされるべきである。その理由は、「その対象となる社会経済の実態についての正確な基礎資料が必要であり、具体的な法的規制措置が現実の社会経済にどのような影響を及ぼすか、その利害得失を洞察するとともに、広く社会経済政策全体との調和を考慮する等、相互に関連する諸条件についての適正な評価と判断が必要であつて、このような評価と判断の機能は、まさに立法府の使命とするところであり、立法府こそがその機能を果たす適格を具えた国家機関である」からである。

（3） 本件距離制限の分析

① 本件距離制限の目的　本件距離制限は中小企業保護政策の一つであり、「その目的において、一応の合理性を認めることができないわけではな」い。すなわち、「小売商が国民のなかに占める数と国民経済における役割とに鑑み……経済的基盤の弱い小売商の事業活動の機会を適正に確保し、かつ、小売商の正常な秩序を阻害

する要因を除去する」ことを目的としている。そこで「一般消費者の利益を犠牲にして、小売商に対し積極的に流通市場における独占的利益を付与するためのものでないことが明らかである」。

② 限定的な規制措置　本法による規制は、過当競争による弊害がとくに顕著な場合に限ってなされている。「本法は……小売市場のみを規制の対象としているにすぎないのであつて、小売市場内の店舗のなかに政令で指定する野菜、生鮮魚介類を販売する店舗が含まれない場合とか、所定の小売市場の形態をとらないで右政令指定物品を販売する店舗の貸与等をする場合には、これを本法の規制対象から除外するなど、過当競争による弊害が特に顕著と認められる場合についてのみ、これを規制」している。

この①と②において示された通り、本法は「目的」および「手段」において、「著しく不合理であることが明白」であるとは認められない。

以上は、医薬品および食糧といった、国民生活にとって不可欠な営業に関する規制であったが、衛生面という観点から「入浴」も同様であるといえる。誰もがこれを利用しやすいようにその料金を法律で定める一方で、営業免許には距離制限が導入されて業者には一定の利益が確保されるようになっている。

しかしながら、ここで注意しなければならないことは、こうした規制を支える社会的事実が時の経過とともに変化してきているということである。当初、国民は浴場を利用することが多かったが、次第に内風呂が普及し、浴場利用者が減少し、その経営は困難になってきた。こうした状況のもとに、新規参入を制限する距離制限を維持できるのかが改めて裁判で争われた。

最二判平成元年一月二〇日刑集四三巻一号一頁は、経営環境の厳しくなった既存の浴場を維持するとの法律の積極目的を重視し、緩やかな審査基準のもとに合憲判決を下した。「公衆浴場が住民の日常生活において欠くことのできない公共的施設であり、これに依存している住民の需要に応えるため、その維持、確保を図る必要のあることは、立法当時も今日も変わりはない。むしろ、公衆浴場の経営が困難な状況にある今日においては、一層その重要性が増している。そうすると、公衆浴場業者が経営の困難から廃業や転業をすることを防止し、健全で安定した経営を行えるように種々の立法上の手段をとり、国民の保健福祉を維持することは、まさに公共の福祉に適合するところであり、右の適正配置規制及び距離制限も、その手段として十分の必要性と合理性を有している……このような積極的、社会経済政策的な規制目的に出た立法については、立法府のとった手段がその裁量権を逸脱し、著しく不合理であることの明白な場合に限り、これを違憲とすべきである……がその場合にあたらない」。

同じく、距離制限を合憲と判断しつつも、さらに、利用料金は低額に抑えられ、利用者の範囲が限定されていることなどを合わせて、既存業者の保護の重要性を強調する判断も示されている。最三判平成元年三月七日判時一三〇八号一一一頁は「公衆浴場法……二条二項……の目的は、国民保健及び環境衛生の確保にあるとともに、公衆浴場が自家風呂を持たない国民にとって日常生活上必要不可欠な厚生施設であり、入浴料金が物価統制令により低額に統制されていること、利用者の範囲が地域的に限定されているため企業としての弾力性に乏しいこと、自家風呂の普及に伴い公衆浴場業の経営が困難になっていることなどにかんがみ、既存公衆浴場業者の経営の安定を図ることにより、自家風呂を持たない国民にとって必要不可欠な厚生施設である公衆浴場自体を確保しようとすることも、その目的としている……右目的を達成するための必要かつ合理的な範囲内の手段と考えられる」とした。

3　財政目的からする営業免許制―酒類販売者への免許制度と営業活動の自由―（最三判平成四・一二・一五民集四六巻九号二八二九頁）

事実の概要

Xは酒類の売買などを目的とする株式会社であるが、酒税法（以下、法）九条一項の規定に基づき、酒類販売業の免許を申請した。しかし、税務署長Yは、Xが法一〇条一〇号に規定する「経営の基礎が薄弱であると認められる場合」に該当するとして免許の拒否処分をした（本件不許可処分）。そこで、Xは、酒類販売業免許制度を採用し、その基準を定めた法九条一項・一〇条各号は憲法二二条一項に違反し無効であり、また、本件申請は法一〇条一〇号に該当しないとして本件不許可処分の取消を求めて訴えを提起した。

最高裁は、①経済活動規制立法には立法府の裁量が尊重される、②酒類販売業免許制度は酒税の徴収方法である「庫出税方式」とかかわりがある、③こうした租税法の定立については、立法府の政策的、技術的判断にゆだねられるとする。そして、このような観点から、④販売業免許制度を立法事実を踏まえながら検討を行っている。

判旨

（1）　経済活動への制約と立法府の裁量

これまでに展開されてきた、経済規制立法と司法審査のあり方についての一般論がここでも妥当する。すなわち、精神的自由に比較して規制の要請が強いこと、具体的な規制措置が「公共の福祉」に適合しているかどうかは一律には論ずることができず、諸要素の比較考量を必要とし、これについては立法府の判断・裁量が尊重される。ただ、許可制は経済活動に対する強力な制限であるので、「重要な公共の利益のため必要かつ合理的な措置」であることが必要である。

（2）　酒類販売業免許制度と庫出税方式

酒類販売業免許制度は、「租税の適正かつ確実な賦課徴収を図るという国家の財政目的」から定められている。すなわち、酒税法は、酒類に酒税を課し（一条）、酒類製造者を納税義務者とし（六条一項）、酒類等の製造及び酒類の販売業について免許制を採用している（七条ないし一〇条）。

これらの規定は、「酒類の消費を担税力の表れであると認め、酒類についていわゆる間接消費税である酒税を課することとするとともに、その賦課徴収に関しては、いわゆる庫出税方式によって酒類製造者にその納税義務を課し、酒類販売業者を介しての代金の回収を通じてその税負担を最終的な担税者である消費者に転嫁するという仕組み」になっている。

（3）　課税方法と広範な立法裁量

このように、本件の免許制度は財政目的、すなわち租税の賦課徴収の方法等の一つとして定められている。そして、これらの方法に関しては、立法府の政策的技術的判断にゆだねられ、裁判所はその裁量的判断を尊重せざるをえない。「憲法は、租税の納税義務者、課税標準、賦課徴収の方法等については、すべて法律又は法律の定める条件によることを必要とすることのみを定め、その具体的内容は、法律の定めるところにゆだねている（三〇条、八四条）。……租税法の定立については、国家財政、社会経済、国民所得、国民生活等の実態についての正確な資料を基礎とする立法府の政策的、技術的な判断にゆだねるほかはなく、裁判所は、基本的にはその裁量的判断を尊重せざるを得ない」。

そこで、本件の免許制度の審査については「その必要性と合理性についての立法府の判断が、右の政策的、技術的な裁量の範囲を逸脱するもので、著しく不合理なものでない限り、これを憲法二二条一項の規定に違反するものということはできない」。

（4） 酒類販売者免許制度の分析

① 法制定当初の立法事実　以上の観点から、本件の酒類販売業の免許制度を分析するために、まず、酒税法が制定された当初における立法事実が検討される。法制定当初において、酒税の国税全体に占める割合は高く、また販売代金に占める割合も高率であったので、これを確実に徴収する必要性および合理性があった。そこで、納税義務者である酒類製造者が、その販売代金を回収することを阻害するおそれのある酒類販売業者を免許制によって酒類の流通過程から排除することとしたことは合理的な措置であったといえる。

② 本件不許可処分当時における免許制の合理性　ところが、社会状況が変化し、租税法体系も変遷し、酒税の国税全体に占める割合も相対的に低下した本件処分当時において、なお、この免許制度を存置すべきか問題となる。しかし、次の理由からこれを存置するとの立法府の判断は、その政策的・技術的裁量の範囲を逸脱し著しく不合理であるとはいえない。

すなわち、「前記のような酒税の賦課徴収に関する仕組みがいまだ合理性を失うに至っているとはいえないと考えられることに加えて、酒税は、本来、消費者にその負担が転嫁されるべき性質の税目であること、酒類〔は〕……そもそも致酔性を有する嗜好品である性質上、販売秩序維持等の観点からもその販売について何らかの規制が行われてもやむを得ない」からである。

（5） 免許基準の検討

免許制度そのもののみならず、具体的な免許基準についても、その必要性および合理性が存在しなければならない。本件においては、法一〇条一〇号「……免許の申請者が破産者で復権を得ていない場合その他その経営の基礎が薄弱であると認められる場合」に、酒類販売業の免許を与えないことができることが問題となっている。この基準は「酒類製造者において酒類販売代金の回収に困難を来すおそれがあると考えられる最も典型的な場合を想定したもの」であるから合理的なものということができ、憲法二二条一項に違反しない。

●——二名の裁判官による個別の意見

以上の多数意見に対し、二名の裁判官が個別の意見を述べ、主として次の三つの問題点を指摘している。①酒類販売業免許制の目的と既存業者の権益の擁護、②致酔飲料と警察規制、③酒類製造業者の負う取引先選択の責任についてである。

① 既存の販売業者の権益擁護　園部逸夫裁判官の「補足意見」は、本件の免許制度は、もっぱら、「財政目的」の見地から維持されるべきで、特定の業種の育成保護が目的ではないとする。そこで、既存業者の保護のために運用すべく行政庁の裁量を認めることは許されない。「財政目的を……経済上の積極的な公益目的と同一視することにより、既存の酒類販売業者の権益の保護という機能をみだりに重視するような行政庁の裁量を容易に許す可能性があるとすれば、それは、酒類販売業の許可制を財政目的以外の目的のために利用するものにほかならず、酒税法の立法目的を明らかに逸脱し、ひいては、職業選択の自由に関する適正な公益目的を欠き、かつ、最小限度の必要性の原則にも反することとなり、憲法二二条一項に照らし、違憲のそしりを免れない」。

しかし、本件においては、かかる目的から本件不許可処分がなされたとは認められない。

② 致酔飲料と警察規制　多数意見は、販売業の免許制が合憲である理由の一つとして、酒類の致酔性を指摘し、販売秩序維持という警察目的をあげていた。しかし、園部裁判官は、この点について批判している。「酒類販売業の許可制一般の問題は、酒税及びその徴収の確保の重要性の有無と酒類販売業における自由競争の原理との経済的な相関関係によって決定されるべきものである。致酔飲料としての酒類の販売には、警察的な見地からの規制が必要であることはいうまでもないが、これは、酒税法による規制の直接かかわる事項ではない」。

③ 酒類製造業者の取引先選択の責任　坂上壽夫裁判官の「反対意見」は、いわゆる庫出税方式は、立法府

の政策的技術的裁量の範囲でなされ、また、酒類製造者をこの方式のもとに免許制度の下に置くことは必要かつ合理的であるとする。しかしながら、「酒類製造者がその販売した商品の代金を円滑に回収し得るように、酒類販売業までを免許制にしなければならない理由は、それほど強くないように思われる。販売代金の回収は、本来酒類製造者が自己の責任において、取引先の選択や、取引条件、特に代金の決済条件を工夫することによって対処すべきものである」。

とくに、この制度が導入されて以来四〇年が経過しており、また、「酒類販売業の免許制度の採用の前後において、酒税の滞納率に顕著な差異が認められないことからすれば……職業選択の自由を制約してまで酒類販売業の免許（許可）制を維持することが必要であるとも、合理的であるとも思われない」。

したがって、この立法府の判断は、合理的裁量の範囲を逸脱していると結論せざるをえない。

以上は、営業免許に関する事件であったが、免許は、その基準のいかんにかかわらず、営業活動そのものに決定的に影響を及ぼす規制である。他方、営業を認められた者に対して、その営業の方法等についての規制もなされ、この場合にも、規制の「目的」と目的を達成するための「手段」および両者の関連性について検討されることになるが、こうした規制の一つとして、広告規制がある。営業を行っていくためには、その内容を利用者に宣伝・広告することは不可欠であるが、これらが虚偽・誇大に流れやすいことも事実である。そこで、その規制を行う必要があるが、虚偽誇大広告それ自体を規制することは当然としても、その「おそれ」がある事項すべてを規制することには問題があると思われる。

4　あん摩師等法違反事件（最大判昭和三六・二・一五刑集五巻二号三四七頁）

事実の概要

あん摩師、はり師、きゆう師及び柔道整復師法七条は、これらの業務または施術所に関し、いかなる方法かを問わず、同条各号に列記した事項（施術者の氏名・住所、業務の種類、施術所の名称・電話番号・場所、施術の日時等）以外の広告を禁止し、また、施術者の技能、施術方法、経歴に関しても広告することが禁止されていた。被告人はきゆう業を営む者であるが、その適応症である、神経痛、リョウマチ、血の道、胃腸病等の病名を記載したビラ約七〇三〇枚を各所に配布したことを理由に起訴されたため、同条による広告の禁止は憲法一一条ないし一三条、一九条、二一条に違反すると主張した。

最高裁は、適応症の広告は虚偽誇大に流れるおそれがあるので、これを規制することは「公共の福祉」による制約として憲法上許されるとしている。なお、最高裁は、上告趣意に応える形で、本件の広告規制を表現の自由の観点から検討している。

判旨

「本法が……適応症の広告をも許さないゆえんのものは、もしこれを無制限に許容するときは、患者を吸引しようとするためややもすれば虚偽誇大に流れ、一般大衆を惑わす虞があり、その結果適時適切な医療を受ける機会を失わせるような結果を招来することをおそれたためであつて、このような弊害を未然に防止するため一定事項以外の広告を禁止することは、国民の保健衛生上の見地から、公共の福祉を維持するためやむをえない」。

最高裁は、虚偽誇大広告が、随時適正な医療機会を国民から奪うとしている。この指摘は正しいと思われるが、その可能性を含むというだけで適応症の広告を全面的に規制することが許されるかは議論の余地がある。

この点について、齋藤悠輔裁判官の少数意見は、広告規制には実際に虚偽誇大が認定されなければならないことを強調する。「広告が同条違反であるとするには、ただ形式的に同条一項各号に列挙する事項以外の事項について広告したというだけでは足りず、さらに、現実に前記のごとき結果を招来する虞のある程度の虚偽、誇大であることを要するものといわねばならない……しかるに……本件広告は、きゆうの適応症である……病名を記載したというだけであつて、虚偽、誇大であることは何等認定されていない……前記七条一項各号に列挙する事項以外の事項を広告したものは、その内容の如何を問わず、すべて処罰する趣旨であると解するならば……同規定は憲法二一条に反し無効である」。

同様に、藤田八郎裁判官の少数意見も実際に虚偽誇大にわたる広告のみが規制されるべきであり、むしろこのことが法の趣旨であることを強調する。「単なるきゆうの一般的な適応症の広告のごときは、それが虚偽誇大にわたらないかぎり……これを禁じていないものと解すべきである……同条所定以外一切の事項の広告を禁ずるものと解するならば、同条は憲法の保障する表現の自由をおかす」と指摘している。

さらに、奥野健一裁判官の少数意見は、業務の免許を与えておきながら、その適応症の広告が虚偽誇大に流れるとのおそれからこれを全面的に規制することを厳しく批判している。「法七条は……虚偽、誇大にわたる広告のみならず適応症に関する真実、正当な広告までも一切禁止し……これに反する者を刑罰に処することにしている……そもそも、本法はきゆう等の施術を医業類似の行為として一定の資格を有する者に対し免許によりこれを業とすることを許している……従つて、その施術が如何なる病気に効能があるか、真実、正当に世間一般に告知することは当然のことであつて……全面的に禁止しなければならない保健、衛生上その他一般公共の福祉の観点からもその理由を発見することができない」。

「単に広告が虚偽誇大に流れる虞があるからといつて……一切禁止することは行き過ぎである。成程、取締当局としては予め一切の広告を禁止しておけば、虚偽、誇大にわたる広告も自然防止することができるであろうが、かくては正当な広告の自由を奪うものであ」るとした。

5 農業共済組合への「当然加入制」「共済掛金支払義務」と職業選択の自由（最三判平成一七・四・二六判タ一一八二号一五二頁）

●事実の概要

農業災害補償法は、水稲等の耕作を営む者で、その耕作面積が一定の規模以上のものは、農業共済組合の組合員となるとの「当然加入制」をとっている。組合員は定額の共済掛け金の支払い義務を負担する。Aは、「当然加入制」により組合とされていたが、共済掛け金事務費賦課金を支払わなかったところ、滞納処分として金融機関に対する預金払戻請求権について差押えを受けた。Aは、「当然加入制」は職業選択の自由等を侵害するとして滞納処分の取消または無効確認を求めて訴えを提起した。

最高裁は「国民の主食である米の生産を確保するとともに、水稲等の耕作をする自作農の経営を保護する」ことを目的とし、「農家の相互扶助の精神を基礎として、災害による損失を相互に分担するという保険類似の手法を採用することとし、被災する可能性のある農家をなるべく多く加入させて危険の有効な分散を図る……ため、原則として全国の米作農家を加入させた」当然加入制は憲法に違反しないとした。

●判　旨

「当然加入制の採用は、公共の福祉に合致する目的のために必要かつ合理的な範囲にとどまる措置ということができ、立法府の政策的、技術的な裁量の範囲を逸脱するもので著しく不合理であることが明白であるとは認め難い……職業の自由を侵害するものとして憲法二二条一項に違反するということはできない」。

「当然加入制は、もとより職業の遂行それ自体を禁止するものではなく、職業活動に付随して、その規模等に応じて一定の負担を課するという態様の規制であること……掛金については、国庫がその一部を負担し……甚大な災害が生じた場合でも政府による再保険等により共済金の支払が確保されている……米の安定供給と米作農家の経営の保護という重要な公共の利益に資するものであって、その必要性と合理性を有していた」。

このことは、米の供給が過剰になり食糧管理法が廃止された現在においても米がわが国の主食であり、その生産過程が自然条件によって左右されやすいことにおいては変わりないとしている。

第11章　学問の自由

憲法二三条は「学問の自由は、これを保障する。」と規定し、学問的研究の自由および研究結果の発表の自由が保障されている。この自由は、すべての国民に保障されているが、学術研究の中心は大学であり、大学における研究、成果の発表、そして教育が自由活発に行われることが学問の進歩にとってきわめて重要である。そこで、大学における学問をとくに重視し、そのために大学の自治が、制度として、伝統的に認められている。これについては、本書・統治編・第6章にゆだねるとして、大学の研究者による、研究成果の発表について問題になった事例があるので紹介する。

第1節　学問の自由と大学教員の研究成果の発表

1　教科書検定事件（最三判平成五・三・一六民集四七巻五号三四八三頁）

学校で用いられる教科書の内容について、学問の自由がどこまで保障されるのかが問題になった事件がある。

すなわち、検定という方法により国家権力が教科書の内容を決定しようとすることに対して、研究者はどこまで抵抗することができるのかが問われたのである。最高裁は、教科書という形態での研究成果の発表に一定の制約を加えても、直ちに憲法二三条には違反しないとした。

「教科書は……普通教育の場において使用される児童、生徒用の図書であって……学術研究の結果の発表を目的とするものではな〔い〕……本件検定は、申請図書に記述された研究結果が、たとい執筆者が正当と信ずるものであったとしても、いまだ学会において支持を得ていなかったり、あるいは当該学校、当該教科、当該科目、当該学年の児童、生徒の教育として取り上げるにふさわしい内容と認められないときなど……教科書の形態における研究結果の発表を制限するにすぎない。このような本件検定が学問の自由を保障した憲法二三条の規定に違反しないことは……明らかである」。

大学教授は、その学問研究の成果として大学の講義や社会において様々な発言を行うことがある。もしも、これらの内容を理由として不利益が及ぶならば、その研究は萎縮し、ひいては学問の発展は阻害されることになろう。こうした問題を提起した事件を次に紹介しよう。

2 大学教授の講義内容・社会的発言と懲戒処分（最二判平成一九・七・一三判タ一二五一号一三三頁）

●事実の概要

AはB学校法人の設置する大学の比較政治論等を担当する教授であるが、地元新聞紙上において、編集長の質問に答える形で次のような発言（本件発言）があった。①第二次世界大戦の敗戦国はすぐに自国の歴史を取り戻しているのに、わが国のみ戦勝国の史観が続いている、②戦争において当事国の一方のみを悪いと決めつけるのではなく、先人の功罪を正しく見つめる必要がある、③県立の人権センターの展示内容はほとんどが部落問題で残る二割ほどが反日、自虐史観に基づく展示であって、どういう子どもや日本人を育てようとしているのか疑問に感じる、④人権センターは一方的な歴史観の押し付けをやめるべきである、⑤歴史観がしっかりしていなければ政治を語ることはできないし、すぐに謝罪する態度では国際政治に通用しない、⑥台湾の歴史教科書は、わが国の植民地政策の功罪をはっきり記述し評価している点が多い、などというものであった。

Bは、Aに対して、人権センターに対する誹謗ともとられかねない本件発言、Aのこれまでの講義方法（東条英機に関する映画の鑑賞を強要するかの指導等）は、Bの名誉と品位を害し、その生徒や学生の募集に悪影響を及ぼすものであって戒告処分にするとともに、教授の職を解き本部付事務職員を命ずるとの辞令を交付した。最高裁は、これらの発言は懲戒事由に該当しないと判断した。

●判　旨

「本件発言は……第二次世界大戦下において我が国が採った諸政策には功罪両面があったのであるから、その一方のみを殊更に強調するような歴史観を強制すべきではなく、そのような見地からみて、人権センターの展示内容には偏りがあるという……意見を表明するにすぎないもの……本件発言は、これが地元新聞紙上に掲載されたからといって……〔B〕の社会的評価の低下毀損を生じさせるものであるとは認め難い」。

「〔A〕の講義方法等についても、それが大学における講義等の教育活動の一環としてされたものであることなどを考慮すると、それのみを採り上げて直ちに本件就業規則所定の懲戒事由に該当すると認めるのは困難というほかない」。

アメリカの判例

1　大学教員による課外講座と表現の自由（Bishop v. Aronov, 926 F. 2d 1066（11th Cir.（1991））

●事実の概要

Ａは、ある州立大学の准教授として、生理学の授業を担当していたが、授業中に自身の信仰について語った。すなわち、自分は、神は、キリストの姿を借りて地上に降り立ったと考えており、学生は、自分の述べること、行うことすべてがこの考え方に基づいていることを理解しなければならない、信仰は大学での活動よりも重要である、などと主張した。さらに、Ａは、課外講座を開き、複雑な人間の仕組みを論じた後に、これらは神の創造であり、進化のもたらしたものではないと結論した。

このクラスには五名の学生と教授一名が任意で参加し、学生の成績には影響しないものであったが、何人かの学生から、学部長に苦情が寄せられた。学部長は「公共施設における宗教活動」に関する覚書を作成し、Ａの、アカデミック・フリーダムと信仰の自由を尊重することを確認したものの、以下のことをなすことは認められないとした。すなわち、宗教上の信条および／または嗜好を授業時間中に発言すること、大学の問題をキリスト教の視点から論ずる課外クラスを設置すること、そして学生の参加を促すために信仰やその力を用いることである。Ａは、これにより、表現の自由を侵害されたとしてその差止めを求めて訴えを提起した。

●判　旨

大学の施設がパブリック・フォーラムと考えられるのは、学校当局が、その政策により、一般公衆に平等に使わせるために、その施設を開放した場合に限定される。Ａの担当する教室はこれにあたらない。学内における学生の表現とは異なって、教員の表現は大学から切り離されたものとは受け取られず、大学を代表すると受け取られる。したがって、教員による教室内での言論に関し、大学は、それが毎日のクラス運営を妨げる表現のみならず、一般公衆が、その表現に学校がお墨付きを与えているのではないかと合理的に考えるようなものに関心をもつのである。

われわれの国家は、大学の自由を守ることを重視してきた。この自由は修正一条の格別の配慮を受け、教室を、正論という名の蓋(おお)いで覆い尽くそうとする法律を許さない。教室は思想の自由市場である。国家の将来はリーダーにかかっているが、彼らは、いかなる権威によってそれが選択されたかではなく、多様な見解から真理を発見しようとする、思想の活発な交換に幅広く身をさらすことによって、鍛錬を積んでいることが必要である。しかしながら、この大学の自由についての指摘は、大学が自らの進むべき方向性を否定することにはならない。

大学は、Aが、自分の見解をもってはならない、自分の時間にそれらを外に表してはならない、としているわけではなく、大学の課程の中で、彼自身の宗教的な信条を論じてはならないとしている。大学は、個人的な宗教上のバイアスによって教育がなされることを懸念している。Aの有するアカデミック・フリーダムと表現の自由は、この教室内における大学の利益にとって代わるものではない。

課外講座に関しては、これが強制的なものでなく、正課の一部とは考えられていないこと、成績に無関係であることをA自らが明らかとしているならば、大学はこれを禁止することはできない。

2　大学の表現の自由と補助金（Rumsfeld v. Forum for Academic & Institutional Rights, 547 U.S. 47（2006））

事実の概要

Aロースクールは、軍隊内における同性愛に関する政府の方針に反対し、ロースクールのキャンパス内において、軍への勧誘者が学生に接触することを制限した。これに対して連邦議会は、他の勧誘者に認めているのと同等の学生への接触を軍に対して認めないならば、連邦からの補助金を失うとする法律を制定した。そこで、この法律は言論の自由を侵害するとして訴えが提起された。原審は、この法律は、ロースクールの軍の勧誘者に反対する政策を続けるか、それとも補助金を継続して受け取るかのディレンマに陥らせ修正一条に違反するとした。破棄・差戻し。

判　旨

合衆国憲法は連邦議会に対して、防衛に供する権限を認め、陸海軍を維持し援助する権限を認めている。これには、軍の勧誘者がキャンパスにアクセスすることを求める権限も含まれている。軍による勧誘について連邦議会が選択した手段は、軍の勧誘者によるキャンパスへのアクセスを、その支出条項を用いて可能とすることであった。すなわち、学生に対して他の勧誘者に認められているのと同等のアクセスを軍の勧誘者に認めるか、それとも連邦の補助金を受けないか、その選択を迫ることであった。

この法律は、Aに対して何を主張し、何を主張させないか、いずれの制限も行っていない。Aは、連邦の補助金を受けながらも、軍の雇用政策について、いかなる見解を持ちそれを公表することもこの法律によって規制されていない。この法律は軍の勧誘に平等なアクセスを認めなければならないという行為に影響を及ぼすのであって、何を発言し、発言できないかについては、関わりを持っていない。

学内での軍のリクルート活動を認めることは、軍のメッセージを受け入れることを強制していることにはならない。Aが、レセプションのホスト役を務めたとしても、このことは学校による言論とはいえない。軍の勧誘者にキャンパスへの入構を認めても、それは本質的に表現行為とはいえない。学生が就職できるように援助するために勧誘活動を手助けしているだけである。

第２節　普通教育の場における教師の教授の自由

憲法二三条の学問の自由は、学問的研究の自由とその研究結果の発表の自由を含む。そして、大学においては、教授その他の研究者は、その専門の研究の結果を教授する自由を保障されている。大学は学術の中心として深く真理を探究することを本質とし、また、教育ないし教授の自由は学問の自由と密接な関係を有しているからである。これを受けて、改正前の学校教育法五二条は「大学は、学術の中心として、広く知識を授けるとともに、深く専門の学術を教授研究し、知的、道徳的及び応用的能力を展開させることを目的とする。」と規定している。では、普通教育の場において、教師に教授・教育の自由は保障されているであろうか。最高裁は、各教師にその教科の指導方法等につき裁量が認められるとしながらも、大学におけると同等の教授の自由は認められないとしている。その理由として、児童生徒にはその内容を批判する能力が欠けており、学校や教師選択の余地が乏しく、一定の教育水準を確保する必要性がある、等があげられている。

以下、中学校と高等学校における教師の教授の自由が問題となった事件を紹介しよう。

1　中学校における教師の教授の自由・旭川学テ事件（最大判昭和五一・五・二一刑集三〇巻五号六一五頁）

●事実の概要

文部省が全国中学校二、三学年の全生徒を対象とするいっせい学力調査を行ったところ、これに反対する被告人らは、その実施を阻止しようとして、当日、他の数十名の説得隊員とともにａ中学校に赴き、制止されたにもかかわらず校内に侵入し、暴力、脅迫を加えて公務の執行を妨害したとして、建造物侵入罪、公務執行妨害罪、暴行罪の責任を問われた。最高裁は、原判決を破棄して被告人らを有罪とした。この事件における論点は多岐にわたるが、ここでは普通教育の場における教授・教育の自由の論点についてのみ判旨を紹介する。

●━判　旨

普通教育の場において、教師にも教授の具体的内容および方法についてある程度の裁量が認められている。教師も、特定の見解のみの教授をなすことを強制されず、また、子どもの個性に応じた教育を実践する必要があるからである。「知識の伝達と能力の開発を主とする普通教育の場においても、例えば教師が公権力によつて特定の意見のみを教授することを強制されないという意味において、また、子どもの教育が教師と子どもとの間の直接の人格的接触を通じ、その個性に応じて行われなければならないという本質的要請に照らし、教授の具体的内容及び方法につきある程度自由な裁量が認められなければならない」。

しかしながら、普通教育における教師に完全な教授の自由を認めることはできない。その理由として「大学教育の場合には、学生が一応教授内容を批判する能力を備えていると考えられるのに対し、普通教育においては、児童生徒にこのような能力がなく、教師が児童生徒に対して強い影響力、支配力を有することを考え、また、普通教育においては、子どもの側に学校や教師を選択する余地が乏しく、教育の機会均等をはかる上からも全国的に一定の水準を確保すべき強い要請がある」からである。

このように、批判能力の不十分さ、一定の教育水準の確保という観点から、教師に完全な教授の自由は存在しないとの考え方は、高等普通教育、すなわち高等学校の教師についても当てはまると考えられている。これについて、教科書を使用しないで授業を行ったことなどを理由として教師になされた懲戒免職処分が争われた事件がある。

2　高校における教科書の使用と教師の教授の自由（最一判平成二・一・一八民集四四巻一号一頁）

事実の概要

被上告人らは、ａ県立高等学校の教諭として勤務していたが、その担当する社会科の授業において、所定の教科書を使用せず、かつ、高等学校学習指導要領に定められた当該科目の目標および内容を逸脱した指導を行ったなどとして、懲戒免職処分を受けた。そこでその処分の取消を求めて訴えを提起した。

最高裁は原判決を破棄し、第一審判決を取り消し被上告人らの請求を棄却した。

高等学校における教師には、教育の具体的内容および方法につき裁量が認められるが、次の理由からその裁量には制約がある。①高等学校の教育は修業年限を限って一定の目的を達成しなければならない、②生徒には教師を批判する十分な能力が備わっていない、③教師を選択する余地が少ない、④一定の教育水準を確保する必要性がある、ということである。

判　旨

「高等学校の教育は、高等普通教育及び専門教育を施すことを目的とするものではあるが……所定の修業年限の間にその目的を達成しなければならず……また、高等学校においても、教師が依然生徒に対し相当な影響力、支配力を有しており、生徒の側には、いまだ教師の教育内容を批判する十分な能力は備わっておらず、教師を選択する余地も大きくない……これらの点からして、国が、教育の一定水準を維持しつつ……高等学校教育の内容及び方法について遵守すべき基準を定立する必要があ」る。

本件において、教科書使用義務違反は年間を通じて継続的に行われ、しかも教科書の内容が自分の考えと違うとの立場から使用がなされなかった。これらのことは「教育の具体的内容及び方法につき高等学校の教師に認められるべき裁量を前提としてもなお、明らかにその範囲を逸脱して、日常の教育のあり方を律する学校教育法の規定や学習指導要領の定め等に明白に違反する」。

第12章　教育を受ける権利

すべての国民は、自分の能力を発達させ、人格を形成するために物事を学ぶ自由を有している。しかし、この自由を実質的に保障するには、そのための環境や施設が整えられることが必要である。そこで、憲法二六条一項は、「すべて国民は、法律の定めるところにより、その能力に応じて、ひとしく教育を受ける権利を有する。」とし、これにより国民は、国家に対して、教育諸条件の整備を要求する積極的な権利を保障されている。

ところで、この教育を受ける権利は、とりわけ、自ら学習することのできない子どもに対し保障されることが重要である。そこで憲法二六条二項は、「すべて国民は、法律の定めるところにより、その保護する子女に普通教育を受けさせる義務を負ふ。義務教育は、これを無償とする。」とし、親にはその子に普通教育を受けさせる義務を負わせ、ただし、義務教育（九年間の普通教育）についてはその授業料を国が負担することとしている。

このような「教育を受ける権利」に関しては、主として次の三つの問題が判例上提起されている。まず第一に、国民の教育を受ける権利に対応して、国家は教育諸条件の整備が義務づけられるのであるが、この中には教育内容および方法も含まれるかという問題である。すなわち憲法二六条二項は、子に普通教育を受けさせる親の義務を規定しているから、これを受けて、その教育内容・方法の決定権も親にあり、国家はこれに立ち入れないのではないかという議論である。

次に、障害者の教育を受ける権利が問題となっている。肉体的、精神的にハンデキャップを負う者への教育について、どのような配慮がなされるべきかということである。とりわけ、障害者を特別支援学校等に分離して教育すべきなのか、それとも健常者とともに普通学校において教育を受けさせるべきなのかが問われている。

第1節　教育内容および方法についての決定権の所在

全国いっせい学力調査の適法性—旭川学テ事件—（最大判昭和五一・五・二一刑集三〇巻五号六一五頁）

事実の概要

この事件は、第10章においても紹介されているように、昭和三六年一〇月二六日にa中学校において実施予定であった、全国中学校いっせい学力調査（本件学力調査）を被告人らが阻止しようとしたことが問題となっている。被告人らは、数十名の説得隊員とともに同中学校に赴き、同校校舎内に侵入し、退去要求にもかかわらず退去せず、また、本件学力調査を実施しようとした職員らに暴行・脅迫を加え、公務の執行を妨害した。

第一審は、本件学力調査には重大な違法があり、公務執行妨害罪に関してはその成立を否定した。原審もこの判断を是認し、控訴を棄却したが、最高裁はこの部分につき破棄し自判した。

最高裁は、本件学力調査は適法であるとし、その理由として次の三つをあげている。①国は、教育政策の実践として、必要かつ相当な範囲で教育内容について決定権を有する。②ただし、その決定は、政党政治の下で政治的影響が及ぶ危険性があるので抑制的になされなければならない。③しかし、本件学力調査については、教育基本法一〇条の「不当な支配」にもあたらない。以下、この三点を中心に判旨を紹介する。

●――判　旨

（1）　教育内容に関する国の決定権

①　子どもの学習権　　まず、子どもの教育は子どもの学習する権利に対応するものであり、支配的権能ではない。「〔憲法二六条〕の背後には、国民各自が、一個の人間として、また、一市民として成長、発達し、自己の人格を完成、実現するために必要な学習をする固有の権利を有すること、特に、みずから学習することのできない子どもは、その学習要求を充足するための教育を自己に施すことを大人一般に対して要求する権利を有するとの観念が存在している……子どもの教育は、教育を施す者の支配的権能ではなく、何よりもまず、子どもの学習をする権利に対応し、その充足をはかりうる立場にある者の責務に属するものとしてとらえられている」。

このように、子どもの教育は子どもの学習権に対応するものであるが、次に、その教育内容・方法をいかにして決定するかが問題になる。憲法はこの点について基準を示していない。そこで、子どもの教育に関心を有する者たちの主張するところを憲法上の根拠に照らして画定する必要がある。

②　親の教育権の範囲　　親は子の教育について、最も深い関心を有するが、その教育権は主として家庭教育や学校選択に及んでいく。「親は、子どもに対する自然的関係により、子どもの将来に対して最も深い関心をもち、かつ、配慮をすべき立場にある者として、子どもの教育に対する一定の支配権、すなわち子女の教育の自由を有すると認められるが、このような親の教育の自由は、主として家庭教育等学校外における教育や学校選択の自由にあらわれるものと考えられる」。

③　国の教育権　　親の教育権は家庭教育および学校選択の自由に及ぶが、これ以外の領域については国が決定する権能を有する。「一般に社会公共的な問題について国民全体の意思を組織的に決定、実現すべき立場にあ

る国は、国政の一部として広く適切な教育政策を樹立、実施すべく……必要かつ相当と認められる範囲において、教育内容についてもこれを決定する権能を有する」。

（2）　国の教育権とその抑制的行使

もっとも、教育内容に関する国の決定権の行使には政治的影響が及ぶ可能性があり、できるだけ抑制的に行使されるべきである。すなわち「子どもが自由かつ独立の人格として成長することを妨げるような国家的介入、例えば、誤つた知識や一方的観念を子どもに植えつけるような内容の教育を施すことを強制するようなことは、憲法二六条……からも許されない」。

（3）　国による教育内容の決定と教育基本法

国による教育内容の決定については、憲法二六条のみならず、改正前の教育基本法（以下、教基法）に基づく検討も必要である。憲法二六条は、教育内容について具体的に示すところがなく、逆に、「法律の定めるところにより」とし、これを受けて教基法が教育関係法令の一般法として位置づけられているからである。ここで問題となるのは教基法一〇条である。同条一項は「教育は、不当な支配に服することなく、国民全体に対し直接に責任を負って行われるべきものである。」とし、同条二項は「教育行政は、この自覚のもとに、教育の目的を遂行するに必要な諸条件の整備確立を目標として行われなければならない。」とする。

しかし、これらの条項は、教育内容への国の介入を一切禁止するものではない。「教基法一〇条は、国の教育統制機能を前提としつつ、教育行政の目標を教育の目的の遂行に必要な諸条件の整備確立に置き、その整備確立のための措置を講ずるにあたつては、教育の自主性尊重の見地から、これに対する『不当な支配』となることのないようにすべき旨の限定を付したところにその意味があり、したがつて、教育に対する行政権力の不当、不要の介入は排除されるべきであるにしても、許容される目的のために必要かつ合理的と認められるそれは、たとえ教育の内容及び方法に関するものであつても、必ずしも同条の禁止するところではない」。

（4）本件学力調査の違法性

①　学習指導要領　本件学力調査の違法性を考える前に、この学力調査の基礎となっている中学校学習指導要領について検討されなければならない。そして、結論として、その内容は教師による教育の余地を残し、また、地方ごとの特殊性を反映しうるものであり、したがって、全国的な大綱的基準として「不当な支配」にはあたらない。

「本件当時の中学校学習指導要領の内容を通覧するのに、おおむね、中学校において地域差、学校差を超えて全国的に共通なものとして教授されることが必要な最小限度の基準と考えても必ずしも不合理とはいえない事項が、その根幹をなしている……右指導要領の下における教師による創造的かつ弾力的な教育の余地や、地方ごとの特殊性を反映した個別化の余地が十分に残されており、全体としてはなお全国的な大綱的基準としての性格をもつ……その内容においても、教師に対し一方的な一定の理論ないしは観念を生徒に教え込むことを強制するような点は全く含まれていない」。

②　本件学力調査の目的　本件学力調査の性格はいわゆる行政調査である。そして、その適法性を判断するためにまず、調査目的が適法でなければならない。本件学力調査においては、(a)教育課程に関する諸施策の樹立および学習指導の改善、(b)中学校において、自校の学習の到達度と全国的な水準との比較、(c)教育諸条件の整備、(d)育英、特殊教育施設などの拡大強化、これらについての資料とすることを目的としているから、本件学力調査は違法・不当とはいえない。

③　全国いっせいテストを行う必要性　これらの目的を達成するために、本件学力調査が全国いっせいテストという形で行われたことについて、その必要性も肯定される。「全国の中学校における生徒の学力の程度がど

の程度のものであり、そこにどのような不足ないしは欠陥があるかを知ることは……諸施策のための資料として必要かつ有用である……学力調査の方法としては、結局試験によつてその結果をみるよりほかにはないのであるから……学力をできるだけ正確かつ客観的に把握するためには、全国の中学校の生徒に対し同一試験問題によつて同一調査日に同一時間割で一せいに試験を行うことが必要であると考えたとしても、決して不合理とはいえない」。

④　本件学力調査と「不当な支配」　本件学力調査は教基法にいう「不当な支配」にあたらない。まず、この学力調査は生徒の成績評価を目的とするものではなく、あくまで「一般的な学力の程度を把握するためのもの」である。次に、本件学力調査のために各中学校はその授業計画の変更を余儀なくされたが、その変更は「実質上各学校の教育内容の一部を強制的に変更させる意味をもつほどのものではな」い。

さらに、本件学力調査は、学習指導要領に従った教育を行う風潮を生じさせ、教師の教育の自由を侵害する危険性があるとの主張がなされているが、「生徒の一般的な学力の実態調査のために行われたもので、学校及び教師による右指導要領の遵守状況を調査し、その結果を教師の勤務評定にも反映させる等して、間接にその遵守を強制ないしは促進するために行われたものではな」い。

以上、本件学力調査は「不当な支配」にあたらない。

第２節　障害者の教育を受ける権利

学校教育法は第八章において、特別支援教育について規定している。これによれば、視覚障害者、聴覚障害者、知的障害者、肢体不自由者または病弱者（身体虚弱者を含む）に対する教育のために、特別支援学校が設けられ、これらにより幼稚園から高等学校まで、これに準ずる教育がなされ、障害による学習上または生活上の困難を克服し自立をはかるために必要な知識技能を授けることとしている（同法七二条）。そして、これら学校の設置を都道府県に義務づけている（同法八〇条）。

さらに、同法八一条は、幼稚園、小学校、中学校、高等学校および中等教育学校に特別支援学級を置き、心身に故障のある者に教育を行うことができるとしている。

このような特別支援教育に関して問題になるのは、まず、特別支援学校等における教育が心身に故障がある者にとって十分なものであるかどうかということである。次に、この者たちを健常者から分離して教育することに問題はないかが問われる。むしろ健常者とともに普通学校・学級において学ぶことこそが、教育を受ける権利の内容なのではないかということである。本章においては、この後者に問題を絞って判例を紹介する。

まず、障害児に特別支援学校または小学校いずれに入学するかを選択する自由が保障されているかが問われた事件を掲げる。

1 障害児自主登校事件（東京高判昭和五七・一・二八高刑集三五巻一号一頁）

事実の概要

Aは生後四ヵ月で脳性麻痺と診断され、その後養護学校小学部（注・当時、以下同じ）に入学した。しかし、近隣の友人とともに近くの小学校に通学したいとの希望を有し、転校希望を養護学校および区教育委員会に申し出たが、拒絶された。

Aは、ある程度の学習能力はあるが、四肢は不自由で移動は座ったままか、寝返りによらねばならず、起立が不安定であり排便等はほぼ全面介助を要し、相手の問いかけは理解するが、言語による意思表明は大変困難であった。そこで、養護学校長は、Aのために、Aは養護学校で教育を受ける方がよいと判断した。

しかし、Aの両親は、この転校については受け入れ校の教師の理解があれば実施できると考え、自主登校と称して連日小学校の門前に赴き、支援者らがAの学習指導を行った。被告人は、この自主登校の過程において、立入を禁止された小学校の門扉を乗り越えて校内に侵入し、支援者らと共同して同校長に暴行を加えるなどしたため、建造物侵入、暴力行為等処罰に関する法律違反、暴行の罪に問われ、第一審において懲役六ヵ月、執行猶予二年の判決を受けた。東京高裁も控訴を棄却した。

判　旨

（1）　障害児と健常児との総合教育

この事件の背景には、障害児を分離して教育することの是非の問題が存在する。そして、理想としては、障害児と健常児を総合し普通教育を施すことである。「障害者は、可能なかぎりその残された能力を開発して自ら生活の道を樹てなければならないのである。もとよりそのための健常者の協力が必要であることはいうまでもないけれども、それはいうまでもなく協力であって、単なる同情にとどまるものであってはならない。……このような障害者と健常者の協力関係は、可能なかぎり早い機会に確立されることが望ましい。……教育の過程において、すでにその協力関係が確立していることが期待され……障害児教育は、健常者と綜合し、普通教育を施すとともに、その障害の程度に応じて残された能力を開発する特殊教育を行なうことが、障害児教育の理想とみるべきものであろう」。

（2） 総合教育の段階的実現

しかしながら、こうした理想のためには巨額の費用を必要とし、したがって、段階的に実現をはからざるをえない。そこで、現在とられている分離教育の制度も、直ちに憲法二六条等に違反するとはいえない。「障害児、健常児の綜合教育が理想であるといっても……人的、物的に設備を整えるためには、当然のことながら巨額の費用を伴なうものであって、一朝一夕にこれを実現することは困難であり、段階的にその実現をはかることもやむを得ない……現在実施されているように、障害児は養護学校小学部に、健常児は小学校に就学すべき制度も、現在の教育制度の発達の段階においてみるときは、けだしやむを得ない……かかる分離による特殊教育が、直ちに憲法……二六条に違反し、教育基本法一〇条に抵触するということはできない」。

（3） 被告人の刑事責任

本件被告人の刑事責任について考える前に、まず、Aの両親のとった行動について検討すると、確かに障害児の親として現在の制度に対する不満があり、それが焦燥感にまで高められていたかもしれない。しかし「障害児に対する教育制度の改善を求めるための運動は、運動それ自体は正当であるとしても、平和的な行動にとどめることが必要であった」。

次に、被告人については、その暴行行為等はAの支援者として、自主登校の過程においてなされたものであるが、Aの普通小学校への転校は現行法上は原則として認められない。まして被告人は公務員であり、第三者であったのであるから、冷静に運動をすすめるべきであった。

「現行の分離、特殊教育の非を訴え、普通小学校における綜合的な教育の実現をはかるとしても、そのための運動は平和的な行動にとどまるべきであつた……まして、被告人は……両親とは立場を異にする第三者である……一歩離れて冷静に客観的に判断して運動をすすめるべきであり、殊に被告人はａ区役所（注・原文実名）の職員として公務に従事していた者であるから……このように行きすぎの行動は許されるものではない。……被告人の本件行為は……目的においては正当なものであるが、その手段としては相当なものとは到底認めがた」い。

以上は、Aの自主登校の過程で生じた刑事事件であり、したがって、障害児の分離教育の是非については、被告人の刑事責任の有無を判断するに必要な限りでなされていることに注意すべきと思われる。ところで、この事件では養護学校と普通小学校の分離教育が問題となっていたが、中学校における普通学級と特殊学級の分離が問題となった事件があるので紹介しよう。

2　障害児による学校選択の自由の限界（旭川地判平成五・一〇・二六判例自治一一九号四六頁）

●事実の概要

原告は、出生時に受けた脊髄損傷のため、胸部から下の肢体不自由者となり、障害一種一級の障害者に認定された。原告は小学校の特殊学級に入級して教育を受けたが、中学校においては普通学級で学習したいと考えた。しかし、ａ中学校長（被告）は原告に対して特殊学級（注・当時、以下同じ）に入級させるとの処分をしたので、原告はこれを不服としてこの処分の取消その他を求めて訴えを提起した。

原告は、憲法二六条は、心身の障害を有する子に対して普通学級で教育を受ける権利を保障し、その親には、普通教育または特殊教育のいずれかを選択する権利を保障していると主張した。旭川地裁は請求を棄却した。

判旨

（1） 普通学級での教育を受ける権利

普通学級で教育を受ける権利とは、結局、教育内容を子ども自ら決定する権利を意味し、これは憲法上保障されていない。憲法二六条は、適切な教育の場を設定することを国に求める権利を子どもに保障しているが、その具体的内容を決定する権利までは認めていない。すなわち、憲法二六条一項は、「国家に対し、合理的な教育制度と施設とを通じて適切な教育の場を提供することを要求する権利を意味〔し〕……自己に施されるべき教育の環境ないし教育内容を、当該子ども自らが決定する権能まで付与したものであるとの解釈は……同条の社会権的性格に照らし、到底導き出すことができない」。

さらに、実質的に考えても、「人格の未熟を前提にその完成を目指すために教育を受ける子どもが、自ら教育環境も含めた教育内容を決定できるという議論は、およそ健全な社会常識に合致しない」。

これに加えて、普通学級に障害児が入級する場合、その受け入れ態勢も考慮されなければならない。「我が国の通常の義務教育学校は、明治以来、極端な個人差を持つ者は就学して来ないということを前提に諸々の仕組み・制度が形成されており、これは、今日においても……なお基本的には変わっていない……心身障害を有する子どもの教育を考えるに当たっては、かかる枠組みに制約された受入れ態勢の現状をも考慮」しなければならない。

（2） 親の学校選択の自由

親の子に対する教育の自由は、学校における教育内容の決定には及ばない。そして、障害児が普通学級に所属すべきかどうかは教育内容にかかわる事項である。「親は……子女の教育の自由を有するが、これは、主として家庭教育等学校外における教育や学校選択の自由に現われる。……憲法二六条が、親に対し、子女に施す教育の内容を決定する権能を付与しているものとは解することができない……心身障害を有する子どもが、学校において、普通学級に所属すべきか特殊学級に所属すべきか、また、それを誰が決定すべきかは、まさに心身障害を有する子どもに対する教育の内容にかかわる事項であるから、親が……これを自ら選択・決定する権利を有するということはできず……国の立法の判断に委ねていると解するのが相当である」。

（3） 特殊学級への入級処分

障害児の特殊学級への入級に関し、これを校長の判断にゆだねている学校教育法（改正前）の規定は憲法二六条に違反しない。「子どもやその親の意向は、必ずしも校長の判断に勝るとはいえない……子どもや親が主観的に利益だと考えることに拘束されると解すべき根拠はない。もちろん……校長が生徒を特殊学級に入級させるとの処分をするに際しては、子どもや親の意向を十分に考慮し、これを尊重した上でなされることが望ましいことであるとしても、子どもや両親の意向に反して特殊学級への入級処分がされたからといって、その一事をもって、直ちに、特殊学級への入級処分の権限を校長に与えるという制度を定めた学教法の規定が、国民の教育を受ける権利を保障した憲法二六条に違反するということはできない」。

以上、二件の判例は、障害者が義務教育の場において普通学級で教育を受ける権利を有するかが争われ、結局、これが否定された事件である。これに対して、高等学校への入学を、その身体的状況を理由に拒否することが許されるかが問われた事件があるので紹介しよう。

3　筋ジストロフィー症と高等学校において教育を受ける権利（神戸地判平成四・三・一三行集四三巻三号三〇九頁）

事実の概要

（1）　本件総合選抜制度の要約

兵庫県教育委員会は、県立高等学校の入学者選抜要綱を定め、これにより尼崎市内の八校の公立高校では入学者の選抜を各学校ごとに行わずに、八校全体で総合調整する総合選抜制度を実施していた。入学者の選抜は合否判定委員会が行い、判定方法は、各高等学校で実施した学力調査（五教科で各一〇〇点により五〇〇点＝判定資料C）および調査書の学習評定（中学校長から送付された調査書中、第三学年の九科目の評定で五〇〇点＝判定資料A）を同等の比重で扱い判定する。

なお、判定資料Bは、調査書中各教科の学習の評定以外の記録を総合したものであるが、これは合否判定の際に参考として用い、部活動等に顕著な内容がある場合には、各高校の特色に応じて評価し特別に扱ってもよいとされている。そして、各学校とも募集定員の一〇％については成績上位の者から、残り九〇％は住居を優先し、交通事情、特殊事情を勘案して各校長が協議の上で入学者を決定することになっていた。

（2）　原告に対する入学不許可処分

ところで、原告はデュシェンヌ型筋ジストロフィー症との診断を受け、小学校五年生に進級するころから常に車椅子を必要とする状況になった。その機能障害の程度は、中学校三年間で進行し、腕をあげることができなくなり、背柱の湾曲が顕著になり、同一姿勢の保持が困難になったほか少し筆圧が弱くなった。しかし、頁をめくる、読む、書く等の動作にはまったく支障がない。

原告は、a市立高等学校への入学を希望して学力検査を受けた。原告に関する判定資料Aおよび判定資料Cの合計点は合格ラインに達していたが、判定資料B（これには「身体の記録」も含まれ、「各高等学校の教育課程の履修の可否についての観点から評定する」ものとされている）および原告の障害の程度、学校の受け入れ態勢等教育的見地から総合判断した結果、「原告の身体的状況が高等学校の全課程を無事に履修する見通しがない」として不合格の判定がなされた。この判定に従い、a市立高等学校長（被告）は原告に対して入学不許可処分（本件処分）をした。これを不服として原告は処分取消訴訟を提起した。

（3） 原告の中学校生活と本件高校の受け入れ態勢

神戸地裁は本件処分を取り消した。この判決をなすにあたり、神戸地裁は次の点を指摘した。①原告は、中学校において、他の生徒の協力を得ながら何の支障もなく授業を受け、また、文化祭等の学校生活も送ることができた。②本件高校において、ウルリッチ型の筋ジストロフィー症のため車椅子を必要とするAを入学させ、三年後には卒業させている。そして、Aは、単位認定について一度も問題とならず、体育実技についても、心身に障害のある生徒について必要な配慮を行うとの学習指導要領に従い、Aにできるだけのことをさせて柔軟に単位を認定した。③Aを卒業させた経験から、その設備や対応の仕方が蓄積されており、また、中学時代に原告に協力していた級友も入学してくるので、必要最小限の受け入れ態勢は整っている。

神戸地裁は、以上のことを確認したうえで、「原告の身体的状況が高等学校の全課程を無事に履修する見通しがない」としたことが誤りであるとし、本件処分を取り消した。

●判　旨

（1） 専門医の「診断書」と校医の判断

本件において、原告の高校三年間の就学は可能との「診断書」が、筋ジストロフィー症の専門医によって提出されている。しかし、被告は、この病気についての知識がなかったので、まず、校医に説明を求めた。ところが、この校医もこの症状の患者を診たことがなく、原告を診察することもなく、「診断書」を確認もせずに、文献を調べてデュシェンヌ型筋ジストロフィー症の場合、高校三年間の就学は非常に困難であるとの意見を述べていた。被告は、この校医の意見をもとに本件処分を行った。

被告は、専門医の意見は医学的見解の範囲にとどまり、一つの判断材料にすぎず、さらに教育的判断が必要であると主張した。しかしながら、「身体的状況の判断には、教育的判断といっても……医学的見地からの判断が中心とならざるを得ないが、被告校長は……本件診断書の記載ではなく……校医の意見を重視した……そもそも、被告校長は、校医の判断では足りず、専門医の医学的判断が必要であるとして……〔専門医〕を紹介させたのであるから、いずれの判断を優先すべきかは自ずと明白である」。

（2）養護学校への就学義務

被告は、原告にとって、養護学校の方が普通高等学校よりも望ましいと主張している。しかし、学校教育法施行令二二条の二、学校教育法七一条、同法七一条の二は、障害者に対して養護学校での就学を義務づけておらず、普通高等学校への入学を否定する趣旨ではない。「健常者で能力を有するものがその能力の発達を求めて高等普通教育を受けることが教育を受ける権利から導き出されるのと同様に、障害者がその能力の全面的発達を追求することもまた教育の機会均等を定めている憲法その他の法令によって認められる当然の権利である」。

この神戸地裁の判決は、上述の二件の判例と問題のとらえ方を若干、異にしている。これら二件の判例は、普通学校かそれとも養護学校（特殊学級）かを選択する自由が憲法上認められるかを主として問題としていた。これに対して神戸地裁は、もっと問題を絞り込み、本件総合選抜制度のもとでの合否判定基準を原告が満たしているかを中心に検討を加えている。そして、本件高校においては、原告と同じく車椅子の生徒を卒業させた実績があることを重視し、また、専門医の「診断書」があるにもかかわらず、この病気について十分な知識を有するとは思われない校医の判断を優先して本件処分がなされたところに取消理由が存在すると判断したと思われる。

アメリカの判例

1　不法入国者と教育を受ける権利（Plyler v. Doe, 457 U.S. 202（1982））

事実の概要

テキサス州は法律を改正し、アメリカに不法入国した子どもの教育に対し、州がその資金を用いることができなくなり、彼らの公立学校への入学を許可しなくともよいことになった。この法律が修正一四条「平等保護」に違反するかどうかが争われた。

判　旨

確かに、密入国し、アメリカの法律を侵すことを選択した者は、その責任を負わなければならず、国外退去その他に服さなければならない。しかしながら、これら密入国者の子どもについては同様に考えることはできない。親は自らの行為を社会規範に一致させることができるが、本件原告である子どもは親の行動に影響を与えることはできず、自分自身の地位にも影響を与えることはできない。親の不行跡をその子どもに負わせる立法は基本的な正義の観念に反する。子どもは自分の出生に責任がなく、これに法的な不利益を与えることによって親の行動を抑止しようとすることは正義に反し、効果的でもない。

本件州法は費用のかからない公立学校への入学を合衆国市民および適法に入国している者に限定しているので、自らの責任で不法入国者となったわけではない子どもには、一生の困難を与えてしまう。読み書きができないとの烙印は一生ついて回る。彼らに、基本的な教育を否定することによってわれわれの文明的な制度で生活することを否定し、ごくわずかにすぎないとしてもアメリカの進歩に貢献する現実の可能性を閉ざしてしまうのである。

本件州法の合理性を判断するために、国家の費用負担と犠牲になる罪もない子どもの立場とを適切に考慮することが許される。不法入国者すべてと同様にこれらの子どもも退去に服する。しかし、退去に服すべき子どもが確実に退去させられるかというとそうではない。不法入国者も在留を認められ、市民となる可能性もないではないのである。在留について連邦政府から許可がなされうるとの可能性があるので、州が彼らの教育を否定することを正当とすることは困難である。

2 成績不良を理由とする退学処分と司法審査（Regents of University of Michigan v. Ewing, 474 S.Ct. 214 (1985)）

●事実の概要

原告は、学部と大学院が合同で提供しているプログラムの六年生に在籍していたが、記述試験の七科目中五科目において合格できなかった。総合合格点三四五点中、過去の最低点である二三五点であった。そこで、委員会は全員一致で、原告をプログラムから外すことに賛成した。これに対して、原告からは書面による不服申立てがなされ、再度委員会が開かれ、原告が出席してテストの結果は自分の能力を反映していないと主張したが、棄却された。この決定に対して医学校の委員会に同様の申立てがなされたが、棄却の判断がなされた。最高裁は、学生の成績・在籍に関するアカデミックな判断に対しては、大学に広範な裁量が認められるとした。

●判　旨

原告の主張しているのは、大学がこのプログラムに原告が在籍する適格性についての判断を誤ったということである。しかしながら、記録上、委員会等の判断は慎重に考慮を重ねた上でなされ、原告が在籍することについての評価がなされている。裁判官が純粋にアカデミックな判断のリビューを求められた場合、教員らの職業的な判断が尊重されなければならない。責任ある者が、実際には職業的な判断を行っていなかったといえるほどに、アカデミックな規範から相当程度にかけ離れていない限りは、それを覆すことはできない。

原告は、不合格となった本件テスト以前においても、その成績はかなり低い成績であり、一連の成績不振が積み重なったために、退学させられている。この判断は、原告の大学でのキャリアすべてに照らしてみたときに、合理的なアカデミックな判断の範囲を超えてなされたとはいえない。

第13章　労働基本権

一般に、労働者（勤労者）とは、自己の労働を他人に提供しその対価（賃金）によって生活する者とされている。この労働者に健康で文化的な生活を保障し（憲法二五条一項）、その労働意欲の向上をはかることは、労働者の利益のみならず国の産業の興隆発展にも役立つと考えられる。そのためには、何よりも労働者の労働条件の適正化・改善が必要である。

しかしながら、労働者がその労働条件の改善を求めて使用者である企業と交渉しても、企業の有する経済力に圧倒され、対等の立場からその利益を主張し、貫徹することはおよそ不可能である。そこで、労働者は団結して労働組合を結成し、その団体の力を背景に団体交渉を行うことが必要である。憲法二八条は「勤労者の団結する権利及び団体交渉その他の団体行動をする権利は、これを保障する。」と規定し、経済上の弱者である労働者に労働基本権を保障している。

この保障に基づいて労働組合法が制定され、その目的として「労働者が使用者との交渉において対等の立場に立つことを促進することにより労働者の地位を向上させること」を掲げ（同法一条一項）、労働組合について「労働者が主体となつて自主的に労働条件の維持改善その他経済的地位の向上を図ることを主たる目的として組織する団体又はその連合体」と定義している（同法二条一項）。

このような労働組合が、適法な団体行動を行うためには、労働組合の統一と一体化をはかり、その会員である個々の労働者の行動について一定の規制を加えること、いわゆる統制権が認められなければならない。

ところで、この統制権の範囲については議論がある。というのは、個々の組合員の思想等は種々様々であり、その意に反する義務をどこまで労働組合は課すことができるかということである。とくに、労働組合の活動は使用者との交渉にとどまらず、労働条件や経済的地位向上のための政治的活動も含むと解されており、組合員は自己の政治的主義・主張と異なる労働組合の活動にどこまで協力しなければならないのか問われるのである。

これについて、組合員による議会、議員選挙への立候補に労働組合はどこまで干渉できるか問題になった事件と、その意に反する労働組合の活動に組合員は会費を支払う義務があるかが問われた事件を紹介しよう。

第１節　労働組合の統制権の範囲

労働組合が、労働者の代表を地方議会の議員に当選させるために、組合員の中から統一候補を選出し選挙運動を展開し、同時に、票割れ防止のために統一候補の選にもれた組合員に立候補を断念させせようとすることがある。この場合、組合の方針に従わずに立候補した者を統制違反として制裁を加えることは可能であろうか。

これについてポイントとなるのは、①労働組合が統一候補を絞り選挙運動を行うことはそもそも許されるのか、②労働組合がなした統一候補の決定を、これに反対する組合員にどこまで強制することができるか、③立候補の自由の意義はどのようなものであるか、である。

労働組合による議員の統一候補と組合員の立候補の自由（最大判昭和四三・一二・四刑集二二巻一三号一四二五頁）

事実の概要

被告人らは、a炭鉱労働組合の役員である。同組合では、地方議会議員選挙に際し、労働者の利益代表を多数当選させるために、組合員の中から統一候補を絞りその選挙運動を推進した。組合員Aは前回の選挙において、この統一候補として推薦され当選した。

しかし、Aは今回は統一候補の選にもれたので（任期中に定年退職する者は推薦しないとの組合の基準に該当した）、独自の立場から立候補しようとした。しかし被告人らから票割れ防止のために立候補を断念するよう説得された。そしてAがこれを拒否したところ、威迫的な発言により、立候補するならば統制違反として除名するとの旨を繰り返し暗示するなどした。そしてAが立候補し当選したので、Aの組合員としての権利を一年間停止した。これにより、被告人らは公職選挙法二二五条三号の選挙の自由を妨害する罪を犯したとして起訴された。

最高裁は、①労働組合は、憲法二八条を根拠とする組合員への統制権を有する、また、②労働組合の活動の範囲は政治的活動や社会的活動にも及びうる、ただし、その活動の範囲内であってもどのような統制権の行使が許されるかは別問題であって、③とりわけ、立候補の自由は憲法上保障されているからこれを制限することは慎重でなければならないとした。

判旨

（1） 労働組合の統制権の根拠と憲法二八条

「憲法上、団結権を保障されている労働組合においては、その組合員に対する組合の統制権は、一般の組織的団体のそれと異なり……労働者の団結権保障の一環として、憲法二八条の精神に由来するものということができる。この意味において、憲法二八条による労働者の団結権保障の効果として、労働組合は、その目的を達成するために必要であり、かつ、合理的な範囲内において、その組合員に対する統制権を有する」。

（2） 労働組合の活動の範囲

「現実の政治・経済・社会機構のもとにおいて、労働者がその経済的地位の向上を図るにあたつては、単に対使用者との交渉においてのみこれを求めても、十分にはその目的を達成することができず……その目的達成に必要な政治活動や社会活動を行なうことを妨げられるものではない」。

「労働組合が……その利益代表を議会に送り込むための選挙活動をすること、そして、その一方策として、いわゆる統一候補を決定し……統一候補以外の組合員であえて立候補しようとするものに対し……立候補を思いとどまるよう勧告または説得することも、それが単に勧告または説得にとどまるかぎり、組合の組合員に対する妥当な範囲の統制権の行使にほかならず、別段、法の禁ずるところとはいえない」。

（3） 憲法二八条と組合員の立候補の自由

「選挙に立候補しようとする者がその立候補について不当に制限を受けるようなことがあれば、そのことは、ひいては、選挙人の自由な意思の表明を阻害することとなり、自由かつ公正な選挙の本旨に反することとならざるを得ない。この意味において、立候補の自由は、選挙権の自由な行使と表裏の関係にあり……〔憲法一五条一項〕の保障する重大な基本的人権の一つと解すべきである」。

（4） 統制違反を理由とする立候補者の処分

「立候補を思いとどまるよう、勧告または説得をすることは、組合としても、当然なし得るところである。しかし、当該組合員に対し、勧告または説得の域を超え、立候補を取りやめることを要求し、これに従わないことを理由に当該組合員を統制違反者として処分するがごときは、組合の統制権の限界を超えるものとして、違法といわなければならない」。

以上は、組合員の選挙への立候補を断念させるという、いわば統制権の直接的な行使が問題となった事件である。しかし、この統制権は、組合員から一定の会費を徴収するという形でも行使されうる。組合員は、労働組合に参加している以上、これを経済的に支えるために会費を支払う義務を負うのは当然である。しかし上述のように、労働組合の活動は多岐にわたり、場合によっては組合員の政治的思想に反する活動もなされ、これへの活動資金として会費が徴収されうる。このときに、組合員は自己の政治的主義・主張を理由として会費の支払いを拒否することができるであろうか。

これについて、①他の労働組合への支援、②組合の目的を逸脱した活動により不利益処分を受けた組合員の救援、③組合出身の立候補者の所属政党への寄付を目的とする会費の徴収、をそれぞれ拒否できるかが問題となった事件があるので紹介しよう。

第２節　労働組合が徴収できる組合費の範囲

国鉄労働組合事件（最三判昭和五〇・一一・二八民集二九巻一〇号一六九八頁）

●事実の概要

国鉄労働組合（上告組合）は、同組合を脱退した元組合員四十数名（被上告人ら）に対して、脱退当時未納であった一般組合費および臨時組合費の支払いを求めて訴えを提起した。原審において、八種の臨時組合費のうち、次の四種を除いて請求が認容された。この四種は、①炭労資金（日本炭鉱労働組合の企業整備反対闘争に対する支援資金）、②安保資金（安保反対闘争により民事上または刑事上の不利益処分を受けた組合員の救援資金、ただし、いったん上部組合に上納され、組合の上納金として一括され改めて上告組合に配分される）、③政治意識昂揚資金（総選挙に立候補した上告組合出身の者の支援のためその所属政党への寄付）、④無給職員へのカンパである。

最高裁においては、①〜③までが問題となり、①と②については組合員は支払いの義務を負うとされ、③についてその義務はないとされた。二名の裁判官がそれぞれ反対意見を述べている。

●判　旨

（1）　労働組合の活動の範囲と組合費

「今日においては、その〔労働組合の〕活動の範囲が本来の経済的活動の域を超えて政治的活動、社会的活動、文化的活動など広く組合員の生活利益の擁護と向上に直接間接に関係する事項にも及び……組合員としてもある程度まではこれを予想して組合に加入するのであるから、組合からの脱退の自由が確保されている限り、たとえ個々の場合に組合の決定した活動に反対の組合員であつても、原則的にはこれに対する協力義務を免れない」。

（2）　組合員の協力義務の範囲

組合員にどこまで協力義務を課することができるかに関して、「具体的な組合活動の内容・性質、これについて組合員に求められる協力の内容・程度・態様等を比較考量し、多数決原理に基づく組合活動の実効性と組合員個人の基本的利益の調和という観点から、組合の統制力とその反面としての組合員の協力義務の範囲に合理的な限定を加えることが必要である」。

（3）　具体的検討

このような観点から、上述の①から③について具体的に検討する。

①　炭労資金　　上告組合とは別の、日本炭鉱労働組合の闘争を支援する目的で会費を徴収できるかについて、

「労働組合の目的とする組合員の経済的地位の向上は、当該組合かぎりの活動のみによつてではなく、広く他組合との連帯行動によつてこれを実現することが予定されているのであるから、それらの支援活動は当然に右の目的と関連性をもつ……右支援活動をするかどうかは……専ら当該組合が自主的に判断すべき政策問題であつて、多数決によりそれが決定された場合には、これに対する組合員の協力義務を否定すべき理由はない」。

② 安保資金　安保反対闘争に参加して不利益処分などを受けた組合員に対する救援について、「安保反対闘争のような政治的活動に参加して不利益処分を受けた組合員に対する救援〔が〕……当該政治的活動のいわば延長としての性格を有することも否定できない。しかし、労働組合が共済活動として行う救援の主眼は、組織の維持強化を図るために、被処分者の受けている生活その他の面での不利益の回復を経済的に援助してやることにあり、処分の原因たる行為のいかんにかかわるものではなく……したがつて、その拠出を強制しても、組合員個人の政治的思想、見解、判断等に関係する程度は極めて軽微なものであ〔る〕」。

③ 政治意識昂揚資金　選挙において、どの政党、候補者を支持するかは、組合員各人の自由にゆだねられる。組合も統一候補を決定しその運動を推進できるが、各組合員にこれを強制することはできない。「選挙においてどの政党又はどの候補者を支持するかは、投票の自由と表裏をなすものとして、組合員各人が市民としての個人的な政治的思想……等に基づいて自主的に決定すべき事柄である。したがつて、労働組合が組織として支持政党又はいわゆる統一候補を決定し、その選挙運動を推進すること自体は自由であるが……組合員に対してこれへの協力を強制することは許されない……その費用の負担についても同様に解すべき」である。

●反対意見

以上の多数意見に対して、二名の裁判官がそれぞれ反対意見を述べている。天野武一裁判官は、「炭労資金」と「安保資金」についても組合員は協力義務を負わないとしている。その理由は、「炭労資金」は「炭労組合員の争議中の生活補償資金や支援団体の活動費に充てる目的で徴収され……『組合員の労働条件の維持改善その他経済的地位の向上』のために直接間接必要のものとはいえない」からである。

さらに、「安保資金」に関しても、「いわゆる安保反対闘争による被処分者……の救援活動のための資金の拠出決定の実質は、安保反対闘争を直接の目的とする資金の拠出決定と異なるものではな〔い〕……本件救援資金の拠出も安保反対闘争に協力するという性格を否定できないとすれば……それらについて組合の多数決をもつて組合員を拘束し、その協力を強制することを認めるべきではない」。

この「安保資金」については、高辻正己裁判官も、これへの協力義務を組合員は負っていないとする。民主主義社会における個人の政治的自由を重視するならば、本件の救援資金の拠出の強制は、「それが組合員に対し組合の政治的活動に積極的に協力することを強制することになる場合であると……支援することを強制するにも等しいことになる場合であるとによつて、評価を異にすべきいわれはない」。つまり「組合の政治的活動による被処分者の救援について組合員の協力義務を肯定することは、ひつきよう、組合がその多数決による優位の立場において、組合員に対し、その意に反して一定の政治的立場に立つことを強要するにも等しい」。

アメリカの判例

合衆国連邦議会は、一九五一年に、鉄道労働組合法（Railway Labor Act）を改正し、それまで禁止されていたユニオン・ショップを認めた。これは、労働組合が使用者と協定を結び、労働者に雇用条件として労働組合への加入を求めることができるとする制度である。このユニオン・ショップにより、団体交渉における労働者の代表を一つの労働組合に絞り、雇用条件などについての労働者間の意見の対立を調整し、他方、使用者を複数の矛盾する要求に対処することから解放することを可能としている。

しかし問題点もある。労働組合は様々な活動を行うため、それらに反対する労働者も存在する。この反対派の労働者に労働組合を支えていくための経済的な負担を負わせることが許されるかという問題である。

最高裁は、公務員からなる統一労組に関し、非組合員から強制的に一定の費用を徴収することは修正一条に違反すると判断した。その理由として、労組は、統一労組の承認を得ることによってメリットがあること、フリーライドの問題は現実には発生していないこと、統一労組の政治的立場に反する公務員にとって、その立場を経済的に支援することは言論の強制になり、修正一条への制約が重大であることが挙げられている。

統一労組の承認と非組合員からの会費等の徴収 (Janus v. AFSCME, COUNCIL, 201 L.Ed. 2d 924 (2018))

●事実の概要

イリノイ州の公務員は、その過半数により統一労組を結成できるとされ、この場合には、公務員個人および他の労組を通じて、使用者との交渉はできなくなり、また、非労組員も一定の費用を負担する義務を負うことになった。上告人は児童サポートを専門とするイリノイ州の公務員であり、被上告人・統一労組によって代表されている。しかし、被上告人の団体交渉における言動は、危機的状況にあるイリノイ州の財政状況を理解していないと考え、これを支援するために自らが納めた会費等から支出がなされることは許されないとして訴えを提起した。

●判　旨

統一労組は団体交渉を行う際に、政治的に大きな影響を及ぼす立場をとる場合があり、この立場を経済的にサポートすることを公務員に義務づけるならば、修正一条に対する重大な制約となる。この制約が正当とされるためには、やむにやまれぬ州利益を実現するために（目的）、表現の自由に対して、より制限的でない手段（強制徴収した費用からの支出）によってはこの目的が達成できないという場合に限定される。

統一労組結成の目的は、労働関係の平穏であり、これは州にとってやむにやまれぬ利益である。しかしながら、この目的は、意に反する公務員に経済的負担を強制することよりも緩やかな手段によって、達成される。すなわち、統一労組によって非組合員の立場が代表されるためには、彼らから会費等の徴収を行うことが不可避であるとの考え方には根拠がない。連邦法律に基づく統一労組の場合には、費用負担を義務づけることなく非労組員を代表した活動がなされているからである。また、統一労組としての承認を受けるだけで、多くの利点がある。団体交渉の場で、全労働者の代表として独占的に意見を述べることができるために、使用者は、統一労組のみを相手とするため善意による交渉を行うことが期待できるからである。

一般に、公務員は一般人よりもその表現に大きな制約をうけている。しかし、この制約は公務の効率的遂行という観点からなされるのであって、一定の言論を、その意に反して強制するという場合には当てはまらないのである。

第14章　手続上の権利

憲法三一条以下四〇条までを、「刑事手続における人権」として一括りにすることが多い。しかし、これについては二つの点で注意が必要である。一つは、これらの規定が、刑事のみならずその他の手続にも及びうるということである。もう一つは、「実体的な権利」への保障も検討されるということである。前者について、刑事と行政（民事）手続の性質の違いを前提としつつも、「手続の公正さ」という点では共通であり、具体的な手続に対して、いかなる理由から、どこまで憲法上の保障を及ぼしていくかが問われることになる。後者については、手続と実体は表裏一体であり、実体の適正をともなわずに手続の適正も存在しないということが認識されている。

第1節　不利益処分に先立つ告知・聴聞を受ける権利

憲法三一条は「何人も、法律の定める手続によらなければ、その生命若しくは自由を奪はれ、又はその他の刑罰を科せられない。」と規定している。「法律の定める手続」とあるが、国会が定める手続でありさえすればよい、という理解ではなく、国会も〝適正〟手続を定めるべく、憲法に拘束され、この要請を欠けばその法律は当然に無効となる。では、憲法上の要請を満たす〝適正〟「手続」とはいかなるものであるかが問題になる。これについては、不利益な扱いを受ける場合には、事前に、弁解・防御の機会が与えられることが最低限度必要である、とされている。この点が、行政手続において問題になった事件があるので紹介しよう。

行政手続の多様性・成田新法事件（最大判平成四・七・一民集四六巻五号四三七頁）

●事実の概要

新東京国際空港（新空港）の建設は、これに反対する者、および、彼らを支援する、いわゆる過激派等による妨害によって大幅に遅れていたが、ようやくその供用開始日が告示された。しかしながらその直前になって、過激派集団が新空港内に火炎車を突入させ、管制塔に侵入して航空管制機器類を破壊する等の事件が発生し、供用開始日が延期された。そこで、新空港の平穏と安全を確保すべく「新東京国際空港の安全確保に関する緊急措置法」が定められた。

同法三条一項は「運輸大臣は、規制区域内に所在する建築物その他の工作物について、その工作物が次の各号に掲げる用に供され……ると認めるときは……期限を付して、当該工作物をその用に供することを禁止することを命ずることができる。一　多数の暴力主義的破壊活動者の集合の用　二　暴力主義的破壊活動等に使用され、又は使用されるおそれがあると認められる爆発物、火炎びん等の物の製造又は保管の場所の用　三　……」と規定されていた。

ここで問題となったのは、同法三条一項に基づく工作物使用禁止命令をするにあたり、相手方に事前に告知、弁解、防御の機会が与えられていないことである。このことが憲法三一条に違反するかが問われた。

判旨

「憲法三一条の定める法定手続の保障は、直接には刑事手続に関するものであるが、行政手続については、それが刑事手続ではないとの理由のみで、そのすべてが当然に同条による保障の枠外にあると判断することは相当ではない。しかしながら……一般に、行政手続は、刑事手続とその性質においておのずから差異があり、また、行政目的に応じて多種多様であるから、行政処分の相手方に事前の告知、弁解、防御の機会を与えるかどうかは、行政処分により制限を受ける権利利益の内容、性質、制限の程度、行政処分により達成しようとする公益の内容、程度、緊急性等を総合較量して決定されるべきものであって、常に必ずそのような機会を与えることを必要とするものではない」。

「本法三条一項に基づく工作物使用禁止命令により制限される〔のは〕……当該工作物の三態様（注・①多数の暴力主義的破壊活動者の集合の用に供すること、②暴力主義的破壊活動等に使用されると認められる爆発物、火炎びん等の物の製造または保管の場所の用に供すること、または③新空港またはその周辺における航空機の航行に対する暴力主義的破壊活動者による妨害の用に供すること）における使用であり、右命令により達成しようとする公益の内容、程度、緊急性等は……新空港の設置、管理等の安全という国家的、社会経済的、公益的、人道的見地からその確保が極めて強く要請されているものであって、高度かつ緊急の必要性を有するものであることなどを総合較量すれば、右命令をするに当たり、その相手方に対し事前に告知、弁解、防御の機会を与える旨の規定がなくても……憲法三一条の法意に反するものということはできない」。

園部逸夫裁判官の意見

「行政庁の処分のうち、少なくとも、不利益処分……については、法律上、原則として、弁明、聴聞等何らかの適正な事前手続の規定を置くことが、必要である……ところで、一般に、行政庁の処分は、刑事上の処分と異なり、その目的、種類及び内容が多種多様であるから、不利益処分の場合でも、個別的な法令について、具体的にどのような事前手続が適正であるかを、裁判所が一義的に判断することは困難というべきであり、この点は、立法当局の合理的な立法政策上の判断にゆだねるほかはない」。

「本法三条一項……の定める工作物使用禁止命令は……不作為義務を課する典型的な行政上の不利益処分に当たる……しかし……右命令自体の性質に着目すると、緊急やむを得ない場合の除外規定を付した上で、事前手続の規定を置くことが望ましい場合ではあるけれども、本法は、法律そのものが、高度かつ緊急の必要性という本件規制における特別の事情を考慮して制定されたものであることにかんがみれば、事前手続の規定を置かな〔く とも〕……立法政策上の判断は合理的なものとして是認することができる」。

●可部恒雄裁判官の意見

「憲法三一条による適正手続の保障は……行政手続にも及ぶと解されるのであるが、行政手続がそれぞれの行政目的に応じて多種多様である実情に照らせば……当該処分につき告知・聴聞を含む事前手続きを欠くことが直ちに違憲・無効の結論を招来する、と解するのは相当でない……私人の所有権に対する重大な制限が行政処分によって課せられた事案を想定すれば、かかる場合に憲法三一条の保障が及ぶと解すべきことは、むしろ当然の事理に属し、かかる処分が一切の事前手続を経ずして課せられることは、原則として憲法の許容せざるところというべく、これが同条違反の評価を免れ得るのは、限られた例外の場合である」。

「本件において注目されるのは……特に当該工作物自体の構造である……異様の一語に尽き、通常の居住用又は農作物等の格納用の建物とは著しく異なり……本件工作物に対する行政処分の具体的内容〔は〕……二態様に尽きるのである……対象となる所有権の内容が、具体的には右にみるようなものであり、また、これを制限する行政処分の内容が右にみるとおりであるとすれば、本件の具体的案件を、行政処分による所有権に対する重大な制限として一般化した上で、本件処分を目して、事前の告知・聴聞を経ない限り、憲法三一条に違反するものとするのは相当でない」。

第2節 税務調査

たとえば、所得税法二三四条一項は、職員は所得税に関する調査について必要があるときは、納税義務があると認められる者に対し、質問し、帳簿書類の検査をすることができると定めている。そしてこの調査は単なる任意でなされるのではなく、同法二四二条九号により、この質問に対して答弁せず、検査を拒み、妨げもしくは忌避した者には刑事罰が科される。そこで、この質問・検査には憲法三五条等の保障が及ぶのではないかとの議論がなされている。

これについて、最高裁は、憲法三五条一項は「本来、主として刑事責任追及の手続における強制」について定めたものではあるが、刑事責任追及を目的としないとの理由で、その手続における強制がその保障の枠外にあるとすることはできないとの立場に立っている（最大判昭和四七・一一・二二刑集二六巻九号五五四頁）。では、いかなる行政調査について憲法三五条等の適用があるのであろうか。この点について、まず、国税犯則取締法上の調査が問題となった事件を紹介しよう（国税犯則取締法は国税通則法に編入され、平成二〇年四月一日に廃止された）。

1 国税犯則取締法と憲法三五条（最大判昭和三〇・四・二七刑集九巻五号九二四頁）

●事実の概要

被告人は、酒税法上の免許を受けないで焼酎などを製造している者を幇助したとして、酒税法六二条違反等の罪に問われた。ところで、国税犯則取締法（以下、国犯法）三条一項は「間接国税ニ関シ現ニ犯則ヲ行ヒ又ハ現ニ犯則ヲ行ヒ終リタル際ニ発覚シタル事件ニ付其ノ証憑ヲ集取スル為必要ニシテ且急速ヲ要シ前条第一項又ハ第二項ノ許可ヲ得ルコト能ハサルトキハ其ノ犯則ノ現場ニ於テ収税官吏ハ同条第一項ノ処分ヲ為スコトヲ得」と規定している。「前条第一項又ハ第二項ノ許可」とは「収税官吏ハ犯則事件ヲ調査スル為必要アルトキハ其ノ所属官署ノ所在地ヲ管轄スル……裁判所ノ裁判官ノ許可」（国犯法二条一項）、「……急速ヲ要スルトキハ臨検スヘキ場所……ノ所在地ヲ管轄スル……裁判所裁判官ノ許可」（同条二項）を意味している。すなわち、犯則行為が現行犯によってなされた場合には、例外として、収税官吏は裁判官の許可を受けることなく臨検等を行うことができるのである。

ところで、憲法三五条一項は住居の不可侵等の保障は「第三三条の場合を除いて」令状がなければ侵されない、と規定している。そして同法三三条は「現行犯として逮捕される場合を除いて」令状がなければ逮捕されないとしている。被告人は、国犯法の手続は現行犯人逮捕の場合ではなく、現行犯の場合に裁判官の許可なく臨検等を行うことを認めており、憲法三五条に違反すると主張した。この被告人の主張には二つの論点が含まれている。①国犯法上の手続に憲法三五条の保障は及ぶか、②憲法三五条の文言にある「第三三条の場合」とは、「現行犯人逮捕」の場合なのか、それとも「現行犯」の場合なのかということである。最高裁の多数意見は、①について明確な判断を示さないままに②の論点に入り、「現行犯」は「第三三条の場合」にあたるとし被告人の主張を退けた。これに対して、各裁判官が①について積極的に論じ、行政手続にはそもそも憲法三五条の保障は及ばないとする意見もみられる。以下、各論点ごとに多数意見と少数意見等を紹介しながら判旨をまとめていこう。

●――判　旨

（1）　憲法三五条における「第三三条の場合」と現行犯

① 多数意見（現行犯説） 「憲法三五条……の法意は同法三三条による不逮捕の保障の存しない場合においては捜索押収等を受けることのない権利も亦保障されないことを明らかにしたものなのである。然るに右三三条は現行犯の場合にあつては同条所定の令状なくして逮捕されてもいわゆる不逮捕の保障には係りなきことを規定しているのであるから、同三五条の保障も亦現行犯の場合には及ばない」。

「それ故少くとも現行犯の場合に関する限り、法律が……司法官憲の発した令状によらずその犯行の現場において捜索、押収等をなし得べきことを規定したからとて、立法政策上の当否の問題に過ぎないのであり、憲法三五条違反の問題を生ずる余地は存しないのである。されば……国税犯則取締法三条一項の規定を憲法三五条に違反すると……する論旨には賛同することができない」。

② 現行犯人逮捕時説 この多数意見に対し、「第三三条の場合」は現行犯人逮捕の場合であるとするのが入江俊郎裁判官の「意見」である。その理由は、逮捕により最も重大かつ基本的な人身の拘束が合憲的になされ、これに関連して必要な捜索・押収を無令状で行うことが許されるのであるとされる。「三三条は人身逮捕に関する場合であつて、既に最も重大且つ基本的な人身の自由を拘束する逮捕が合憲的に行われる以上、その逮捕に伴い、これに関連して必要な範囲内において、住居、書類、所持品の侵入、捜索、押収については、特にそのための令状を必要としない旨を定めた……合憲的に逮捕せられる場合であるならば、右逮捕に関連して必要な捜索、押収を、三五条所定の令状なくして行つても、捜索、押収の場所、物は特定されうる」。

また、藤田八郎裁判官の「少数意見」も入江裁判官と同様に、「現行犯に関する場合であつても、犯人逮捕に関連なくして、令状によらず」捜索、押収等をなすことはできないとしている。

しかし、栗山茂裁判官の「補足意見」は多数意見を支持し、「実質上逮捕できる場合であれば、現実に逮捕を伴わなくても、犯人の現在するその場所に於て犯罪の証拠の集取ができるものと解しても犯人にとつては逮捕に伴つて証拠が集取される場合に比し不利益ではないから合理性を欠くことはない」と反論している。

（2）　行政手続への憲法三五条の適用

①　多数意見は、行政手続としての国犯法上の調査にそもそも憲法三五条が適用されるものであるかを正面から論じていない。

この点については各裁判官が意見を述べている。これらは大きく二つに分けられる。一つは、国犯法の手続は刑事手続ではないので、憲法三五条は適用されず憲法一三条を根拠に検討を行おうとするもの、もう一つは、国犯法の手続は実質的にみれば刑事手続であり憲法三五条の観点から分析しようとするものである。

②　憲法三五条不適用説（憲法一三条等適用説）　斎藤悠輔・小林俊三裁判官の「補足意見」「憲法三五条並びに同条一項に引用されている同三三条の規定は、刑事手続に関する規定であつて、行政処分手続に関する規定ではない。行政処分手続に関する規定は、同法一一条乃至一三条就中一三条後段に従い立法を以て合理的に……規定するを以て足りるものである。そして、国税犯則取締法三条は、間接国税に関する行政処分手続に関する法律規定であつて……その内容に照し憲法一三条後段の尊重を欠き同条に違反するものとは認められない」。

入江裁判官も、「行政作用の個々具体の内容及び手続は、それぞれの行政目的達成上最も適切なものであることが望ましいものである点に着眼し、行政手続に伴い必要とせられる身体、住居、書類、所持品等に関する基本的人権の制限については、直接憲法三三条、三五条等の規定を適用せず……これを憲法一二条、一三条、三一条の枠内における立法の作用に委したと解することが相当である」。

③　憲法一三条等適用説への批判　栗山裁判官は、身体、住居等の基本的な権利への制約が、行政目的を理由に立法の作用に委ねられることに疑問をもち、また、一三条の「公共の福祉」に徴税の必要性という単なる行

政目的を含ませ人権を制約することはできないとする。

「身体、住居、書類、所持品に関する最も尊重されるべき国民の基本的な自由と権利とが、行政目的のためだとして、立法の作用によつて適当に規定されることができるというような考え方は……日本国憲法が保障している基本的人権の根本理念に反する」。

「憲法一三条は公共の福祉のため基本的自由と権利との制約を是認しているけれども、それはあくまで基本的人権の保障即ちその適用を前提としている……徴税上の必要というような単なる行政目的を以て公共の福祉とするような、絶対主義的見解は、日本国憲法一二条、一三条にいう公共の福祉の理念にそわないものである」。

（3） 国犯法三条の手続の性質

① 財務行政上の手続　入江裁判官は通告処分の性質については次のように説明されている。「通告処分は、これを処罰又は制裁として考えるよりは、寧ろ所謂『私和』即ち、間接国税は逋脱が行われやすく、国家としては犯則者に処罰をもつて臨むよりも、その課税権さえ確保出来れば、その犯則の情状と犯則者の反省とを勘案して、国家と犯則者とが一種の和解をし、これを赦免することとするほうが妥当であるとして考案された財務行政上の特殊な制度と考えるべきで」ある。そして「この財産上の負担は、相手方の意に反してこれを課するという性質のものでない点において、またこれを課せられた場合にも所謂前科となるものでない点において、罰金とは本質的に異なるものである」。

② 刑事手続としての性質　国犯法の手続を財務行政上の手続とする入江裁判官に対し、藤田八郎裁判官の「少数意見」はこれを一種の科刑手続であるとする。

「国税犯則取締法は、間接国税犯則者処分法（明治三三年法律第六七号）の後身で、もと、旧憲法下の遺物であつて、当時、同処分法は、違警罪即決例と同じく、行政処分をもつて、ある限度において、実質上、司法処分に属する科刑処分をすることを認めた……国税犯則取締法のみとめる通告処分も……純粋な財務行政上の手続とみるべきではなく、税務官庁が税法犯則行為に関して行うところの一種の科刑手続……たる性格を有する」。そこで、国犯法三条の手続には憲法三五条が適用される。

③　刑事手続への連動　　同様に、国犯法の手続は刑事手続に連動するとして憲法三五条の適用を主張するのが栗山裁判官である。「往時は租税犯は国庫に対する損失の塡補という見地から、追及され処理されていたのであつたが、昭和二二年税法罰則の改正を転機として、租税犯でも一般刑事犯と異る特色をもたなくなつた……取締法二条、三条が犯則といつて犯罪といわず、又刑訴法とはちがつた用語に従つていても、犯則者にとつては、訴追されれば犯則の事実は租税犯の事実に外ならないし、又その証拠は租税犯の証拠となる……取締法二条にいう裁判官の許可は許可といつても実質は憲法三五条の令状である。されば特定の罪を犯したと疑うに足る合理的理由がないのに、右許可状によつて漫然徴税上の調査のために捜索又は差押を認めることができないことは憲法三五条の明定するところである」。

このように、憲法三五条が行政手続である国犯法上の臨検等に及ぶかどうかについて各裁判官の見解が分かれていた。しかし最高裁は昭和四七年に、(旧) 所得税法上の調査が問題になった事件においてではあるが、その手続が刑事責任の追及を目的としないという理由だけで憲法三五条一項が一切適用されないことにはならないと判示した。そして、問題となった手続は①所得税の公平確実な賦課徴収のための資料収集を目的とし、②刑事責任追及のための資料収集に直接結びつく作用を一般的に有するものでなく、③間接的心理的に検査の受認を強制しようとするにとどまるから、令状入手を一般的要件としていないからといって、憲法三五条一項に違反するとはいえないとされている。以下、この事件を紹介しよう。

2　旧所得税法上の質問検査手続の性質――川崎民商事件――（最大判昭和四七・一一・二二刑集二六巻九号五五四頁）

事実の概要

川崎税務署収税官吏は、昭和三八年一〇月三日、被告人の自宅店舗において昭和三七年度分所得税確定申告調査のために帳簿書類等の検査をしようとした。この検査は旧所得税法（昭和四〇年法律第三三号による改正前のもの）六三条「収税官吏は、所得税に関する調査について必要があるときは、左に掲げる者に質問し又はその者の事業に関する帳簿書類その他の物件を検査することができる。」に基づいている。

しかし、被告人は、事前通知がなければ調査には応じられない等大声をあげるなどして右検査を拒み、旧所得税法七〇条一〇号違反の罪に問われた。第一審は被告人を有罪とし、原審もこれを支持した。そこで、被告人は、このような検査は住居の不可侵を保障した憲法三五条および供述拒否権を保障した憲法三八条一項に違反するとして上告した。上告棄却。

判　旨

（1）　刑事責任の追及を目的としない手続と憲法三五条

「憲法三五条一項の規定は、本来、主として刑事責任追及の手続における強制について、それが司法権による事前の抑制の下におかれるべきことを保障した趣旨であるが、当該手続が刑事責任追及を目的とするものでないとの理由のみで、その手続における一切の強制が当然に右規定による保障の枠外にあると判断することは相当ではない」。

（2）　旧所得税法六三条の手続の性質

①　目的　「同法（注・旧所得税法）六三条所定の収税官吏の検査は、もつぱら、所得税の公平確実な賦課徴収

ではない」。

のために必要な資料を収集することを目的とする手続であつて、その性質上、刑事責任の追及を目的とする手続

②　刑事責任追及の可能性　「右検査の結果過少申告の事実が明らかとなり、ひいて所得税逋脱の事実の発覚にもつながるという可能性が考えられないわけではないが、そうであるからといつて、右検査が、実質上、刑事責任追及のための資料の取得収集に直接結びつく作用を一般的に有するものと認めるべきことにはならない」。「検査の範囲は、前記の目的のため必要な所得税に関する事項にかぎられており、また、その検査は……所得税の賦課徴収手続上一定の関係にある者につき、その者の事業に関する帳簿その他の物件のみを対象としているのであつて、所得税の逋脱その他の刑事責任の嫌疑を基準に右の範囲が定められているのではない」。

③　強制力の行使　「強制の態様は、収税官吏の検査を正当な理由がなく拒む者に対し、同法七〇条所定の刑罰を加えることによつて、間接的心理的に右検査の受忍を強制しようとするものであり、かつ、右の罰則が行政上の義務違反に対する制裁として必ずしも軽微なものとはいえないにしても、その作用する強制の度合いは、それが検査の相手方の自由な意思をいちじるしく拘束して、実質上、直接的物理的な強制と同視すべき程度にまで達しているものとは、いまだ認めがたい」。

以上、最高裁は、収税官吏による所得税に関する調査について、これが刑事責任追及のための資料の取得徴収に結びつく作用を一般的に有するものでなく、かつ、その強制の方法は間接的心理的であること等を理由に憲法三五条一項に違反しないとした。そこで、次に問題になるのは、「質問・検査」が無令状で許されるとして、①その方法や範囲について制限はないのか、②刑事責任追及のための資料の取得収集に直結する「質問・検査」とはどのようなものかということである。

①について、「質問・検査」の方法等は税務職員による合理的選択にゆだねられているとした判例[1]（「荒川民商事件」最三決昭和四八・七・一〇刑集二七巻七号一二〇五頁）がある。

まず、所得税法二三四条一項は「……当該職員は、所得税に関する調査について必要があるときは、次に掲げる者に質問し、又はその者の事業に関する帳簿書類……その他の物件を検査することができる。」と規定しているが、これを最高裁は次のように理解している。「所得税法二三四条一項の規定は……調査権限を有する職員において……諸般の具体的事情にかんがみ、客観的な必要性があると判断される場合には……質問検査の範囲、程度、時期、場所等実定法上特段の定めのない実施の細目については、右にいう質問検査の必要があり、かつ、これと相手方の私的利益との衡量において社会通念上相当な限度にとどまるかぎり、権限ある税務職員の合理的な選択に委ねられている」。

そして、質問検査の具体的方法として、「暦年終了前または確定申告期間経過前といえども質問検査が法律上許されないものではなく、実施の日時場所の事前通知、調査の理由および必要性の個別的、具体的な告知のごときも、質問検査を行なううえの法律上一律の要件とされているものではない」。

②については、国税犯則取締法上の質問調査の手続に関しては、憲法三八条一項の供述拒否権の保障が及ぶとした事件があるので次に紹介しよう。なお、先の川崎民商事件において、最高裁は、所得税法六三条の「質問」と憲法三八条一項の関係についても言及しており、「質問」が「実質上、刑事責任追及のための資料の取得収集に直接結びつく作用を一般的に有する」ならば憲法三八条一項の保障は及ぶとしていたことを確認しておこう。

3 国犯法上の質問と憲法三八条一項の適用（最三判昭和五九・三・二七刑集三八巻五号二〇三七頁）

●事実の概要

被告人は実父が経営する米糠販売店の従業員であり、営利を目的に継続して小豆等の商品先物取引を行っていたが、昭和五〇年分の所得税を免れようとし、架空名義で預金するなど所得を秘匿し、虚偽の所得税確定申告書を提出し一定額の所得税を免れた。そこで、所得税法二三八条一項（昭和五六年法律第五四号附則五条による改正前のもの）に該当するとして懲役刑と罰金刑が併科されることになった。

ところで、被告人は、被告人の大蔵事務官に対する質問顛末書は、質問に先立って被告人に対し供述拒否権を告知しておらず憲法三八条一項等に違反するから違法収集証拠であり、証拠能力を有しないと主張した。原判決は、この質問顛末書は、実質上刑事責任追及のための資料の取得収集に直結する作用を一般的に有する手続であったとしても、憲法三八条一項および国犯法は供述拒否の告知を義務づけていない。そこで、この告知がなかったからといって、質問顛末書が違法収集証拠であるとはいえないとした。最高裁は上告を棄却した。

●判　旨

（1）　調査手続の一般的性質

「国税犯則取締法は、収税官吏に対し、犯則事件の調査のため、犯則嫌疑者等に対する質問のほか、検査、領置、臨検、捜索又は差押等をすること（以下これらを総称して『調査手続』という。）を認めている。しかして、右調査手続は、国税の公平確実な賦課徴収という行政目的を実現するためのものであり、その性質は、一種の行政手続であつて、刑事手続ではないと解される」。

（2）　調査手続と特別の捜査手続

「右調査の対象となる犯則事件は、間接国税以外の国税については同法一二条ノ二又は同法一七条各所定の告発により被疑事件となつて刑事手続に移行し、告発前の右調査手続において得られた質問顛末書等の資料も、右被疑事件についての捜査及び訴追の証拠資料として利用されることが予定されている」。

「右調査手続は、実質的には租税犯の捜査としての機能を営むものであつて、租税犯捜査の特殊性、技術性等から専門的知識経験を有する収税官吏に認められた特別の捜査手続としての性質を帯有するものと認められる。したがつて、国税犯則取締法上の質問調査の手続は、犯則嫌疑者については、自己の刑事上の責任を問われるおそれのある事項についても供述を求めることになるもので……憲法三八条一項の規定による供述拒否権の保障が及ぶ」。

（3）　供述拒否権とその告知

「憲法三八条一項は供述拒否権の告知を義務づけるものではなく、右規定による保障の及ぶ手続について供述拒否権の告知を要するものとすべきかどうかは、その手続の趣旨・目的等により決められるべき立法政策の問題と解されるところから、国税犯則取締法に供述拒否権告知の規定を欠き、収税官吏が犯則嫌疑者に対し同法一条の規定に基づく質問をするにあたりあらかじめ右の告知をしなかつたからといつて、その質問手続が憲法三八条一項に違反することとなるものでない」。

●──横井大三裁判官の「意見」

多数意見は、憲法三八条一項の保障は実質上刑事責任追及の資料収集に直結する手続、すなわち準刑事手続に及ぶとしているが、この点について批判するのが横井大三裁判官の「意見」である。横井裁判官は、供述拒否権の保障は準刑事手続についてのみ認められるものではないとする。ただ、この権利は放棄することができるのであり、行政上の特許の場合に付随する義務として、これを強制することが可能であるとしている。

「一般の行政手続にまで憲法三八条一項の供述拒否権の保障が及ぶとすると、行政の運営に支障を来たすことにならないかとの危惧がある。……供述拒否権の保障は……『自己が刑事責任を問われることとなるような供述』の強要が禁ぜられるのであるから、一般の行政手続の過程に問題として現われることは少ないであろう。しかも、憲法上保障される供述拒否権は、放棄又は不行使の許される権利であるから……特別許可に付随する義務としてある程度罰則をもつて供述を強要することも可能と考えられる」。

以上、この事件においては「質問」に憲法三八条一項の保障が及ぶと判断されたが、これが及ばないとされた所得税法上の「質問」とはいかなる点で区別されるのであろうか(2)。これについては、国犯法上の「質問」は、租税犯捜査についての専門的な知識・経験を有する収税官吏が、捜査手続の一環として行っているとの位置づけが重要と思われる。他方、所得税法上の「質問」は、もっぱら所得税の公平確実な賦課徴収のために必要な資料の収集を目的に行われている。そして、このことは所得税法二三四条二項が「……質問又は検査の権限は、犯罪捜査のために認められたものと解してはならない」としていることからも裏づけられると思われる。

第3節　警察官による職務質問と所持品検査

警察官職務執行法二条一項は「警察官は、異常な挙動その他周囲の事情から合理的に判断して何らかの犯罪を犯し、若しくは犯そうとしていると疑うに足りる相当な理由のある者又は既に行われた犯罪について、若しくは犯罪が行われようとしていることについて知つていると認められる者を停止させて質問することができる。」と規定している。そして、この「質問」のため、一定の場合には近くの警察署等に同行を求めることもできる（同条二項)。さらに、「質問」に付随して凶器の所持を調べることができる(同条四項)。

一方、憲法三五条一項は「……所持品について、侵入、捜索、及び押収を受けることのない権利」を保障し、司法官憲による「令状」が発せられてはじめてこれを制約できるとしている。そこで、職務質問・所持品検査が無令状で許されるのは、これらが、本来、犯罪の予防・鎮圧等を目的とする行政警察上の作用であり、しかも任意手段としてなされるためである。

しかし、職務質問等は犯罪捜査の端緒としてきわめて重要な役割を果たし、また、これをきっかけに流動する事態に迅速かつ適切に対応することが現場の警察官に求められている。そこで、この職務質問等を相手方市民の単なる任意や善意にゆだね、その承諾がない限り一切許されないと解することはできないであろう。最高裁は、その範囲と限界について、①捜索にいたらず強制にわたらないこと、②それを行う必要性、緊急性が存在し、相手方市民の法益と公共の利益の権衡を考慮して具体的に検討している。これについて、銀行強盗発生直後の緊急配備にともなう所持品検査が問題となった事件から紹介しよう。

1 施錠されていないバッグのチャックを開いて内部を一べつする行為──米子銀行強盗事件──(最三判昭和五三・六・二〇刑集三二巻四号六七〇頁)

●事実の概要

昭和四六年七月二三日午後二時過ぎ、米子市内において、猟銃とナイフを所持した四人組による銀行強盗事件が発生し六〇〇万円余りが強奪された。この事件は無線で警察官に知らされ、さらに、同日午後一〇時三〇分ごろ、二人の学生風の男がうろついていたという情報がもたらされた。そこで、国道三叉路において検問がなされた。翌日午前零時ごろ、タクシー運転手から、若い二人連れの男から乗車を求められたが乗せなかった、後続の白い車に乗ったかもしれないとの情報が得られた。すると間もなく午前零時一〇分ごろ、その方向から白い車に、運転者の他手配人相のうちの二人に似た若い男A、Bが乗っていたので職務質問がなされた。A、Bは黙秘していたので、付近の営業所の事務所を借りそこに同行を求めて質問したが黙秘を続けていた。また、白い車の後部座席にはアタッシュケースとボーリングバッグがあったのでその開披も求めたが拒否された。

午前零時四五分ごろ、A、Bは近くの警察署に同行を求められそこで個別に質問がなされ、バッグの開披が求められたが依然として黙秘したままであった。そこで、午前一時四〇分ごろ、Aの承諾のないまま警察官がボーリングバッグのチャックを開けたところ、中に大量の紙幣が無造作に入っているのが見え、引き続いてアタッシュケースもその鍵の部分にドライバーを差し込んでこじ開けたところ、被害銀行の帯封のある札束とともに大量の紙幣が見えた。そこで、Aを緊急逮捕し、バッグなどを差し押え、Bも緊急逮捕した。最高裁は、バッグについての所持品検査は違法とはいえないと判断し、被告人の上告を棄却した。

最高裁は、①警職法上の職務質問に付随して所持品検査も許され、②その範囲については、捜索にいたらず、強制にわたらない限り、また、所持品検査の必要性、緊急性、利益衡量により決定される。そして③本件においては、犯人としての容疑が濃厚に存在し、しかも所持品検査の態様は施錠されていないバッグのチャックを開いて内部を一べつしたにすぎないものであり、違法とはいえないと判示した。

●――判　旨

(1)　職務質問と所持品検査

「警職法は……所持品の検査については明文の規定を設けていないが、所持品の検査は、口頭による質問と密接に関連し、かつ、職務質問の効果をあげるうえで必要性、有効性の認められる行為であるから……職務質問に附随してこれを行うことができる場合がある」。

（2） 所持品検査の範囲・限界

① 捜索にいたらない程度　「所持品検査は、任意手段である職務質問の附随行為として許容されるのであるから、所持人の承諾を得て、その限度においてこれを行うのが原則である……しかしながら、職務質問ないし所持品検査は、犯罪の予防、鎮圧等を目的とする行政警察上の作用であつて、流動する各般の警察事象に対応して迅速適正にこれを処理すべき行政警察の責務にかんがみるときは、所持人の承諾のない限り所持品検査は一切許容されないと解するのは相当でなく、捜索に至らない程度の行為は、強制にわたらない限り、所持品検査においても許容される場合があると解すべきである」。

② 必要性・緊急性・利益の権衡　「所持品について捜索及び押収を受けることのない権利は憲法三五条の保障するところであり、捜索に至らない程度の行為であつてもこれを受ける者の権利を害するものである……かかる行為は、限定的な場合において、所持品検査の必要性、緊急性、これによつて害される個人の法益と保護されるべき公共の利益との権衡などを考慮し、具体的状況のもとで相当と認められる限度においてのみ、許容される」。

（3） 本件における所持品検査

「猟銃及び登山用ナイフを使用しての銀行強盗という重大な犯罪が発生し犯人の検挙が緊急の警察責務とされ……〔A、Bが〕警察官の職務質問に対し黙秘したうえ再三にわたる所持品の開披要求を拒否するなどの不審な挙動をとり続けたため、右両名の容疑を確める緊急の必要上されたものであ〔る〕……所持品検査の態様は携行中の所持品であるバッグの施錠されていないチヤックを開披し内部を一べつしたにすぎないものであるから、これによる法益の侵害はさほど大きいものではな〔い〕」。

この事件では、相手方の承諾なくバッグのチャックを開いて中を一べつする行為は違法な所持品検査とはいえないとされた。(3) その理由は、重大な事件、犯人としての容疑の濃厚さ、相手方の不審な態度、そして所持品検査の態様があげられる。この態様について、最高裁は施錠のないバッグのチャックを引いて中を一べつしたことはプライバシーに対する侵害の程度が低いものにとどまっていると判断している。これに対し、この程度が高いとしてその所持品検査が違法であるとした判例があるので紹介しよう。

2 上衣の内ポケットに対するプライバシーの期待—覚せい剤不法所持事件—（最一判昭和五三・九・七刑集三二巻六号一六七二頁）

●—事実の概要

午前零時三五分ごろ、パトカーで警ら中の二名の巡査は、被告人運転の自動車が停止し運転席の右横に遊び人風の三、四名の男がいて被告人と話をしているのに気づいた。パトカーがその後方から近づくと、その自動車はすぐに発進し右折し、遊び人風の男たちもこれについて右折した。現場は連込みホテルの密集地帯で、覚せい剤の取引や売春の事件が多く、被告人に職務質問をするためその車を停止させた。

巡査が車内を見ると、ヤクザの組の名前と紋のはいったふくさ様のものがあり、中に賭博道具の札が一〇枚ぐらい入っているのが見えた。また、被告人の落着きのない態度、青白い顔色などから覚せい剤中毒の疑いもあったので、職務質問を続行するため降車を求めると、被告人は素直にこれに応じた。そして巡査は、被告人に所持品の提示を求めたが拒否され、また、前記遊び人風の男が近づいてきて罵声を浴びせ挑戦的な態度に出てきた。そこで、四名の警察官の応援を得てから所持品の提示を求めると、被告人は右側内ポケットから「目薬とちり紙」を取り出した。さらに、巡査は被告人の上衣の左側内ポケットを外から触ったところ、刃物ではないが何か堅い物が入っていたのでその提示を要求した。

被告人は黙ったままであったので、再度、強くこれを求めたが答えず、巡査が「それなら出してみるぞ」といったところ、被告人は何かぶつぶついって不服らしい態度を示していたが、巡査がそのポケットの中に手を差し入れて取り出すと、「ちり紙の包、プラスチックケース入りの注射針一本」であった。「ちり紙の包」を被告人の面前で開披すると「ビニール袋入りで覚せい剤ようの粉末」が入っていた。そこで、被告人をパトカーに乗せ、その面前で試薬を用いて検査した結果、覚せい剤であることが判明したので、被告人は現行犯人として逮捕された。

第一審および原審は、「覚せい剤の粉末」は違法な手続により収集され、証拠能力はないとした。最高裁も、①この差押手続は違法であるとしたが、②その証拠能力は否定されないとし、原判決および第一審判決を破棄し、第一審に差し戻した。以下、①を中心に紹介する。最高裁は、まず、上述の最三判昭和五三年六月二〇日に従い、そこで示された基準に基づき一定の場合に所持品検査が許されるとする。そして、本件においては、(a)所持品検査の必要性、緊急性は認められるが、(b)内ポケットにその承諾なく手を差し入れる行為は捜索に類する行為であり違法であると判断した。

● 判　旨

(1)　本件における所持品検査の必要性および緊急性

「巡査が被告人に対し、被告人の上衣左側内ポケットの所持品の提示を要求した段階においては、被告人に覚せい剤の使用ないし所持の容疑がかなり濃厚に認められ、また、同巡査らの職務質問に妨害が入りかねない状況もあつたから、右所持品を検査する必要性ないし緊急性はこれを肯定しうる」。

(2)　プライバシー侵害の程度の高い行為

「被告人の承諾がないのに、その上衣左側内ポケットに手を差し入れて所持品を取り出したうえ検査した同巡査の行為は、一般にプライバシイ侵害の程度の高い行為であり、かつ、その態様において捜索に類するものである……本件の具体的な状況のもとにおいては、相当な行為とは認めがたいところであつて、職務質問に附随する所持品検査の許容限度を逸脱したものと解するのが相当である」。

第4節　GPS捜査と令状主義

時代の流れとともに犯罪は巧妙化し、それに対応する捜査方法も様々な機器の開発等により進化している。そのひとつにGPSの端末を捜査対象の自動車等に取り付け、その位置情報を取得することが挙げられる。これにより、被疑者等が、いつ、どこで、誰と会い、何をしていたかの立証が容易になるが、個人のプライバシーへの侵入が、秘密裏に、広範になされるおそれがある。最高裁は、この捜査は特別の法的根拠を有する強制処分であるとした。

GPS捜査と証拠能力（最大判平成二九・三・一五刑集七一巻三号一三頁）

●事実の概要

複数者による共犯が疑われていた窃盗事件に関し、犯行の全体を解明するために、約六ヵ月半にわたり、被告人やその知人等が使用しうる自動車等合計一九台にGPS端末が取り付けられ、その移動状況を把握する捜査が行われた（本件捜査）。

第一審は、本件捜査は検証許可状を取得することなく行われた重大な違法があるとし、これにより取得された証拠の証拠能力は否定されるとした。すなわち、GPS捜査は、公道等の他人が観察できる場所でなされる尾行や張り込みとは異なって、私有地内の、プライバシー保護の合理的期待が高い空間での位置情報を取得でき、内在的かつ必然的に、大きなプライバシー侵害を伴う捜査である。それにもかかわらず、令状取得の必要性、可能性、令状の種類等について具体的な検討はなされず、捜査報告書にも本件捜査の記載はなされず、検察官への報告さえもなされていなかった。さらに、本件捜査の間、令状取得が困難な緊急的状況にもなかったことからすると、警察官等には令状主義を軽視する姿勢をみることができ、その違法の程度は高く証拠能力は否定されるとした。

原審は、GPS捜査は、車両の位置情報を取得するだけで、プライバシーへの侵害の程度は必ずしも大きいとはいえず、これを実施する必要性も認められ、また、令状発付の実体的要件は満たされていたこと、さらに、従来これを強制処分と理解する司法判断は示されておらず、警察官らには令状主義の諸規定を潜脱する意図はなかったとした。

最高裁は、本件捜査によって得られた証拠の証拠能力を否定した。

●――判　旨

「GPS捜査は……対象車両及びその使用者の所在と移動状況を逐一把握する……このような捜査手法は、個人の行動を継続的、網羅的に把握することを必然的に伴うから、個人のプライバシーを侵害し得る……公道上の所在を肉眼で把握したりカメラで撮影したりするような手法とは異なり……私的領域への侵入を伴う」。

「個人のプライバシーの侵害を可能とする機器をその所持品に秘かに装着することによって、合理的に推認される個人の意思に反してその私的領域に侵入する捜査手法であるGPS捜査は、個人の意思を制圧して憲法の保障する重要な法的利益を侵害〔し〕……特別の根拠規定がなければ許容されない強制の処分に当たる」。

「GPS捜査は……端末を取り付けるべき車両及び罪名を特定しただけでは被疑事実と関係のない使用者の行動の過剰な把握を抑制することができ……ないおそれがある。さらに……秘かに行うのでなければ意味がなく、事前の令状呈示を行うことは想定できない……これに代わる公正の担保の手段〔として〕……実施可能期間の限定、第三者の立会い、事後の通知等様々なものが考えられるところ……どのような手段を選択するかは……第一次的には立法府に委ねられている……ＧＰＳ捜査について……その特質に着目して憲法、刑訴法の諸原則に適合する立法的な措置が講じられることが望ましい」。

アメリカの判例

修正四条は、その文言上、不合理な捜索および逮捕押収を禁止しているのであって、事前の令状を入手することが犯罪捜査のための前提であるとはしていない。令状に関しては、その発付の制限について規定されている。これは、沿革的に、令状が犯罪捜査にあたる警察官の免責のための手段であったことと関係があるとされている。すなわち、令状を入手していない警察官は、民事責任のリスクを自ら負いながら捜索押収を行い、令状を入手していれば、この責任は絶対的に免じられていたのである。こうしたこともあってか、判例は、捜索・押収について令状を犯罪捜索のためのカテゴリカルな要件とする考え方と、具体的な捜索・押収が合理的であったかどうかに着目する考え方とで揺れ動いてきた。そして現在においても令状要件には二〇以上の例外があるとされている。

ここで紹介する事件も、この例外の一つをめぐる議論を展開している。すなわち、自動車の中にあるバッグ等の容器を無令状で捜索することができるかということである。最高裁はまず、移動可能な自動車の場合、その捜索のために事前の令状を入手しなければならないとすることは、実務的ではないとする。では、バッグ等に相当理由があり、それがたまたま自動車の中にあったという場合にも、無令状でバッグ等を捜索することが可能であろうか。

これについては、車のどこかに証拠物があるとの相当理由があったのか、それともっぱらバッグ等についてのみ相当理由があったのか、さらには、車に対するプライバシーとバッグ等に対するプライバシーとではその期待の高さに相違があるのかどうか、あるとしてそれが令状要件にどう反映されるのか等をめぐって見解が対立している。

大麻在中につき相当理由ある紙袋が自動車のトランク内にある場合、無令状で捜索が可能であるか問題となった事件（California v. Acevedo, 500 U.S. 565（1991））

●事実の概要

大麻の入った小包について、連邦麻薬取締局から連絡を受けた警察官が、その小包を受け取りにきた者を逮捕しようとしたところ、その宛名になっている男がやってきた。その男は小包を受け取ると車でアパートに帰り、大麻が入っていた容器等（box and paper）を携えてそこから出てきて、それをゴミ箱の中に捨てた。二〇分程するとアパートから青いナップザックを背負った男が出てきて車で立ち去ろうとしたので、停止させ、ナップザックを捜索したところ中から大麻が発見された。一〇分後、被上告人がアパートにやってきて、中に入って一〇分ほどしてから中味が詰まったように見える茶色の紙袋を持って出てきた。そして駐車場の車のトランクにその紙袋を入れて走り出そうとしたので、停止させ、トランクを開け紙袋を調べたところ大麻が発見された。

原審は、被上告人の車のトランクの紙袋から発見された大麻は、証拠から排除されると判示した。すなわち、警察官はその紙袋に大麻が入っていると考える相当理由を有していたが、トランク以外の車の部分に大麻が隠されていると考える相当理由はなかった、そして、車全体を捜索する相当理由があれば車内で発見された容器も無令状で捜索できるが、特定の容器にだけ相当理由がある場合には、令状を入手してからでなければその容器を捜索することは許されないとした。

合衆国最高裁は、この判決を破棄し、差し戻した。

●判　旨

（1）令状要件の例外をめぐる判例の展開

①　キャロル事件（Carroll v. United States, 267 U.S. 132（1925））において最高裁は、移動する乗物について、令状要件の例外を認めた。すなわち事務所や住居を捜索する場合、事前に令状を入手することは容易である。しかし、船舶や車の場合、これらはすぐに移動してしまうので、捜索のために事前の令状を入手することは実務的に困難である。そこで、その場からすぐに姿を消してしまうという緊急性に照らして、その乗物に犯罪の証拠が存在する相当理由があれば、無令状で捜索しても修正四条に違反しないとされた。そして、この緊急性は、車が押収（seize）された時点において存在すれば足り、後になって車が移動するおそれがなくなった時点においてなした無令状の捜索も許されるとされた（Chambers v. Maroney, 399 U.S. 42（1970））。

さらに、キャロル事件判決で許される自動車の無令状捜索の際に、車の内部で発見された容器の捜索も同様に許されると判示された。すなわち、ロス事件（United States v. Ross, 456 U.S. 798（1982））では、車のトランクにあった麻薬で麻薬取引をしているのを見たとの通報があり、その車を無令状で停止させ、捜索したところ、トランクの中に麻薬の入った茶色の紙袋が発見された。最高裁は、車自体の捜索が相当理由によって支えられている限りは、備えつけのボックスの中など車のすべての部分および車内にあった容器について捜索することができるとした。

②　しかしながら、チャドウィック事件（United States v. Chadwick, 433 U.S. 1（1977））において最高裁は、旅行カバンなどの捜索について別のルールを示した。この事件では、二重に施錠された小型トランク（foot locker）の中に大麻があるとの相当理由があった。被告人は、それを列車から降ろして車に運び、車のトランクへともちあげたときに逮捕され、小型トランクは押収され捜索された。

最高裁は、移動可能なトランクの捜索は自動車の捜索と類似するとの主張を退けて、トランクへのプライバシーの期待は自動車へのプライバシーの期待よりも高いので、無令状の捜索は許されないと判示した。

また、サンダース事件（Arkansas v. Sanders, 442 U.S. 753（1979））では、自動車のトランクで移動中のスーツケースの捜索の場合にも令状が必要であるとした。すなわち、特定のスーツケースの中に大麻があるとの相当理由があり、それをトランクに入れたままタクシーが走り去ったので、タクシーを停止させ、スーツケースを捜索したことが問題となっている。最高裁は、スーツケースへのプライバシーの期待が高いことを強調し、それが自動車の中にあったというだけではプライバシーの期待が低くなることはなく、無令状の捜索は許されないと判示した。

このように、キャロル事件では自動車の無令状捜索を認め、他方、サンダース事件では自動車内のスーツケースの捜索には令状が必要であるとしたので、理論を調整する必要が生じた。これについては、ロス事件において、自動車それ自体への無令状捜索が許されており、その際にたまたま発見された容器は無令状で捜索が可能であるとした。自動車自体の捜索が広範に許されている場合、サンダース事件で示されたスーツケースへのプライバシーの期待はこれに道をゆずらなければならないと判示されている。

（2）　車自体に対する相当理由とそこにある容器に対する相当理由の相対化

本件では、ロス事件と異なって自動車全体を捜索する相当理由は存在しない。しかし、車内にある紙袋に大麻があるとの相当理由があり、この場合、無令状でこの紙袋を捜索することが許されるかという問題が提起されている。最高裁は結論として、これを肯定した。その理由は以下のようである。

①　自動車を一般的に捜索した後に容器が発見された場合と、その容器に限定してなされた捜索の後にそれが発見された場合とを比べた場合、いずれの場合も警察にとってはそれを保管することが、被疑者にとってはそれを隠し、破壊することが同じように容易である。また、ロス事件で発見された紙袋と、本件において発見された紙袋は、プライバシーの期待または緊急性という見地で比較すると両者に原理的な相違はない。

②　車自体を捜索する相当理由と、車内にある小包を捜索する相当理由との区別は、必ずしも明確ではない。両者の区別は、警察の権限を拡大し、無令状の捜索によりプライバシーの利益を損なうことにつながる。すなわち、警察官が自動車を停止させるとき、車の中にある紙袋に大麻があることを疑っているのか、それとも車の中に大麻があることを疑っているのか明らかではない。そして、車全体を捜索できる場合に限り、バッグを無令状で捜索できると警察官が認識していたならば、車全体に相当理由ありとするために、その警察官は必要以上に広範に車の中を捜索するかもしれないのである。

このように最高裁は、サンダース事件を変更して、車全体に相当理由がない場合にも、車内の相当理由ある容器を無令状で捜索できると判示した。しかしながら、スチーブンス裁判官は、令状主義の意味を再度確認し、車に対するよりも高いプライバシーの期待が紙袋などに認められることを強調して、反対意見を述べている。

●──スチーブンス裁判官の反対意見（マーシャル裁判官が加わる。なお、ホワイト裁判官はこの反対意見およびその結論に同意するとの意見を表明している）

（1）　修正四条の令状要件は、例外にあたらなければ、プライバシーを侵す判断を、執行部ではなく中立的な判事（magistrate）がなすという確たる政策判断を反映している。

確かに、訓練された専門家は、捜索を行うための相当理由が存在していることについて、信用できる判断を通常の場合に下していることに疑問の余地はない。しかし過誤の危険がどんなに少なくとも、プライバシーの利益は至高のものであると修正四条は示している。

（2） 令状要件について、自動車の捜索の場合には例外を認めるが、その理由は紙袋の捜索に例外を認めるための根拠とはならない。紙袋の中味は、自動車とは異なって公衆の目にさらされていない。また、自動車の主な機能は輸送であるが、紙袋は個人的な所有物のプライバシーを保護することを具体的に意図しているからである。

（3） 紙袋も移動可能ではあるが、自動車とは異なって、捜索について裁判所の承認を求めている間、それを押収し、留置すること（seize and detain）は容易である。そして警察の排他的な支配下に置いてしまえば捜索のための令状が入手されるまでに移動する危険はない。この移動しない状態にあるにもかかわらず無令状で捜索を行うことは不合理である。

第5節 憲法と死刑制度

憲法三六条は「……残虐な刑罰は、絶対にこれを禁ずる。」と定めている。何が残虐な刑罰にあたるかは難しい問題であり、また、その時々の社会状況、人々の意識等々により変化する。とくに、死刑がこれにあたるかは常に議論されてきた。死刑は、国家権力の手によって人の生命を奪う残酷なものであり、また、誤判があっても執行されてしまうと取り返しがつかない。その一方で、何の罪もない者が無残に殺害され、その責任を負わねばならない立場の者が生きながらえていることに、被害者の遺族のみならず社会一般からも納得のいかないものがあろう。この死刑制度についての判例の考え方を紹介しておこう。

死刑と残虐な刑罰（最大判昭和二三・三・一二刑集二巻三号一九一頁）

●事実の概要

Aは幼時父と死別し、職を転々としたのち、母と妹が手内職、日稼ぎ等で糊口をしのいでいた生家に帰ってきた。Aは、いっこうに働こうとせず、また米の融通を受けていた店から米を盗み出し検挙され起訴猶予となった。Aは二人から冷遇されるようになったことを恨み、ある晩、遊びから帰ったところ食事が残っていなかったことなどに腹を立て、就寝中の二人を藁打槌により撲殺し、死体を古井戸に投げ込んで遺棄した。

原判決は、刑法一九九条、二〇〇条を適用して死刑を言い渡した。上告趣意として、死刑は憲法三六条が禁止する「残虐刑罰」にあたり、当然失効しているとして破棄を主張した。

●判旨

「生命は尊貴である。一人の生命は、全地球よりも重い。死刑は、まさにあらゆる刑罰のうちで最も冷厳な刑罰であり、またまことにやむを得ざるに出ずる窮極の刑罰である……死刑制度は常に、国家刑事政策の面と人道上の面との双方から深き批判と考慮が払われている……常に時代と環境とに応じて変遷があり、流転があり、進化がとげられてきた」。

「新憲法は一般的概括的に死刑そのものの存否についていかなる態度をとつているのであるか……憲法第一三条においては……公共の福祉という基本的原則に反する場合には、生命に対する国民の権利といえども立法上制限乃至剥奪されることを当然予想している……憲法第三一条によれば、国民個人の生命の尊貴といえども、法律の定める適理の手続きによつて、これを奪う刑罰を科せられることが、明かに定められている。すなわち憲法は……死刑の威嚇力によつて一般予防をなし、死刑の執行によつて特殊な社会悪の根元を断ち、これをもつて社会を防衛せんとしたものであり、また個体に対する人道観の上に全体に対する人道観を優位せしめ、結局社会公共の福祉のために死刑制度の存続の必要性を承認したものと解せられる」。

「死刑といえども……その執行の方法等がその時代と環境とにおいて人道上の見地から一般に残虐性を有するものと認められる場合には、勿論これを残虐な刑罰といわねばならぬから、将来若し死刑について火あぶり、はりつけ、さらし首、釜ゆでの刑のごとき残虐な執行方法を定める法律が制定されたとするならば、その法律こそは、まさに憲法第三六条に違反する」。

●島保補充意見

「憲法第三一条の反面解釈によると、法律の定める手続によれば、刑罰として死刑を科しうることが窺われるので、憲法は死刑をただちに残虐な刑罰として禁じたものとはいうことができない。しかし憲法は、その制定当時における国民感情を反映して右のような規定を設けたにとどまり、死刑を永久に是認したものとは考えられない……国民感情は、時代とともに変遷することが免かれないのであるから、ある時代に残虐な刑罰でないとされたものが、後の時代に反対に判断されることも在りうることである」。

アメリカの判例

1　死刑制度と裁判所による憲法判断の方法（Gregg v. Georgia, 428 U.S. 153（1976））

●事実の概要

ヒッチハイカーが、自分を乗せてくれた車の運転手らを射殺し、その車と現金を奪った事件において、これに適用されるべき死刑が、修正八条および修正一四条によって保障される残虐および異常な刑罰にあたるかが問題になった。最高裁は、三名の裁判官によるジャッジメントを示したにすぎないが、殺人罪に死刑を科することは修正一四条に違反しないという点においては七名の裁判官が同意している。

●ジャッジメントを示した三名の裁判官の意見

修正八条は、固定的な概念を有するのではなく、成熟していく社会の進歩を示す良識という、発展的な基準からその意味を探っている。しかし、どのような刑事制裁が良識にかなうかという基準だけでは問題は解決しない。制裁は同時に人間の尊厳と一致していなければならない。刑罰は不必要かつ不当な苦痛を与えてはならない。また、犯罪の過酷さと刑罰とが釣り合っていなければならない。

司法審査の場面においては、憲法の意味について、裁判所と立法府の判断が食い違うことがしばしばある。裁判所は代表部門ではない。裁判所は、民主的に選出された立法府が定めた刑罰を、憲法に照らして判断する場合、その刑罰は正当であることを推定している。裁判所は立法府に対して、最も過酷でない刑罰を定めることを求めない。民主社会においては、裁判所ではなく、立法府が人民の意思および道徳的価値を反映している。

殺人罪に死刑を宣告することが当然に修正八条（修正一四条）に違反するとはいえない。このことは、英米において、死刑制度を受け入れてきた長い歴史があることからも明らかであるが、修正八条の根底にある、人間の尊厳に死刑が一致しているかどうかが問われる。

死刑には報復と抑止の二つの目的がある。報復は刑事法の主要な目的ではないが、これを取り込むことは禁止されていないし、人間の尊厳に違反するものでもない。究極の事件においては、死刑は適切な刑罰であるとの判断は、ある種の犯罪は人間性に対する著しい侮辱であり、これに対する唯一の応答は死刑判決である、とのコミュニティの考え方を代弁している。

抑止に関しては、死刑は、より軽い刑罰と比べてとくに大きな抑止機能を果たしてはいない、との研究もあるが、これを支持しあるいは否定する経験的な証拠は存在しない。確かに、激情に駆られての殺人については、死刑はほとんど抑止力はないが、これ以外の殺人については、死刑は疑う余地なく相当に大きな抑止力をもっている。

死刑そのものの残虐性の議論のほかに、その意味を認識していない者に死刑を科することが残虐であるかどうか、さらには執行の手続にどのような手続上の保護が認められるかも問題になる。わが国の刑訴法四七九条一項は「死刑の言渡を受けた者が心神喪失の状態に在るときは、法務大臣の命令によって執行を停止する。」と規定しているが、これについて、アメリカの判例を参考までに紹介しよう。

2 精神能力を欠く者の死刑執行と残虐刑罰の禁止（Ford v. Wainwright, 477 U.S. 399 (1986)）

●事実の概要

殺人罪で死刑の宣告を受けたAは、徐々に精神に変調をきたし、様々な妄想を抱くようになった。すなわち、彼は、陰謀に巻き込まれて、自殺させられようとしている、彼の親戚の女性が監獄のどこかで監禁され、拷問を受けている、彼の友人の多くが人質になり、彼らを救出できるのは自分だけだ、と考えるようになった。診察したB医師は、Aは、自分がなぜ処刑されるのか、自分の犯した罪と死刑判決を関連づけることができず、自分が監獄を所有し、mind waves により州知事をコントロールできるので死刑が執行されることはあり得ないと真に信じている、とした。

そこでAの弁護士は精神鑑定の手続を求めた。この手続に従い、州知事は、三人の医師を任命し、死刑の性質とこれがなぜ自分に科せられるのかを理解する能力があるかどうかを判断させた。C医師は、死刑の性質・意味、そしてなぜそれが科せられるかについて理解する能力があるとした。D医師は、自分の身に何が降りかかってくるのか十分に理解できるとした。E医師も、死刑が宣告されるにいたった状況全体および死刑の意味することすべてを認識していると判断した。これらの判断を受けて州知事は、Aの死刑執行にサインした。

これに対して、アメリカ・ディストリクト・コート（フロリダ南部地区）に、ヘービアス・コーパスの申立てがなされ、Aの精神鑑定を行うヒアリングが求められた。

●――判　旨

修正八条は、死刑判決の手続および実体双方の問題について重大な影響を与えていると認識されてきたが、心神喪失者の死刑執行の問題はまったく異なる問題である。修正八条は、成熟していく社会の進歩を特色づける、発展的な基準を取り込むことを認識している。そこで、憲法制定時に、一般的に違法とされた野蛮な方法を考慮するだけでなく、現代的な価値がいかなるものであるかについて、客観的な証拠に基づいて考察していくことが求められる。

自分がなぜ処刑されるのか、を理解できない者を処刑することに報復的な価値がある、とすることについては大いに疑問がある。文明社会が完成されるにつれ、自分の意識を認識できない者を死にいたらしめることへの嫌悪感はますます高まっている。このような処刑が、人間性への攻撃であるとの認識はアメリカ全土において共有され、この場合に州の処刑権限が制限を受けてきたとする証拠は広く存在している。修正八条は心神喪失者への死刑執行を州に禁止していると結論する。

修正八条によって支えられている社会的価値が、歴史的伝統に根ざしている一方で、その価値を実現する方法をいかなるものとするか、は純然たる現代法の問題である。確かに、有罪とされた被告人に対しては（無罪）推定ははたらかないが、処刑の前提としての精神能力の確定には、死刑に関する他の手続よりも厳格ではない手続でよい、ということにはならない。

フロリダ州法は、知事に対して、死刑判決を受けた者が精神能力を問題としているならば、執行を停止し、精神鑑定のために三人の医師を任命し、委員会を設置することを求めている。この委員会からの報告を受けて知事は、死刑判決の意味とそれがなぜ自分に科せられるのかを理解する精神能力があるかどうかを判断しなければならない。これを有する、と判断すれば死刑が認められ、有しなければ精神病院に収容させる。この手続は、完全に執行機関内部で行われ、判定のための手段について排他的に規定している。

何が精神疾患にあたるか、および一定の行為ないし兆候に与えられる診断に関して、精神科医の間では頻繁に意見の相違が生じる。事実認定者はこの意見の相違を、刑事事件において精神能力が問題となった場合の両当事者の提出した証拠に基づいて、解決しなければならない。同様のことは、有罪確定後についても当てはまる。

これと関連する手続上の欠陥は、州が任命した医師の意見に対して反論する機会が与えられなかったことである。反対尋問は疑いもなく、真実発見のために今までで考案されたもののうち最も偉大な道具である。

●――パウエル裁判官の一部同意およびジャッジメントに同意する意見

心神喪失者は精神能力を回復しない限りは執行を免れるという修正八条の利益は、公正なヒアリングなくしては奪われることはないとしていることは明らかである。したがって、この事件の問題は、デュープロセスの要件を満たしているか否かである。フロリダ州法は、有罪者から提出された資料を考慮することを知事に求めていない。そして、現知事は公的に宣言された政策の中で、この資料は彼の考慮から排除すると公言している。その結果、精神能力の判断は、もっぱら州が任命した医師によってなされた判断に基づきなされている。このような手続は、異なる医療上の証拠を当事者が提出することを妨げ、または州の調査の不適切さを明らかにすることを妨げることにより、恣意性や誤謬をもたらす可能性がある。したがって、デュープロセスに一致しない。

●――レンキスト裁判官の反対意見

コモン・ローにおいては、有罪となった者の精神状態を判断するのは執行部であった。多数意見は、執行部以外で、心神喪失状態について判断を受ける憲法上の権利を創設したが、このことはコモン・ローの伝統を犠牲にするものである。現行法律は、しばしば、判決後の精神について最終的な鑑定を行うのは、執行部の問題であるとしているからである。

社会を守るためには、政府に、被告人を公判にかけ有罪を宣告し、これを執行する権限が認められなければならない。この政府の義務は、被告人に対して徹底した公正さをともなって実施されなければならない。すでに有罪とされた者の精神鑑定を、この問題についての専門家の助言を得ることができる、州の最高位の執行機関に、ゆだねたとしてもデュープロセスに違反しない。

処刑の前に裁判所の判断を受けられる憲法上の権利を創設することはこの領域の法の最終的な決着を複雑にし、遅らせることになる。被告人は、すでに有罪、量刑について裁判所の判断を経ているからである。

注

(1) 質問・検査の方法について、税務職員の合理的選択にゆだねられるとしても、税務調査のため被調査者の店舗兼作業場に臨場し、被調査者の不在を確認する目的で、その意思に反して同店舗内の内扉の止め金を外して同店舗兼作業場に立ち入る行為は違法である(最三判昭和六三・一二・二〇訟月三五巻六号九七九頁)。

(2) 道路交通法六七条二項は、警察官は道路上で運転中の者に対し、身体のアルコール濃度を調査するために呼気検査を行うことができると規定し、これを拒んだ者は五万円以下の罰金に処せられる(同法一二〇条一項一一号)。これらが憲法三八条一項に違反するかが問われた事件で最高裁は次のように判示した。「憲法三八条一項は、刑事上責任を問われるおそれのある事項について供述を強要されないことを保障したものと解すべきところ、右検査は、酒気を帯びて車両等を運転することの防止を目的として運転者らから呼気を採取してアルコール保有の程度を調査するものであって、その供述を得ようとするものではないから……憲法三八条一項に違反するものではない」（最一判平成九・一・三〇刑集五一巻一号三三五頁）。

（3）　本件において、職務質問に付随する行為として許されると判断されたのは、ボーリングバッグの開披に関してである。アタッシュケースの開披については、最高裁は次のように判示している。「ボーリングバッグの適法な開披によりすでにA（注・原文は実名）を緊急逮捕することができるだけの要件が整い、しかも極めて接着した時間内にその現場で緊急逮捕手続が行われている本件においては、所論アタッシュケースをこじ開けた警察官の行為は、Aを逮捕する目的で緊急逮捕手続に先行して逮捕の現場で時間的に接着してされた捜索手続と同一視しうるものである」。

第15章　特殊な環境下の人権保障

ここまで、人権の具体的な範囲と限界について、人権相互の衝突や利害の対立の中から検討してきた。しかし、ここで忘れてならないのは一般人と異なる地位・環境にある者の存在である。その代表として、在監者と在校生をあげることができる。

前者は、未決・既決を含み、逃亡・罪証隠滅の防止、刑の執行を目的にその身柄を拘束されている。この状態をいわば前提として、どのような人権がいかなる理由からどの程度まで及んでいくか検討しなければならず、一般人とは異なる検討が必要である。

後者については、学ぶ立場にあると同時に、未熟で心身ともに脆弱な者の集団であり、これを少数の教職員で秩序を保ち、教育していくという点で一般社会とは異なる考察が求められるのである。

第1節　在監者

在監者は、逃亡・罪証隠滅防止等の目的から、適法にその身体を拘束されている。この目的を達成するために、必要な限りで、一般人に保障されている人権も制限されうる。すなわち在監者は「刑事訴訟法に基づき、逃走または罪証隠滅の防止を目的として……居住を監獄内に限定する……監獄内においては、多数の被拘禁者を収容し、これを集団として管理するにあたり、その秩序を維持し、正常な状態を保持するよう配慮する必要がある。このためには、被拘禁者の身体の自由を拘束するだけでなく、右の目的に照らし、必要な限度において、被拘禁者のその他の自由に対し、合理的制限を加えることもやむをえない……右の制限が必要かつ合理的なものであるかどうかは、制限の必要性の程度と制限される基本的人権の内容、これに加えられる具体的制限の態様との較量のうえに立って決せられる」（最大判昭和四五・九・一六民集二四巻一〇号一四一〇頁）。このような在監者の人権への制約に関し、未成年者との面会、および新聞等閲覧の自由が問題になった事件を紹介しよう。

1　在監者との面会の自由・旧監獄法施行規則無効事件（最三判平成三・七・九民集四五巻六号一〇四九頁）

●事実の概要

Aは、爆発物取締罰則違反等により起訴され、一審で死刑の判決を受け、控訴も棄却され、東京拘置所に勾留されていた。Bは、死刑廃止運動に賛同し、Aと養子縁組を行っていた。ところで、従来、東京拘置所では、在監者と一四歳未満の者（以下「幼年者」という）との面会をかなり広く認めていたが、ある事件の支援者が、子ども同伴で在監者と面会し、シュプレヒコール等をしたため、これを排除しようとしたところ、子どもの身体に危険が及んだことがあった。それ以来、在監者と幼年者との面会は厳しくなり、進学等子どもの教育上必要がある場合等に限定して、許可がなされるようになった。

Aは、Bの孫であるCとの面会を何度も希望したが、いずれも許可されず、この不許可処分が違法であるとして損害賠償の請求を行った。最高裁は、不許可は違法であると判断した（もっとも、この事件では「過失」の要件を満たさず請求は棄却された。なお、この事件においては、施行規則が法律の委任の範囲を超えているかが論点となり、結論にも大きく影響しているが、この点については本書・統治編・第1章第5節参照)。

●判旨

旧監獄法四五条一項は「在監者ニ接見センコトヲ請フ者アルトキハ之ヲ許ス」と規定し、旧監獄法施行規則一二〇条は「十四歳未満ノ者ニハ在監者ト接見ヲ為スコトヲ許サス」と規定している。「被勾留者には一般市民としての自由が保障され……外部の者との接見は原則としてこれを許すものとし、例外的に、これを許すと支障を来す場合があることを考慮して、(ア) 逃亡又は罪証隠滅のおそれが生ずる場合にはこれを防止するために必要かつ合理的な範囲において右の接見に制限を加えることができ、また、(イ) これを許すと監獄内の規律又は秩序の維持上放置することのできない程度の障害が生ずる相当の蓋然性が認められる場合には、右の障害発生の防止のために必要な限度で右の接見に合理的な制限を加えることができる……この理は、被勾留者との接見を求める者が幼年者であっても異なるところはない」。

「被勾留者も当該拘禁関係に伴う一定の制約の範囲外においては原則として一般市民としての自由を保障されるのであり、幼年者の心情の保護は元来その監護に当たる親権者等が配慮すべき事柄であることからすれば、法が一律に幼年者と被勾留者との接見を禁止することを予定し、容認しているものと解することは、困難である」。

アメリカの判例

子どもとの面会規制を行う刑務所の判断と司法審査（Overton v. Bazzetta, 539 U.S. 126（2003））

●事実の概要

一九九〇年代、ミシガン州の在監者の数が急速に増加し、それにともなって面会人の数も増加し、面会時の秩序維持が難しく、麻薬の持ち込み等を妨げるのが困難であった。とくに、子どもが面会者の場合、そこでの害悪を見聞きする危険があり、格別の配慮が必要である。これらに対応するために、ミシガン州矯正局は一九九五年に規則を改正し、面会人の全体数を制限し、あらかじめ承認されたリストのメンバーのみに面会を認め、例外は牧師や弁護士等に限定した。

このリストには、在監者の直近の家族については無制限に、加えて在監者が指定する一〇人までが載せられる。一八歳以下の未成年者は、在監者の子、養子、孫、兄弟でない限りはリストに載せられない。親権が剥奪されていれば、子は面会できないし、面会が認められている子も、成人の付添いがなければならない。薬物乱用の罪を繰り返し犯した在監者は、弁護士または聖職者以外面会は一切認められない。最高度に危険とされた在監者は、非接触面会しか認められない。接触面会では大きな面会ルームにおいて面会者との物理的な接触が認められるが、非接触面会では、ガラスパネル越しにしかコミュニケートできない。

在監者およびその友人・家族が、この面会規定は修正一条・八条・一四条に違反するとして訴えを提起したのが本件である。

● 判旨

他の市民が享受する自由や特権は在監者には放棄されているが、適切な監禁に一致する限りにおいて、在監者は権利を維持している。この権利の輪郭について裁判所が示す必要はなく、刑務所職員の職業上の判断に相当程度の敬意が払われなければならない。彼らは、行刑システムの目的を定め、その達成のためにいかなる手段が最も適切であるかを判断する重大な責任を担っているからである。

監禁下において、憲法上の権利に影響する規則の合憲性を判断するために、四つの基準が示されている。①規則が、正当な政府の利益に正しく合理的に結びついているかどうか、②制約される権利行使のために別の手段が用意されているかどうか、③その権利への配慮が看守および在監者にどのような影響をもたらすか、④その規則以外の別の手段は容易に存在するのか、である。

子どもの面会への規制は、内部のセキュリティを維持し、子どもが性的もしくは他の違法行為にさらされ、または、偶然の傷害を被ることから保護するという正当な利益に合理的に関連している。面会する子どもの数を減らすことによって、職員が、彼らをよりよく監視でき、その安全をはかり彼らが引き起こす混乱を最小限度にすることができる。子どもに付添いを求める点も、彼らの利益を最大限に保護する責任を有する成人が付添い・監視することは合理的であるからである。

二回以上の薬物乱用者は、二年間は面会を禁止されるが、このことは監獄内において薬物の使用を抑制するという正当な目的を達成するために役立っている。面会の権利の剥奪は、在監者が規則を守ることを促す、適切で必要な管理技術である。とくに高度危険在監者は、すでにほとんどの権利を失っているので効果的である。

規則と目的との合理的関連性の次に、在監者の権利行使について別の手段があるかどうかを検討する。本件規則には別の手段がある。すなわち、在監者は面会を許されている者を通じてメッセージを受け取ることができ、これができない場合にも、手紙や電話を利用することができる。面会の代わりになる手段は理想的である必要はなく、利用可能でありさえすればよいのである。

上告人の要求することに応じた場合に、監獄のシステムの財政に重大な影響が及び、在監者すべてを保護する職員の能力を侵害する場合には、裁判所はとくに、職員の示した規制上の判断に敬意を表してきた。

以上は在監者の面会の自由が問題になったが、新聞等の閲読について制限を受けるのかも重要である。もっとも、新聞や書籍を閲読する権利は、憲法の明文では保障されていないが、これにより情報の取捨選択がなされ、自己の精神・内面を形成することにつながる。したがって、その自由への干渉は原則として禁止されるが、在監者という立場から、これへの制約も考察されることになる。

2 新聞・書籍等閲読の自由・よど号乗っ取り記事墨塗り事件（最大判昭和五八・六・二二民集三七巻五号七九三頁）

●事実の概要

Aらは拘置所において新聞を定期購読していたが、紙面の大部分を墨で塗りつぶし、判読不可能なものを配付された。この部分には赤軍派学生による日航機乗っ取り事件の記事が掲載されていた。Aらは、この新聞記事抹消処分に関して、その根拠となった旧監獄法三一条、同法施行規則八六条、収容者に閲読させる図書、新聞等取扱規定、同規定の運用についてが憲法一九条、二一条に違反し無効であると主張した。

ところで、当時、公安事件関係在監者のうちには、拘置所塀外のデモやマイクによる呼びかけに呼応し、シュプレヒコール、足踏み、房壁の乱打、点検拒否などの規律違反行為をする者が多くみられ、これらの行為は、公安事件関係者の連帯感ないし同調性をもって伝播しやすい状況を呈していた。また、所外の者が、棒、火炎びん等をもって乱入した事件も起きていた。

●――判　旨

「未決拘留は……逃亡又は罪証隠滅の防止を目的として……身体的行動の自由を制限されるのみならず……〔そ〕の目的のために必要かつ合理的な範囲において、それ以外の行為の自由をも制限される」。

「制限が必要かつ合理的なものとして是認されるかどうかは、右の目的のために制限が必要とされる程度と、制限される自由の内容及び性質、これに加えられる具体的制限の態様及び程度等を較量して決せられる」。

「意見、知識、情報の伝達の媒体である新聞紙、図書等の閲読の自由が憲法上保障されるべきことは、思想及び良心の自由の不可侵を定めた憲法一九条の規定や、表現の自由を保障した憲法二一条の規定の趣旨、目的から、いわばその派生原理として当然に導かれる」。

「監獄内の規律及び秩序の維持のためにこれら被拘禁者の新聞紙、図書等の閲読の自由を制限する場合においても、それは、右の目的を達するために真に必要と認められる限度にとどめられるべきものである。したがつて、右の制限が許されるためには、当該閲読を許すことにより右の規律及び秩序が害される一般的、抽象的なおそれがあるというだけでは足りず、被拘禁者の性向、行状、監獄内の管理、保安の状況、当該新聞紙、図書等の内容その他の具体的事情のもとにおいて、その閲読を許すことにより監獄内の規律及び秩序の維持上放置することのできない程度の障害が生ずる相当の蓋然性があると認められることが必要であ」る。

「閲読を許すことによつて監獄内における規律及び秩序の維持に放置することができない程度の障害が生ずる相当の蓋然性が存するかどうか、及びこれを防止するためにどのような内容、程度の制限措置が必要と認められるかについては、監獄内の実情に通暁し、直接その衝にあたる監獄の長による個個の場合の具体的状況の下における裁量的判断にまつべき点が少なくない……障害発生の相当の蓋然性があるとした長の認定に合理的な根拠があり、その防止のために当該制限措置が必要であるとした判断に合理性が認められる限り、長の右措置は適法として是認すべきものと解するのが相当である」。

「公安事件関係の被拘禁者らによる……拘置所内の規律及び秩序に対するかなり激しい侵害行為が相当頻繁に行われていた状況に加えて……新聞記事がいずれもいわゆる赤軍派学生によつて敢行された航空機乗っ取り事件に関するものであること等の事情に照らすと……閲読を許した場合には、拘置所内の静穏が攪乱され、所内の規律及び秩序の維持に放置することのできない程度の障害が生ずる相当の蓋然性があるものとしたことには合理的な根拠があ」る。

アメリカの判例

在監者の閲読の自由（Beard v. Banks, 548 U.S. 521（2006））

●事実の概要

ペンシルベニア州においては、扱いにくい囚人に対して特別の房を設置している。ＲＨＵ（restricted housing unit・懲罰を受けている者を収容する房）、ＳＷＵ（special management unit・継続的に危険な行為を示している者を収容する房）、ＬＴＳＵ（long term segregation unit・最も矯正困難で反抗的な者を収容する房）の三つである。ＬＴＳＵは四〇名ほどで、ほとんどがＳＷＵからさらに転落してきたものである。この房に入れられてしまうのは、ＳＷＵのプログラムをクリアできなかった、殺害の意図をもって攻撃的な行為に出た、他の囚人または職員に傷害を与えた、武器の所持または脱獄を試みた、または性的な漁り行為があった、等々いずれかに該当した者である。

ＬＴＳＵのレベル一では、新聞一部と五冊の雑誌を読むことが許されるが、レベル二に進むと、最も制限が厳しくなる。代理人との接触はできず、ごく身近な家族のみ、一ヵ月に一人面会できるだけである。緊急事態以外は電話もできない。そして、新聞、雑誌、個人的な写真も見ることができない。

Ａは、ＬＴＳＵレベル二に在房しているが、新聞・雑誌・写真の全面的禁止は、行刑上の正当な目的に合理的な関連性を有しないので修正一条に違反する、と主張した。

●――判　旨

在監者は、投獄によって自動的に憲法上の権利を剥奪されることはないが、監獄以外の場所におけるよりもその権利に大きな制約がなされることを憲法は許容している。裁判所は、監獄職員の職業上の判断に対しては相当程度の敬意を示さねばならない。

本件規則の合理性を判断するにあたり、先例に基づき四つの基準が示されている。①監獄規則と正当な政府利益との間の合理的な関連性、②制限された権利を行使するのに別の手段が認められているか、③その権利行使を認めた場合には、看守や他の囚人に、どのような影響が及ぶのか、④代替措置は、政府利益を促進するのに役立つのかである。

レベル二における閲読の禁止等には、三つの行刑上の合理性がある。①レベル一に戻ろうとするインセンティブを与えること、②囚人の所有物の量を少なくすること、所有物が少ないほど、違法に持ち込まれたものが発見しやすく安全を確保しやすい。③武器として使用できるものを少なくすることである。そのうえで、この規制は先の四つの基準を満たしている。

これに対してトーマス裁判官のジャッジメントに同意する意見は、本件規則が、囚人による監獄規則遵守の助長という、行刑上の正当な目的に合理的な関連性があるとする点には賛成するが、代替措置の提供という基準は満たされていないとした。

また、スチーブンス裁判官の反対意見は、ＬＴＳＵのレベル二の囚人は、毛布やトイレットペーパー等々の燃えやすいものを房に持ち込むことができる。そうすると、火をつけ、禁制品を隠匿し、その他危険な行為を防止するという目的は、新聞雑誌の閲読禁止という措置によっては達成することはできない、とした。

第２節　在校生

学校（本節においては大学を除き、中学、高校を対象とする）は、精神的にも肉体的にも未成熟な子どもを教育する場である。そこで、一般社会においては許容される人権の行使が、教育現場という特殊性を理由に制限されうる。これについて、①校内における表現の自由、②学納金の支出方法と思想の自由、③麻薬調査とプライバシーが問題になっている事件を紹介する。まず、中学生による校内での表現行為と高校への内申書が問題になった事件を紹介する。最高裁は生徒に許される表現の範囲を「教育環境に悪影響を及ぼし、学習効果の減殺等学習効果をあげる上において放置できない弊害を発生させる相当の蓋然性」という観点から検討している。

学生運動への参加と内申書への不利益記載（最二判昭和六三・七・一五判時一二八七号六五頁）

●――事実の概要

Ｘは、中学の卒業を控え、高校に進学することを希望し、所定の出願手続を踏んだうえで複数の高校を受験したがいずれも不合格となり、最後に都立の定時制高校に合格し入学した。ところで、本件中学校の校長は、いわゆる内申書（調査書）を作成し各学校校長宛に提出したが、次の事項が記載されていた。

すなわち、行動および性格の記録欄中、「基本的な生活習慣」、「自省心」、および「公共心」の三項目の評価を「C」とし、特記事項欄から備考欄にまたがって、概略、「この生徒は二年生のとき、麹町中全共闘を名乗り、機関誌砦を発行しはじめ、過激な学生運動に参加しはじめる。その後も学校の指導に従わず、他校の生徒と密接な連絡をとり、全関東中学校全共闘連合を結成した。本校文化祭会場に他校の生徒十数名と共謀して裏門を乗り越え、ヘルメット、覆面、竹竿をもって乱入し、ビラをまいたが麹町署員に逮捕（補導）された。その後も過激な政治団体と関連をもち、集会、デモにたびたび参加し、学校内においてもいっこうに指導に従う様子がなく、現在手をやいている」との記載がなされていた。

また、出欠の記載欄中の欠席の主な理由欄に「風邪、発熱、集会（又はデモ）に参加して疲労のため」との記載があった。そこで、Xは各高校に合格できなかったのは、本件調査書に右のごとき事項が記載されていたためであるとして東京都を被告に損害賠償請求をした。

最高裁は、①高校入学選抜について、学力のみならず性格、行動もその資料とすることが許され、これについて客観的な事実を公正に記載すべきことが中学校校長に求められていること、②本件調査書は、Xの思想、信条そのものを問題としていないこと、③Xのなしたビラ配布等は、中学校における教育環境に悪影響を及ぼしこれを禁止しても憲法二一条に違反しない、とした。

判旨

（1）調査書における客観的事実の記載

「調査書は、学校教育法施行規則五九条一項の規定により学力検査の成績等と共に入学者の選抜の資料とされ……生徒の学力はもちろんその性格、行動に関しても、それを把握し得る客観的事実を公正に調査書に記載すべきであつて、本件調査書の備考欄等の記載も右の客観的事実を記載したものである」。

（2） 調査書における思想・信条そのものの記載

憲法一九条は思想良心の自由を保障しているから、個人の内面を理由に差別的な扱いをすることは許されない。しかしながら、本件調査書の記載はいずれも「上告人（注・X）の思想、信条そのものを記載したものでないことは明らかであり、右の記載に係る外部的行為によつては上告人の思想、信条を了知し得るものではないし、また、上告人の思想、信条自体を高等学校の入学者選抜の資料に供したものとは到底解することができない」。

（3） Xの行為と教育環境への悪影響

「上告人の行為は……いずれも中学校における学習とは全く関係のないものというのであり、かかるビラ等の文書の配布及び落書を自由とすることは、中学校における教育環境に悪影響を及ぼし、学習効果の減殺等学習効果をあげる上において放置できない弊害を発生させる相当の蓋然性がある……かかる弊害を未然に防止するため……文書の配布を学校当局の許可にかからしめ、その許可のない文書の配布を禁止することは、必要かつ合理的な範囲の制約であつて、憲法二一条に違反するものでない」。

このように、Xの行為がやや極端なこともあり、その内申書に不利益な記載がなされても憲法一九条・二一条に違反しないとした最高裁の判断は支持されると思われる。しかしながら、そもそも、学校において生徒には表現の自由などの憲法上の保障は及ぶのであろうか。また、これが及ぶとしてその制約は学校側の自由な裁量にゆだねられ、その判断を裁判所がくつがえすことは一切許されないのであろうか。これらについて、合衆国最高裁の判例を中心に整理してみよう。

アメリカの判例

アメリカにおいて、生徒の表現の自由についての議論が活発になってきたのは一九六九年のティンカー事件（393 U.S. 503（1969））以来である。この事件では、まず、生徒にも表現の自由の保障が及ぶことを確認したうえで、「授業を根本的に妨害し、相当程度の無秩序をもたらし、または他人の権利を侵害する」表現に限ってこれを規制できるとした（ティンカーテスト）。

このティンカーテストが下級裁判所において具体的に適用され、その中で、学校というデリケートな教育現場において、果たしてこのテストは十分に機能するのか疑問がもたれるようになった。これを受けて、合衆国最高裁は、受け手である生徒の傷つきやすさを重視し、また、学校はそもそも正しい表現を教える場であるから、その課程の中では一般社会におけるよりも厳しい規制を生徒の表現に対して加えることが可能であるとし、ティンカーテストの適用範囲を限定する傾向を示している。

以下、この判例の流れを紹介していこう。

1　教室内での黒腕章の着用（Tinker v. Des Moines Independent Community School Dist., 393 U.S. 503（1969））

●事実の概要

Xらは一五歳と一六歳の高校生、そして一三歳の中学生である。彼らは、ベトナム戦争反対とその停戦を主張し、その意思をアピールするために黒腕章を着用することとした。しかし、学校側はこれを察知し、それを着用したまま登校した生徒にはこれをはずさせ、拒む生徒は停学とすることとした。Xらはこれに従わず、懲戒処分の差止命令および損害賠償を求めて訴えを提起した。

第一審は、学校側の措置は、学校の規律を守るためにとられた合理的な判断であったとし、原審もこれを支持した。最高裁は原審判決を破棄し差し戻した。

●—判　旨

（1）まず、学校内における生徒にも修正一条の保障が及ぶことが確認される。すなわち、学校という施設の特性に照らしてであるが、生徒たちは、自らの言論または表現の自由といった憲法上の権利を学校の門のところで捨ててしまっているとはいえない。

（2）しかし、修正一条の権利が生徒にも及ぶといっても、その行使には合理的な制約が可能である。この合理性を判定する基準は、「授業を根本的に妨害し、相当程度の無秩序をもたらし、又は他人の権利を侵害する」かどうかである。

（3）このティンカーテストを本件に当てはめてみると、Xらの行為を禁止することは許されない。なぜならば、Xらの黒腕章の着用は、沈黙したままでなされる消極的な意思の表明であり、何らの無秩序・妨害をもたらさないからである。

この多数意見に対し、ブラック裁判官の反対意見がある。ブラック裁判官も、学校内の生徒に修正一条の保障が及ぶことは認めている。そのうえで、①生徒は、学校を言論の場として自由に利用しうるのか、また②裁判所が憲法解釈の名の下に学校側の判断をくつがえすことはかえって混乱をもたらすのではないかとの疑問を投げかけている。

●—ブラック裁判官の反対意見

（1）公立学校は、生徒が学ぶために存在するのであって、積極的に自己の意見を表明する場として存在するのではない。つまり、生徒は自分の政治上の見解を広め公衆を教育するために学校に通っているのではない。子どもには、このことを可能にする経験と知識とが欠けている。彼らにとって必要なのは習うことであって教えることではない。

（2） 校内の規律維持に責任を負っているのは、まさに学校である。そのためになされた生徒への懲戒処分を裁判所が安易にくつがえすならば大きな混乱を生ずる。学校のなす懲戒は、子どもを善良な市民へと導くための重要な部分である。多数意見によって、今後、生徒たちは教師への反抗を容易に行うことであろう。そして、このことは学校にとって不幸なこととなるであろう。

ブラック裁判官は、多数意見が、生徒にも表現の自由が保障されていることを強調しすぎ、学校が一般社会よりもデリケートな場であることを軽視していると批判している。確かに、学校は心身の発達が十分でない子どもを集め、学習のために最適と判断されたものを選択し教育を行っている。そこで、生徒の表現を規制する基準として、多数意見の「根本的な授業妨害」が果たしてふさわしいものであるか再検討の余地があるように思われる。ブラック裁判官は、本件の黒腕章の着用が生徒らの気を授業からそらさせたとしているが、こうした授業への集中を何となく妨げる行為を規制することは許されないのであろうか。スチュワート裁判官は、多数意見は学校の規律を度外視し、子どものもつ修正一条の権利が成人のそれの延長線上にあるとする考え方を無批判に受け入れてしまっていると厳しく批判している。

合衆国裁判所は八〇年代に入って、ティンカーテストを見直す判決を下している。

2 受け手の感受性および教育現場の特殊性 (Bethel School Dist., No. 403 v. Fraser, 478 U.S. 675 (1986))

Xは、高校の生徒会会長選挙で仲間の生徒のために応援演説を行った。その際、Xがある性的なたとえを用いたため、これを聞いた生徒の間からヤジがとんだり、また、当惑してしまうなどの反応があった。そのため、Xは、三日間の停学その他の処分を受けた。

最高裁はXへの処分は修正一条に違反しないと判示した。その判断の基礎となったのは、①演説の受け手である生徒への影響を考慮したこと、②教育の場としての学校の役割を重視したことがあげられる。

（1）生徒の表現も尊重されるべきであるが、その際に考慮されねばならないのは受け手の感受性である。たとえ、民主主義の社会において最も白熱した政治的言論であっても、他の参加者や聴衆の感受性に考慮が払われねばならない。本件において、Xの演説は比較的未成熟な聴衆――その多くは一四歳にすぎず、性に目覚めはじめたばかりである――に対し大きなダメージを与えたことは十分に考えられる。

（2）Xの演説が不快（offensive）であったことは疑いがない。もっとも、一般社会においては言論が不快というだけでは規制しえない。しかしながら、教育という使命を負う学校において、この種の言論に規制を加えても憲法に違反しない。なぜならば、民主的な政治システムを維持していくために必要な基本的な価値として、他人にとって不快な言論を用いないということがあり、この価値を教えることは公立学校の教育としてまことに適切な機能であるからである。

このように、最高裁は、生徒の表現の自由の範囲について、精神的に未成熟な受け手の傷つきやすさ、および教育現場としての学校という観点から検討を加えている。しかし、この事件においては、ティンカーテストの適用に関しては触れられていない。これについては次に掲げる事件の中で説明されている。

3　学校の教育活動にかかわる表現とティンカーテスト（Hazelwood School Dist., v. Kuhlmeier, 484 U.S. 260（1988））

Xは高校の新聞の編集スタッフである。この新聞の編集は授業の一環としてなされているが、次に掲げる二つの記事の削除を校長が命じたことが問題となった。一つは、同校の生徒の妊娠にかかわる記事であり、もう一つは離婚した生徒の両親に関する記事である。前者については、妊娠した生徒の名前は偽名を用いていたものの本名が明らかとなってしまい、また、性交渉や避妊に関する記事は下級生にとっては不適切と考えられた。後者については、生徒の主張のみが記載され、その両親の反論の機会が与えられていない点に問題があるとされた。

最高裁は、これらの記事を削除したことは修正一条に違反しないとした。最高裁は、まず、学校内における生徒の表現の自由を二つに分類する。すなわち、①学校の活動と直接かかわりを有しない、いわば生徒の単独の表現行為、もう一つは、②学校が教育上の目的をもって積極的に後援する、カリキュラムの中での表現行為である。

そして、ティンカーテストに基づく制約が問題になるのは、①のみであり、②についてはより厳しい制約をなすことも可能である。その理由は、生徒の教育に責任を負う州や教師らは、教育目的とされたカリキュラムを参加者が修得できるようにするため、これを妨げるような表現行為を規制することができるからである。

本件のように、新聞の発行者としての学校は、ティンカーテストが適用されれば違憲とされるような規制をも生徒の表現に対して行うことができる。たとえば、その記事が、文法を誤っている、取材不足である、偏見に満ちている、未成熟な読者にとって不適切である、などの理由から削除できるのである。

以上は、校内での授業中における生徒の表現が問題になっていたが、校外の生徒の表現に学校の規制権限が及ぶのか、さらには、インターネットを用いた表現に対して学校はいかに対応していけばよいか、難しい問題がある。これについて最高裁は、学校の規制権限は基本的には校内言論に及ぶことを「親代わり理論」を用いて説明し、ただし学校への批判等が含まれる場合には、「民主主義の養成場」としての学校の役割を重視して言論の規制は消極的になされるべきとした。

4　インターネットを用いた表現への規制（Mahanoy Area School Dist. v. B.L., 141 S. Ct. 2038（2021））

●事実の概要

高校生Aは、チアリーディング・クラブでの一軍昇格はならず、また、私的なソフトボールチームでも希望のポジションがとれず、試験も心配で、落ち込んでいた。そこで、この憂さを晴らすために、中指を立てた写真をコンビニで撮影し、ウェブ上のスナップチャットに投稿し、「学校も、ソフトボールも、チアリーディングも、みんな、みんなクソくらえ」とのキャプションをつけた。さらに、チアリーディング・クラブの一軍と二軍を批判する言葉が添えられていた。このスナップチャットは二五〇人が閲覧可能で、その多くはこの高校の生徒であり、チアリーダーのクラブ員も含まれていた。

その内容を知ったコーチは、この投稿は「学校、コーチ、チアリーダーに敬意を払うべし」とするチームの規則と、「アスリートは学校の名誉を傷つけるいかなる行為をも禁止される」との学校の規則に違反していると考え、Aを二軍から外し、学校もこのコーチの判断を維持した。

原審・第三巡回区控訴裁では、校外言論と校内言論の区別が確認され、学校による前者への介入には問題があるとした。その上で本件のスナップチャットは、学校が後援し、承認した言論ではなく、キャンパスから離れたところで、週末に、学校の機材を用いることなく作成され、学校とは無関係なメディア・ツールが利用されているとした。最高裁は生徒の表現を重視した。

●判　旨

（1）　校外言論と「親代わり理論」

子どもを教育し、監督するは親の権利・義務である。親は、学校にこの権利を委任できるが、問題になるのはその範囲である。学校が委任されているのはあくまで校内言論であって、その権限は校外には基本的には及ばない。「校外言論に関して、学校が親代わりとなることはほとんどない……校外言論は通常は……親の責任領域に該当する」。

（2）ティンカーテスト「実質相当程度の混乱」のインターネット表現への適用

ティンカーテストによれば、教育現場に「実質・相当程度の混乱」をもたらす言論は規制対象になり、これにはいじめや脅迫等が含まれるが、たとえインターネットによってなされた場合にも同様である。しかし、本件言論は下品な表現ではあるが、憲法上の保護を受けないわいせつ表現等にはあたらず、「学校の時間外に、学校以外の場所からなされ……どの学校かも特定されておらず……特定の者をターゲットにしてもおらず……個人のスマホを用いて……私的なグループ内で送信」されているだけである。

（3）民主主義教育と表現規制

「実質的・相当程度の混乱」という比較的厳格な基準により生徒の表現規制を考える前提として、学校は「民主主義の養成場」という考え方がある。すなわち、「思想の自由市場」を重視し、不快・不人気な表現にも寛容であることによって初めて代表民主主義は機能するとする。本件の言論は、課外の時間に校外で行われ、不快・嫌悪感をもたらしたが、そこには学校に対する批判が含まれており、「混乱」をもたらしたと評価することはできない。

以上の多数意見に対して、トーマス裁判官の反対意見がある。すなわち、教員に敬意を払わない言論は、学校に対する直接かつ切迫した危険をもたらす可能性があり、また、インターネットを用いた言論は、それが校外で作成等された場合にも、印刷物を校内において回覧したのとさして変わらない現実を考慮すべきであるとしている。

学生が納める学費が、その思想に反するサークル活動等を補助するために支出された場合、修正一条の問題が提起されうる。最高裁は、大学がサークル等の見解に中立に、補助金を支出することは許されると判断している。

5　大学によるサークル等への補助と学生の思想（Board of Regents of the University of Wisconsin System v. Southworth, 529 U.S. 217 (2000)）

●事実の概要

Ａらはウィスコンシン大学に在学する学生であるが、大学に対して、彼らの思想に反する活動を行う学生団体に、学生の学納金から補助金等を支出しないように求めて訴えを提起した。最高裁は、大学と弁護士会等を比較して、その団体の性格、および、団体とその会員とのかかわりに違いがあることを強調して、請求を棄却した。

●判　旨

大学が、学生団体に対して補助金を交付する場合、その団体の立場に反対する学生の修正一条の利益に配慮しなければならない。しかしながら、その補助金が団体の見解に中立に支出されているならば、反対する学生の権利保護には十分である。

学生が、課外において哲学、宗教等の諸問題について、ダイナミックな討論を行えるように配慮がなされていれば、大学はその使命を果たしているといえる。この目的を達成するためであれば、大学は、学生に対して強制的に会費を納入させることができる。そして、学生団体に対してその見解に中立に補助金が交付されているならば、オープンな討論を行うという大学の使命に反することはない。

学校の中で麻薬の使用が蔓延することがある。これを規制するためにどのような対策がとられるべきであろうか。刑事責任の追及とは異なって、教育・学習環境の維持という視点から、生徒らのプライバシー保障の範囲、方法が考察されることになる。

6　高校における規制薬物の使用撲滅を目的とする尿検査と修正四条の保障（Vernonia School Dist. 47J v. Acton, 515 U.S. 646 (1995)）

事実の概要

上告人はオレゴン州のバーノニア（Vernonia）において、学校（六年制または八年制）を運営している学区（school district）である。

一九八〇年代半ばから、この学区内において規制薬物（以下、麻薬）を使用する生徒が急激に増加し、それにともない授業中に粗野な態度をとり、冒瀆的な言葉をなげかける生徒が増えてきた。またスポーツ選手である生徒は、麻薬の使用に関してリーダー的な役割を果たし、また、麻薬の使用はスポーツに関連した傷害をもたらす危険性が高いためとくに問題とされた。

これに対処するために上告人は、特別な授業や講演を行ったが効果がなかったため、スポーツ選手麻薬対策（Students Athlete Drug Policy）を実施することとした。その目的は、選手に麻薬を禁止し、その健康と安全を守り、麻薬使用者に助成的な措置を講ずることである。具体的には、各競技のシーズンはじめには対校試合に参加するすべての生徒に対して、そしてシーズン中には全選手中無作為抽出の一〇％に対して週に一回の割合で、それぞれ尿検査を行うということである。

検査方法は、男子の場合には、着衣のまま無人のロッカールームにおいて一二から一三フィート（約三、四メートル）離れた背後で監視員が監視する下で採尿する。女子の場合は周囲を囲まれた洗面所に入り、女性監視員が外から不正の有無を音のみでうかがう中で採尿する。採取した尿は監視員に渡され、温度と不正行為の有無（temperature and tampering）を確かめられたうえでガラスビンに移される。

採取された尿は検査場に送られ、正確に検査されるが、どの選手の尿であるか検査担当者にはわからないようになっている。検査結果については学区長のみに書面で郵送される。電話での照会には、コードを暗誦した権限ある職員に対してのみ応ずることとなっている。

検査結果が陽性の場合には二回目の検査が行われ、再度陽性であったならば選手と両親を交えて、①週に一度の検尿を含む助成的措置に六週間参加する、または、②残りのシーズンと来シーズンの出場停止のいずれかを選択することになっていた。

被上告人らは、一九九一年秋にフットボールの対校試合に参加しようとした生徒とその両親であるが、この検査を行うことに同意しなかったため、参加を拒否された。被上告人らは、「スポーツ選手麻薬対策」が修正四条等に違反するとの宣言判決およびその差止命令を求める訴訟を提起した。

原審第九巡回区控訴裁は「対策」が修正四条等に違反していると判断したが、合衆国最高裁は六対三で原審判決を破棄し、原審に差し戻した。

●──判　旨

（1）　修正四条と捜索の要件

まず、修正四条は「何人も、その身体、住居、書類および所持品について、不合理な捜索および逮捕押収をうけることのない権利を侵害されない。……」と規定している。そして、尿検査は「捜索」にあたる。しかし禁止されているのは、「不合理な」捜索のみであるから、本件尿検査が合理性を備えているかどうかが問題とされる。

次に、捜索が犯罪行為の証拠の発見のためになされる場合には、裁判官の令状を入手することが「合理性」の要件であり、この令状は「相当な理由」があってはじめて発せられる（修正四条後段）。

（2）　令状入手・相当理由の要件の例外と「通常を越える格別の必要性」

この令状入手と相当理由の要件は、法執行について通常を越える格別の必要性がある場合には必要とされない場合がある。公立学校のコンテクストにおいて、この必要性が存在しうる。すなわち、生徒への懲戒処分は迅速で、インフォーマルな手続であるから令状になじまず、学校内の秩序を維持する必要性から、捜索のために相当理由を要件とすることは困難である（New Jersey v. T.L.O., 469 U.S. 325（1985））。ただし、この事件では、捜索は非行についての個別的な疑い（individualized suspicion）が存在していたことに基づいてなされていた。もっとも、個別的な疑いがない場合にも捜索が許された例もある。鉄道職員に対する麻薬テスト（Skinner v. Railway Labor Executives, Assn., 489 U.S. 602（1989））、銃を所持し、麻薬阻止にかかわる税関職員への麻薬テスト（National Treasury Employees Union v. Von Raab, 489 U.S. 656（1989））をあげることができる。

（3）　本件における審査基準

こうした先例等を踏まえると、結局、本件尿検査が合理性を備えているかどうかは、個人の修正四条の利益への侵害と、正当な政府の利益の促進との両者のバランスをはかることから判断される。そしてそのために、①捜索によって侵害されるプライバシーの性格、②侵害の態様（character of the intrusion）、③捜索を行うにいたった政府の懸念事項とその緊急性および手段の実効性の三点から分析される。

①　学校の監視下にある生徒のプライバシーへの期待　　修正四条は個人のプライバシーを保護しているが、それはプライバシーへの主観的な期待ではなく、社会において「正当」と認められたもののみである。何が「正当」かは様々なコンテクストに応じて判断されるが、その一つとして、個人と国家との法的な関係が問題となる。

たとえば、保護観察を受けている者は、州の管理下にあるという法的関係にあり、一般人には違法とされるプライバシーへの侵害も正当化されうる。

本件のように学校では、生徒に対し管理・監督権限を有し、成人に対しては許されない制約も可能である。すなわち、生徒は日常、身体検査を受け、予防接種を受けているところから一般の人々よりもプライバシーへの期待は少ないといえる。スポーツ選手の場合、その期待はさらに少ないものといえる。他人と一緒の空間で着替えを行い、仕切りのないシャワー室でシャワーを浴びるなどしているからである。

② 本件尿検査によるプライバシーへの影響　尿検査は、重大なプライバシーとして伝統的に保護されている排せつ行為への侵害となるが、本件尿検査の方法からすれば、公衆トイレでの排せつ行為の際にプライバシーが制約されるのとほぼ同じである。

尿検査に関するプライバシーのもう一つの側面は、検査結果に含まれる情報についてである。しかしこれについても、(a)麻薬に関する検査のみで他の病気等についての検査はなされていない、(b)検査結果は限定された職員等に対してのみ開示がなされている、(c)検査結果は法執行機関（law enforcement authorities）には開示されず、さらには懲戒処分の根拠とさえされていない。

③ 本件尿検査を行う緊急性とその実効性　まず(a)捜索を行うにいたった懸念事項（動機）となったのは、生徒はとくに麻薬による肉体的・精神的影響を受けやすく、常用性も高い。また学校内に麻薬がはびこれば、使用者のみならず学校全体の教育プロセスが破綻する。これらが特定の捜索を正当化するのに十分なやむにやまれぬ州の利益（compelling state interest）であることは明らかである。(b)生徒たちの多くが反抗的な状態にあり、懲戒件数が急激に増加しており、これらは麻薬の使用が原因となっている。つまり捜索を行う緊急性が認められる。(c)被上告人は、同じ目的を達成するためにより制限的でない手段が利用可能であるとする。すなわち、麻薬使用

の疑いがある場合に限って尿検査を行うべきであるとする。しかし、実施可能な、最も制限的でない捜索方法のみが合理的であるとは判断されてこなかった。

また、被上告人の主張する他の手段―個別的な疑いに基づく捜索―はかえってこの尿検査を受けること自体が恥と受け取られ、同意が得られなくなること、検査が悪用されやすくなること（麻薬使用よりも、迷惑をかける生徒に尿検査を行うなど）、麻薬使用について教師に説明させる義務を課すことになるが、この能力は教師には備わっていない。

以上から多数意見は、個別的な疑いに基づかずに、一律広範に行われた本件尿検査は不合理な捜索にあたらないとした。

●―オコナー裁判官の反対意見（スチーブンス、スータ各裁判官が加わる）

（1）「個別的な疑いに基づく捜索」の意義

本件尿検査は個別的な疑いに基づく捜索ではなく、一律広範な捜索（blanket search）により行われている。しかし後者は前者よりも自由に対する危険性が高い。前者の場合、自分が客観的に疑われるような行動をしなければ捜索を受けなくてすむからである。そして憲法史をたどれば、前者によらない捜索は一般的に「不合理」とされてきた。

他方、無令状というだけでは不合理な捜索とされていない。たとえば、車のように簡単に移動してしまう対象物に令状入手を要件とすることは実務的でないからである（Carroll v. United States, 267 U.S. 132（1925））。しかし、この場合にも捜索は一定水準の個別的な疑い（some level of individualized suspicion）、すなわち、「相当理由」に支えられていた。また、修正四条が定められた背景には、一般令状による捜索への懸念があり、個別的な疑いに基づくことが捜索の本来的な性質と考えられていた。

そこで本件尿検査が合理的であるかを判断するためには、修正四条の伝統である、個別的な疑いに基づく捜索を基本に、これによっては捜索の実効性を確保できないとの確たる理由が示されてはじめて、これ以外の捜索を行うことができると解すべきである。

（2） 本件尿検査と個別的な疑いに基づく捜索

本件では、生徒たちは教師らの監督・管理下にあり、生徒たちは麻薬を使用していることを認め、また麻薬による陶酔状態のところを目撃されるなどしている。これらは捜索を行う相当理由の要件を満たしているといえるから、この要件を求めることが捜索の実効性を確保できないとはいえない。

多数意見は、一律広範な捜索に比べ、個別的な疑いに基づく捜索はその濫用を招きやすく、またその手続を学校対生徒という対立構造的なものとすると批判している。しかし、尿検査が濫用され、麻薬使用の疑いよりも迷惑をかける生徒が対象とされる危険については、学校というコンテクストにおいて求められる個別的な疑いの基準は、「客観的に合理的な疑い」であるからこのような危険は存在しない。また、対立構造的な手続という批判も学校はすでに懲戒手続がこうした構造を有しており、尿検査はこれにつけ加わるだけであるにすぎない。

（3） 学校における捜索の特殊性

多数意見は、学校における捜索を一律広範に行うことが許される理由として、身体検査と予防接種がこうした方法で行われていることをあげる。しかし、これらは生徒の非行を捜索するための手続ではないから、本件尿検査を考える根拠とはならない。

確かに、学校は生徒に対して特別な保護者としての責任を負っており、学校に憲法上、一定の裁量（leeway）が認められる。そのために生徒には令状要件と相当理由のカテゴリカルな保障が認められない。しかしそうはいっても非行に関係のない大多数の生徒の身体へのプライバシーを侵害する一律広範な捜索が許容されるものではなく、個別的な疑いに基づく捜索の要件はいまだ残されている。

7　個別的な疑いに基づく薬物検査実施の例外（Board of Education of Independent School Dist. No. 92 of Pottawatomie County v. Earls, 536 U.S. 822 (2002)）

●事実の概要

A学校区においては、すべての中高生に対して、課外活動に参加するためには採尿による薬物検査に同意することを求めた。実際に問題になるのは、課外の競技会である。まず、課外活動に参加する前に検査を受け、参加中にはランダムに、そして合理的な疑いが生じた場合にはいつでも検査を受けなければならない。この薬物検査の実施は修正四条に違反しているとして高校生らが訴えを提起した。

●判　旨

修正四条は、身体、住居等において不合理な捜索差押えを受けない権利を保障している。刑事手続においては、この合理性は、相当理由を示すことを必要としている。しかし、相当理由は、刑事捜査に特別に関連しており、行政調査の合理性を判断する場合には適していない。相当理由の認定と令状入手は、公立学校の場合には不必要である。なぜならば、学校において必要とされる、迅速でインフォーマルな規律維持の手続の要請を、この要件は侵害するからである。

薬物検査は個別的な疑いに基づいて実施されるべきとの主張がなされる。しかし、一定の限定的な状況においてであるが、潜在的な、隠された状況を発見し、その状況が蔓延することを阻止する必要性がある。この必要性は、個別的な疑いなくして捜査を行うことによってプライバシーへの侵害がもたらされてもこれを正当化する、やむにやまれないものである。

基本文献の案内

1　憲法の教科書・体系書

芦部信喜著、高橋和之補訂『憲法』〔第七版〕岩波書店、二〇一九年
安西文雄＝巻美矢紀＝宍戸常寿『憲法学読本』〔第三版〕有斐閣、二〇一八年
伊藤正己『憲法入門　有斐閣双書』〔第四版補訂版〕有斐閣、二〇〇六年
浦部法穂『憲法学教室』〔第三版〕日本評論社、二〇一六年
大石眞『憲法講義Ⅰ 第三版』有斐閣、二〇一四年
駒村圭吾『プレステップ憲法』〔第二版〕二〇一八年
佐藤幸治『日本国憲法論』〔第二版〕成文堂、二〇二〇年
渋谷秀樹＝赤坂正『憲法一　人権　有斐閣アルマ』〔第六版〕有斐閣、二〇一六年
渋谷秀樹＝赤坂正『憲法二　統治　有斐閣アルマ』〔第六版〕有斐閣、二〇一六年
高野敏樹＝宮原均＝斎藤孝＝吉野夏己＝加藤隆之『憲法』不磨書房、二〇〇七年
辻村みよ子『憲法』〔第七版〕日本評論社、二〇二一年
戸松秀典『憲法』弘文堂、二〇一五年
戸松秀典『プレップ憲法』〔第四版〕弘文堂、二〇一六年
中村睦男ほか編者『はじめての憲法学』〔第四版〕三省堂、二〇二一年
野中俊彦＝中村睦男＝高橋和之＝高見勝利『憲法　一』『憲法　二』〔第五版〕有斐閣、二〇一二年
長谷部恭男『憲法講話　二四の入門講義』有斐閣、二〇二〇年
樋口陽一『憲法』〔第四版〕勁草書房、二〇二一年

2　コンメンタール

木下智史＝只野雅人『新・コンメンタール憲法』日本評論社、二〇一五年
長谷部恭男編『注釈日本国憲法　国民の権利及び義務』有斐閣、二〇二〇年

3　判例研究

上田健介＝尾形健＝片桐直人『憲法判例五〇！』〔第二版〕有斐閣、二〇二〇年
大石眞＝大沢秀介『判例憲法』〔第三版〕有斐閣、二〇一六年
長谷部恭男ほか編『憲法判例百選Ⅰ』『憲法判例百選Ⅱ』〔第七版〕別冊ジュリスト、有斐閣、二〇一九年
戸松秀典＝初宿正典編『憲法判例』〔第八版〕有斐閣、二〇一八年
中村睦男＝秋山義昭＝千葉卓＝常本照樹＝齊藤正彰『教材憲法判例』〔第五版〕北海道大学出版会、二〇二〇年
野坂泰司『憲法基本判例を読み直す』〔第二版〕有斐閣、二〇一九年
野中俊彦＝江橋崇著、渋谷秀樹補訂『憲法判例集　有斐閣新書』〔第一一版〕有斐閣、二〇一六年
棟居快行他『判例トレーニング憲法』信山社、二〇一八年

4　アメリカ憲法

阿部竹松『アメリカ憲法』〔第三版〕成文堂、二〇一三年
鈴木康彦『アメリカ憲法概説』冬至書房、二〇一二年
田島裕『アメリカ憲法――合衆国憲法の構造と公法原理――　田島裕著作集　一』信山社、二〇〇四年
樋口範雄『アメリカ憲法』〔第二版〕弘文堂、二〇二一年
松井茂記『外国法入門双書　アメリカ憲法入門』〔第八版〕有斐閣、二〇一八年

5　比較憲法

塩津徹『比較憲法学』〔第二版〕成文堂、二〇一一年

君塚正臣『比較憲法』ミネルヴァ書房、二〇一二年
初宿正典編『レクチャー比較憲法』法律文化社、二〇一四年
辻村みよ子『比較憲法』〔第三版〕岩波書店、二〇一八年
東裕＝玉蟲由樹編『比較憲法』弘文堂、二〇一九年

事項索引

サ行

タ　行

ナ　行

ハ　行

判例索引（日本）

最高裁判所

高等・地方裁判所

判例索引（アメリカ）

A

B

C

D

E

F

著者紹介

宮原　均（みやはら　ひとし）
東洋大学法学部教授
昭和三三年　埼玉県戸田市出身
昭和五七年　中央大学法学部法律学科卒業
平成元年　中央大学大学院博士後期課程単位取得満期退学

〔主な論文〕
「法令の憲法判断を求める当事者適格」東洋法学五七巻三号（平成二六年）
「先例拘束についての一考察」中央ロー・ジャーナル一一巻三号（平成二六年）
「信教の自由への規制と審査基準」東洋法学六一巻二号（平成二九年）
「公立学校における体罰」東洋法学六一巻二号（平成二九年）
「謝罪の強制と言論の事由」東洋法学六三巻三号（令和二年）
「生徒の表現の自由とインターネットを中心とする校外言論の規制」東洋法学六五巻二号（令和三年）

日米比較　憲法判例を考える【人権編・改訂第三版】
一九九九年　五　月一〇日　第一版一刷発行
二〇一一年一一月一一日　改訂版一刷発行
二〇二二年　三　月三〇日　改訂第三版一刷発行
著　者　宮　原　　均
発行者　森　口　恵美子
印刷所　神　谷　印　刷
製本所　渡　邉　製　本
発行所　八千代出版株式会社
東京都千代田区神田三崎町二-二-一三
電　話　〇三（三二六二）〇四二〇
ＦＡＸ　〇三（三二三七）〇七二三
振　替　〇〇一九〇―四―一六八〇六〇
ISBN978-4-8429-1819-8